2025年度版

埼玉県・さいたま市の特別支援学校教諭

過去問

協同教育研究会 編

協同出版

本書には，埼玉県・さいたま市の教員採用試験の過去問題を収録しています。各問題ごとに，以下のように5段階表記で，難易度，頻出度を示しています。

難　易　度

非常に難しい	☆☆☆☆☆
やや難しい	☆☆☆☆
普通の難易度	☆☆☆
やや易しい	☆☆
非常に易しい	☆

頻　出　度

◎	ほとんど出題されない
◎◎	あまり出題されない
◎◎◎	普通の頻出度
◎◎◎◎	よく出題される
◎◎◎◎◎	非常によく出題される

※本書の過去問題における資料，法令文等の取り扱いについて

本書の過去問題で使用されている資料や法令文の表記や基準は，出題された当時の内容に準拠しているため，解答・解説も当時のものを使用しています。ご了承ください。

はじめに～「過去問」シリーズ利用に際して～

教育を取り巻く環境は変化しつつあり，日本の公教育そのものも，教員免許更新制の廃止やGIGAスクール構想の実現などの改革が進められています。また，現行の学習指導要領では「主体的・対話的で深い学び」を実現するため，指導方法や指導体制の工夫改善により，「個に応じた指導」の充実を図るとともに，コンピュータや情報通信ネットワーク等の情報手段を活用するために必要な環境を整えることが示されています。

一方で，いじめや体罰，不登校，暴力行為など，教育現場の問題もあいかわらず取り沙汰されており，教員に求められるスキルは，今後さらに高いものになっていくことが予想されます。

本書の基本構成としては，出題傾向と対策，過去5年間の出題傾向分析表，過去問題，解答および解説を掲載しています。各自治体や教科によって掲載年数をはじめ，「チェックテスト」や「問題演習」を掲載するなど，内容が異なります。

また原則的には一般受験を対象としております。特別選考等については対応していない場合があります。なお，実際に配布された問題の順番や構成を，編集の都合上，変更している場合があります。あらかじめご了承ください。

最後に，この「過去問」シリーズは，「参考書」シリーズとの併用を前提に編集されております。参考書で要点整理を行い，過去問で実力試しを行う，セットでの活用をおすすめいたします。

みなさまが，この書籍を徹底的に活用し，教員採用試験の合格を勝ち取って，教壇に立っていただければ，それはわたくしたちにとって最上の喜びです。

協同教育研究会

C O N T E N T S

第１部

埼玉県・さいたま市の特別支援学校教諭出題傾向分析

埼玉県・さいたま市の特別支援学校教諭　傾向と対策

埼玉県における2024年度「特別支援教育」の試験は，大問33問，試験時間60分，解答はすべて多肢択一形式であった。2021年度と2022年度には，医療的ケアに関する業務を行う看護師経験者特別選考の科目として「自立活動」の試験が実施された。

出題範囲は視覚障害，聴覚障害，知的障害，肢体不自由者，病弱者，自閉症，発達障害，言語障害，文部科学省等からの通知や施策，埼玉県特別支援教育推進計画など多岐にわたるが，学習指導要領および同解説からの出題も多い。

学習指導要領では，改訂された内容は背景を押さえ，語句も含めて正確に理解しておくことが必須である。教育課程の編成や道徳教育，自立活動ははじめに押さえておきたい。2024年度は高等部の内容からも多く出題された。また，知的障害者である児童生徒を対象とした特別支援学校における教育課程については，各教科の各段階の目標と内容等細かい理解が求められる出題も過去には複数見られたため，まんべんなく学習しておく必要がある。

また，障害の程度については，学校教育法施行令の条文だけでなく，各障害の特性と対応も併せて学習しておくことも大切である。

国の施策等にかかわる問題は，サラマンカ宣言や障害者の権利に関する条約等，インクルーシブ教育に至る歴史的背景も含めた理解が求められる。2024年度は，発達障害者支援法，障害者雇用促進法の改正，障害者差別解消法の改正についての出題があった。2023年度は，「障害者の日常生活及び社会生活を総合的に支援するための法律」の福祉サービスの内容に関する出題や「障害者差別解消法」の不当な差別の内容や合理的配慮の内容についての出題も見られたため，知識と現場に即した理解が大切である。また，障害者の施策等の最新情報を確認しておくとよい。発達障害啓発週間等の各種啓発週間に関する問題も出題されている。

毎年出題されている特別支援教育の歴史的な人物及び業績については，

基本的な人物と埼玉県に関係する人物を確実に覚えておく。

さらには，2024年度は「学校教育法施行規則の一部を改正する省令の公布について(令和4年3月31日)」から日本語指導についての出題があった。2023年度は，「新しい時代の特別支援教育の在り方に関する有識者会議報告(令和3年)」や「医療的ケア児及びその家族の支援に関する法律(令和3年)」等からの出題もあり，文部科学省のホームページなどで最新の情報をチェックしておくことが重要である。

同時に埼玉県の特別支援教育に関する施策等についてもアンテナを高くしてもらいたい。2024年度は「スマートステーションflat」と，2022年度にも出題された「埼玉県障害のある人もない人も全ての人が安心して暮らしていける共生社会条例」について出題された。2023年度は「埼玉県特別支援教育推進計画」からであった。過去には，塙保己一賞，療育手帳，パラリンピックの種目等，「ご当地問題」も見られるため，日頃から視野を広くして，情報収集に努めてほしい。

出題内容や出題範囲については，全体として基本的な内容を問う出題が多いが，歴史的な背景や流れを理解していないと解答できない問題も多い。学習指導要領については，特別支援学校だけでなく，小・中学校や高等学校についても，特別支援教育にかかわる改訂された部分について，目を通しておく必要がある。また，障害に対する知識などについては基礎的レベルの語句や状態，必要な支援に関する出題が多く，これらを広く押さえておいてもらいたい。発達検査や指導法，発達心理学などからの出題もあるため，過去問を中心に理解を深めておくとよい。

受験対策としては，学習指導要領および同解説，障害のある子供の教育支援の手引きの通読をお勧めしたい。その際，過去問を解きながら読み進めるのも一つの方法である。その上で，文部科学省が進める施策やそれに関係する通知文，そして埼玉県のホームページに掲載されている各資料や関連法規を学習するとよいと思われる。学習計画を立て，早くから対策を講じるのがよいだろう。

過去5年間の出題傾向分析

分　類	主な出題事項	2020年度	2021年度	2022年度	2023年度	2024年度
特別支援教育の考え方	サラマンカ宣言，国際生活機能分類，『「令和の日本型学校教育」の構築を目指して～全ての子供たちの可能性を引き出す，個別最適な学びと，協働的な学びの実現～(答申)』，「新しい時代の特別支援教育の在り方に関する有識者会議(報告)」，「共生社会の形成に向けたインクルーシブ教育システム構築のための特別支援教育の推進(報告)」			●	●	●
特別支援教育の制度	障害者の権利に関する条約，障害を理由とする差別の解消の推進に関する法律，障害者の雇用の促進等に関する法律，障害者基本法，障害者総合支援法，発達障害者支援法，教育基本法，学校教育法第72条，学校教育法施行令22条の3，医療的ケア児及びその家族に対する支援に関する法律，「障害者虐待の防止，障害者の養護者に対する支援等に関する法律」，「障害者の日常生活及び社会生活を総合的に支援するための法律(基本理念，福祉サービス)」，「『障害のある幼児児童生徒の給食その他の摂食を伴う指導に当たっての安全確保について(通知)」，教育支援資料，通級による指導(対象者，教育課程)，障害者スポーツ，パラリンピック，アビリンピック，「学校における医療的ケアの今後の対応について(通知)」，「医療的ケア児に関わる主治医と学校医療との連携等について(通知)」，生徒指導提要，「ユニバーサルデザイン2020行動計画」	●	●	●	●	●
特別支援教育の現状	学校教育法施行令，学校教育法施行規則，障害を理由とする不当な差別的取扱いと合理的配慮，埼玉県特別支援教育推進計画，通級による指導を受けている児童生徒数，「埼玉県障害がある人もない人も全ての人が安心して暮らしていける共生社会づくり条例」，埼玉県療育手帳，「学校等における児童虐待防止に向けた取り組みについて(報告書)」，学校給食における食物アレルギー対応指針，障害者就業・生活支援センター，障害者週間，通級による指導の制度化，スマートステーションflat	●		●	●	●
障害児教育の歴史	特別支援教育の歴史，石井亮一，高木憲次，小西信八，視覚障害教育の歴史，塙保己一賞，ブライユ，『西洋事情』，古河太四郎，糸賀一雄，世界自閉症啓発デー，発達障害啓発週間，遠山啓，近藤益雄	●	●	●	●	●

分　類	主な出題事項	2020年度	2021年度	2022年度	2023年度	2024年度
学習指導要領と教育課程	特別支援学校小学部・中学部学習指導要領(前文，総則，学習評価，重複障害者の教育課程，自立活動，個別の指導計画の作成と内容の取扱い，道徳教育に関する配慮事項，学部段階及び学校段階等間の接続，キャリア教育)，特別支援学校高等部学習指導要領(特別活動，総合的な探究の時間)，特別支援学校学習指導要領解説　総則等編(幼稚部・小学部・中等部)，特別支援学校学習指導要領解説　各教科等編(小学部・中学部)，特別支援学校教育要領・学習指導要領解説　自立活動編(幼稚部・小学部・中学部)，自立活動の項目と内容，カリキュラム・マネジメント，知的障害児特別支援学校の各教科の各段階の目標及び内容，各教科等を合わせて行う指導	●	●	●	●	●
個別の指導計画，教育支援計画	「交流及び共同学習ガイド」			●		
指導法，アセスメント	言語聴覚士，作業療法士，原始反射，食事指導，発達検査，SST，感覚統合療法，TEACCH，構造化，モンテッソーリ教育，白杖の振り方，指文字，遠城寺式乳幼児分析的発達検査法，S-M社会生活の能力検査，DN-CAS，LCスケール，太田ステージ，フロイト，マズロー，新生児聴覚スクリーニング検査	●	●	●	●	●
視覚障害	視機能，視覚障害の定義，点字の表記，白内障，小眼球，盲導犬	●	●	●	●	●
聴覚障害	定義，聴覚機能，オージオグラム，人工内耳の適応年齢	●	●		●	●
知的障害	ファロー四徴症，Prader－Willi症候群，レット症候群，ダウン症	●			●	
肢体不自由	筋ジストロフィー，二分脊椎症，水頭症，先天性ミオパチー，脳性まひ，側弯症	●	●	●	●	●
病弱・身体虚弱	腎疾患，てんかん，小児慢性特定疾病対策，消化器官の機能や構造，赤血球・骨・皮膚の働き，免疫のしくみ，ビタミンの働き，ホルモン，アレルギーの分類，糖尿病治療薬，看護の基本，バセドウ病，呼吸器系の機能や構造，全身性エリテマトーデス		●	●		●
重複障害						
言語障害	吃音，構音障害				●	●
情緒障害	選択性かん黙，統合失調症，解離性障害，反応性愛着障害				●	
発達障害	LD，ADHD，自閉症，注意欠陥多動性障害，アスペルガー症候群，エコラリア，ディスカリキュア	●	●		●	●

第２部

埼玉県・さいたま市の
教員採用試験
実施問題

2024年度　実施問題

【1】次は，「発達障害者支援法」の一部です。以下の各問に答えなさい。

> 第1章　総則
> (基本理念)
> 第2条の2　発達障害者の支援は，全ての発達障害者が［　A　］が確保されること及び［　B　］の選択の機会が確保され，地域社会において他の人々と共生することを妨げられないことを旨として，行われなければならない。
> 2　発達障害者の支援は，［　C　］の除去に資することを旨として，行われなければならない。
> 3　発達障害者の支援は，個々の発達障害者の性別，年齢，障害の状態及び生活の実態に応じて，かつ，医療，保健，福祉，教育，労働等に関する業務を行う関係機関及び民間団体相互の緊密な連携の下に，その意思決定の支援に配慮しつつ，切れ目なく行われなければならない。

問1　［　A　］・［　B　］に入る語句の組み合わせとして正しいものを，次の(1)～(4)の中から1つ選びなさい。

(1)　A　社会参加の機会　　B　どこで誰と生活するかについて
(2)　A　一般就労の機会　　B　どこで誰と生活するかについて
(3)　A　社会参加の機会　　B　どこの相談・支援機関を利用するかについて
(4)　A　一般就労の機会　　B　どこの相談・支援機関を利用するかについて

問2　［　C　］に入る語句を，次の(1)～(4)の中から1つ選びなさい。

(1)　心理的負担　　(2)　精神的ストレス　　(3)　社会的障壁

(4) 周囲との共同作業

(☆☆☆◎◎◎)

【2】次は，ある条約の一部です。この条約の名称を，以下の(1)～(4)の中から1つ選びなさい。

第1条　目的 　この条約は，全ての障害者によるあらゆる人権及び基本的自由の完全かつ平等な享有を促進し，保護し，及び確保すること並びに障害者の固有の尊厳の尊重を促進することを目的とする。 　障害者には，長期的な身体的，精神的，知的又は感覚的な機能障害であって，様々な障壁との相互作用により他の者との平等を基礎として社会に完全かつ効果的に参加することを妨げ得るものを有する者を含む。

(1) 児童の権利に関する条約
(2) 障害者の権利に関する条約
(3) 障害者の職業リハビリテーション及び雇用に関する条約
(4) あらゆる形態の人権差別の撤廃に関する国際条約

(☆☆☆◎◎◎)

【3】「障害者の雇用の促進等に関する法律の一部を改正する法律」(令和元年法律第36号)の概要に示されていないものを，次の(1)～(4)の中から1つ選びなさい。

(1) 国及び地方公共団体が障害者である職員を免職する場合に義務づけられていた，公共職業安定所長への届出を廃止する。
(2) 特定短時間労働者を雇用する事業主に対して，障害者雇用納付金制度に基づく特例給付金を支給する仕組みを創設する。
(3) 障害者の雇用の促進等に関する取組に関し，その実施状況が優良なものであること等の基準に適合する中小事業主(常用労働者300人以下)を認定する。

(4)　国及び地方公共団体は，障害者雇用推進者及び障害者職業生活相談員を選任しなければならない。

(☆☆☆◎◎◎)

【4】「障害を理由とする差別の解消の推進に関する法律の一部を改正する法律」(令和3年法律第56号)の概要に示されていないものを，次の(1)～(4)の中から1つ選びなさい。

(1)　地方公共団体は，障害を理由とする差別及びその解消のための取組に関する情報の収集，整理及び提供に努める。

(2)　事業者による社会的障壁の除去の実施に係る必要かつ合理的な配慮の提供について，努力義務から義務へと改める。

(3)　行政機関等は，事務・事業を行うに当たり，障害者から何らかの配慮を求められた場合において，効率的かつ効果的なものでない限り，社会的障壁を取り除くために必要かつ合理的な配慮は行わない。

(4)　国及び地方公共団体が障害を理由とする差別に関する相談に対応する人材を育成し又はこれを確保する責務を明確化する。

(☆☆☆◎◎◎)

【5】「学校教育法施行規則の一部を改正する省令等の公布について(通知)」(令和4年3月31日)の内容について，下線部に誤りがあるものを，次の(1)～(4)の中から1つ選びなさい。

(1)　学校においては，生徒が日本語の能力に応じた特別の指導を2以上の年次にわたって履修したときは，<u>各年次ごとに当該学校の単位を修得したことを認定する</u>ことを原則とすること。

(2)　高等学校又は中等教育学校の後期課程において平成5年告示に定める障害に応じた特別の指導に加え，日本語の能力に応じた特別の指導を行うときは，2種類の指導に係る修得単位数の<u>合計が21単位を超えない</u>ものとすること。

(3)　特別支援学校の高等部(知的障害者である生徒に対する教育を行うものに限る。)における日本語の能力に応じた特別の指導に係る授業時数について，894単位時間を超えない範囲で当該特別支援学校が定めた全課程の修了を認めるに必要な授業時数のうちに加えることができるものとすること。

(4) 日本語の修得に困難のある生徒に対して，規則第86条の2の規定に基づき，特別の教育課程を編成し，日本語の能力に応じた特別の指導を行う場合には，教師間の連携に努め，指導についての計画を学級単位で作成することなどにより，効果的な指導に努めるものとすること。

(☆☆☆◎◎◎)

【6】次は，中央教育審議会初等中等教育分科会による「共生社会の形成に向けたインクルーシブ教育システム構築のための特別支援教育の推進(報告)」(平成24年7月23日)の一部です。

［A］～［C］にあてはまる語句の組み合わせとして正しいものを，以下の(1)～(4)の中から1つ選びなさい。

1．共生社会の形成に向けて

(1) 共生社会の形成に向けたインクルーシブ教育システムの構築

② 「インクルーシブ教育システム」の定義

○ (前略)「インクルーシブ教育システム」(inclusive education system，署名時仮訳：包容する教育制度)とは，人間の多様性の尊重等の強化，障害者が精神的及び身体的な能力等を可能な最大限度まで発達させ，自由な社会に効果的に参加することを可能とするとの目的の下，障害のある者と障害のない者が共に学ぶ仕組みであり，障害のある者が「general education system」(署名時仮訳：教育制度一般)から排除されないこと，自己の生活する地域において［A］が与えられること，個人に必要な「［B］」が提供される等が必要とされている。

(略)

○　インクルーシブ教育システムにおいては，同じ場で共に学ぶことを追求するとともに，個別の教育的ニーズのある幼児児童生徒に対して，自立と社会参加を見据えて，その時点で教育的ニーズに最も的確に応える指導を提供できる，多様で柔軟な仕組みを整備することが重要である。小・中学校における通常の学級，通級による指導，特別支援学級，特別支援学校といった，連続性のある「［ C ］」を用意しておくことが必要である。

(1)　A　多様な学びの場　　B　初等中等教育の機会
　　C　合理的配慮
(2)　A　初等中等教育の機会　　B　合理的配慮
　　C　多様な学びの場
(3)　A　合理的配慮　　B　多様な学びの場
　　C　初等中等教育の機会
(4)　A　初等中等教育の機会　　B　多様な学びの場
　　C　合理的配慮

(☆☆☆◎◎◎)

【７】次の各問の説明文にあてはまる人物を，以下の(1)～(4)の中からそれぞれ1つ選びなさい。

問1　「水道方式」と呼ばれる計算方法を確立した数学者である。1968年に東京八王子養護学校の教育研究活動に参加し，障害児教育に取り組んでいった。知的障害児にも教科教育が可能だと主張し，「原数学」という考え方を生み出した。

(1)　脇田良吉　　(2)　長野幸雄　　(3)　川本宇之介
(4)　遠山啓

問2　1907年に長崎県に生まれ，長崎県で教員生活を送った。小学校校長を辞した後は，知的障害児のための「みどり組」を組織してその担任となった。特殊学級国語指導教材表を作成し，読み書きの指導にあたった。

(1)　近藤益雄　　(2)　山尾庸三　　(3)　城戸幡太郎
(4)　田代義徳

(☆☆☆◎◎◎)

【8】明治・大正・昭和期に設立された知的障害者施設の施設名と設立者の組み合わせとして正しいものを，次の(1)～(4)の中から1つ選びなさい。

(1)「柏学園」　－　岡野豊四郎
(2)「三田谷治療教育院」　－　乙竹岩造
(3)「筑波学園」　－　川田貞治郎
(4)「八幡学園」　－　久保寺保久

(☆☆☆◎◎◎)

【9】次は，ある法令の一部です。この法令の名称を，以下の(1)～(4)の中から1つ選びなさい。

第1章　総則
(基本理念)
第3条　共生社会(中略)の推進は，全ての障害者が，障害者でない者と等しく，性別や年齢等にかかわらず，基本的人権を享有する個人としてその尊厳が重んぜられ，その尊厳にふさわしい生活を保障される権利を有することを前提としつつ，次に掲げる事項を基本として行われなければならない。
一　全て障害者は，社会を構成する一員として，社会，経済，文化その他のあらゆる分野の活動に参加する機会が確保されること。
二　全て障害者は，可能な限り，どこで誰と生活するかについての選択の機会が確保され，地域社会において他の人々と共生することを妨げられないこと。
三　全て障害者は，可能な限り，言語(中略)その他の意思疎通のための手段についての選択の機会が確保されるとともに，情報の取得又は利用のための手段についての選択の機会の拡大が図られること。
四　何人にも，社会的障壁に係る問題が認識され，障害及び障害者に関する理解が深まること。

(1)　社会福祉法施行令
(2)　埼玉県障害のある人もない人も全ての人が安心して暮らしていける共生社会づくり条例
(3)　高齢者，障害者等の移動等の円滑化の促進に関する法律
(4)　埼玉県手話言語条例

(☆☆☆◎◎◎)

【10】理学療法士の説明として最も適切なものを，次の(1)～(4)の中から1つ選びなさい。
(1)　介護を必要とする人のさまざまな生活行為・生活動作を支援し，支える知識と技術を有する専門職。
(2)　医師の指示のもと，障害のある人にさまざまな活動を用いて，諸機能の回復・維持および開発を促す作業活動を通して治療，指導，援助を行う専門職。
(3)　先天的または後天的な原因のため，ことばによるコミュニケーションに何らかの問題がある人に，聴力や音声機能，言語機能の検査及び訓練や助言を行うほか，摂食や嚥下障害の問題にも対応する専門職。
(4)　ケガや病気などで身体に障害のある人や障害の発生が予測される人に対して，基本動作能力の回復や維持，および障害の悪化の予防を目的に，運動療法や物理療法などを用いて自立した日常生活が送

れるように支援する専門職。

(☆☆☆◎◎◎)

【11】次は,「ユニバーサルデザイン2020行動計画」の共生社会の実現に向けた大きな二つの柱についての一部です。[A]・[B]にあてはまる語句の組み合わせとして正しいものを,以下の(1)～(4)の中から1つ選びなさい。

> Ⅰ．基本的考え方
> 2．ユニバーサルデザイン2020行動計画
> (前略)共生社会の実現に向けた大きな二つの柱として,国民の意識やそれに基づく[A]個人の行動に向けて働きかける取組(「心のバリアフリー」分野)とユニバーサルデザインの[B]を推進する取組([B]分野)を検討し,ユニバーサルデザイン2020行動計画として取りまとめることとした。

(1) A コミュニケーション等 B 社会モデル
(2) A パフォーマンス等 B 社会モデル
(3) A コミュニケーション等 B 街づくり
(4) A パフォーマンス等 B 街づくり

(☆☆☆◎◎◎)

【12】令和4年度に実施された啓発あるいは推進する週間の期間が正しく示されているものを,次の(1)～(4)の中から1つ選びなさい。

(1) 発達障害啓発週間 － 4月2日から4月8日
(2) 障害者週間 － 11月3日から11月9日
(3) 医療安全推進週間 － 1月10日から1月16日
(4) 人権週間 － 11月11日から11月17日

(☆☆☆◎◎◎)

【13】障害のある方々が，日頃培った技能を互いに競い合うことにより，その職業能力の向上を図るとともに，企業や社会一般の人々に障害のある方々に対する理解と認識を深めてもらい，その雇用の促進を図ることを目的として開催される「障害者技能競技大会」の愛称を，次の(1)～(4)の中から1つ選びなさい。

(1)　デフリンピック

(2)　技能グランプリ

(3)　アビリンピック

(4)　ねんりんピック

(☆☆☆◎◎◎)

【14】次は，埼玉県が令和2年4月1日に開設した組織の概要です。この組織の名称を，以下の(1)～(4)の中から1つ選びなさい。

・各所属で対応していた庁内の定型業務等を集約し，ICTの活用等により効率的に処理します。
・これにより県職員が創造的な仕事に専念できる時間を創出し，働き方改革を推進します。
・障害者を雇用し，障害者と健常者が共に働く場とします。

(1)　スクール・チャレンジド・プロジェクト

(2)　スマートステーションflat

(3)　チームぴかぴか

(4)　ハートフルオフィス

(☆☆☆◎◎◎)

【15】次の発達障害について述べた文のうち，内容が誤っているものを，(1)～(4)の中から1つ選びなさい。

(1)　ディスカリキュリアは，学習障害のひとつのタイプとされ，全体的な発達には遅れはないが文字の読み書きに限定した困難がある発達障害である。

(2)　注意欠如多動性障害(ADHD)は，年齢あるいは発達に不釣り合いな注意力，及び／又は衝動性，多動性を特徴とする行動の障害で，社会的な活動や学業等に支障をきたすものである。

(3)　高機能自閉症は，他人との社会的関係の形成の困難さ，言葉の発達の遅れ，興味関心が狭く特定のものにこだわることを特徴とする自閉症のうち知的発達の遅れを伴わないものをいう。

(4)　トゥレット症候群は，多種類の運動チック(突然に起こる素早い運動の繰り返し)と1つ以上の音声チック(運動チックと同様の特徴を持つ発声)が1年以上にわたり続く重症なチック障害である。

(☆☆☆◎◎◎)

【16】発達障害のある子供のアセスメントに関する文章として最も適切なものを，次の(1)～(4)の中から1つ選びなさい。

(1)　S－M社会生活能力検査は，未就学から小児期に適用でき，15項目について対象児の行動を観察したり，養育者等から日常の様子について聞き取ったりして把握をすることができる。

(2)　DN－CAS認知評価システムは，知的機能の基盤を，プランニング・注意・同時処理・継次処理の4つの認知処理過程と想定する知能のPASSモデルに基づいて開発された検査である。

(3)　LCスケールは，コミュニケーションに関する言語学習能力を「回路」,「過程」,「水準」の三つのスケールで捉えている。

(4)　太田ステージは，認知の発達段階を測るものである。ステージⅠからステージⅤまでの段階がある。個人内の能力差や特性を見極めるのに適している。

(☆☆☆◎◎◎)

【17】次は，学習障害のある子供に関する文です。指導内容として最も適切なものを，(1)～(4)の中から1つ選びなさい。

(1)　子供が出している様々なサインに担任が気づき，その子供のことを一番に理解している担任のみが，どのような支援ができるのか考えて実践する。

(2)　校内委員会において，その子供の障害の有無の判定をし，指導における工夫や配慮等を考える。

(3)　学習障害があるという診断を受けた子供に対して支援する時は，必ず個別の指導形態をとる。

(4)　学習障害のある子供の自立活動の指導内容は，学習指導要領にある自立活動の区分ごとに示された内容の中から，必要な項目を選定し具体的な内容を設定する。

(☆☆☆◎◎◎)

【18】次は，言語障害に関する文です。内容が適切でないものを，(1)～(4)の中から1つ選びなさい。

(1)　言語障害のある子供の教育は，対象となる子供の障害の状態に応じて，「言語障害特別支援学級」及び「通級による指導(言語障害)」の制度の下で行われている。

(2)　構音障害とは，話そうとするときに同じ音が繰り返されたり，引き伸ばされたり，音がつまって出てこないというような言語症状が現れることをいう。

(3)　吃音の症状には，「連発性吃」，「伸発性吃」，「難発性吃」があり，総称して中核症状と呼ばれる。

(4)　構音障害のある子供は，発音に誤りがあるだけではなく，周囲とのコミュニケーションに不都合があったり，学級集団での適応面でのつまずき，学習に自信がないなどの心理面での課題があったりする場合がある。

(☆☆☆◎◎◎)

【19】次は，視覚障害者の歩行に関する文です。内容が正しいものを，(1)～(4)の中から1つ選びなさい。

(1)　道路交通法では，目が見えない者(目が見えない者に準ずる者も含む。)は，道路を通行する時は，政令で定めるつえを携え，又は政令で定める盲導犬を連れていなければならないと定められている。

(2) 白杖を持っている人とガイド歩行をする場合は，ガイドが前から腕や白杖を引いて目的地へ連れていく方が良い。

(3) 盲導犬は，視覚障害者が次に進む道を指示したり，信号を渡るタイミングを判断したりしている。

(4) 白杖の操作方法を習得する時は，最初から実際に通行する道路で実践的に練習した方が良い。

(☆☆☆◎◎◎)

【20】次は，聴覚障害について述べた文です。内容が正しいものを，(1)～(4)の中から1つ選びなさい。

(1) 新生児聴覚スクリーニング検査は，主に自動聴性脳幹反応(AABR)やトータル・コミュニケーション(TC)によって行われる。

(2) 聴覚障害のある子供は，補聴器や人工内耳等の装具をすることによって，聴覚障害のない子供と同様に周囲の音や音声を正確に聞き取れ，聴覚が発達する。

(3) 周囲の音や音声の意味が見て分かるような配慮や手話の活用によるコミュニケーションは，子供の意味理解を促し，聴覚障害児の発達を支えるものである。

(4) 平成26年2月小児人工内耳適応基準が改訂され，小児の手術年齢が2歳に引き下げられた。

(☆☆☆◎◎◎)

【21】病弱教育の対象となる者の疾病や障害について説明した文章として内容が誤っているものを，次の(1)～(4)の中から1つ選びなさい。

(1) 学校教育法施行令第22条の3において，特別支援学校(病弱)の対象となる障害の程度は「慢性の呼吸器疾患，腎臓疾患及び神経疾患，悪性新生物その他の疾患の状態が医療又は生活規制を必要とする程度のもの」と示されている。

(2) 糖尿病は，大きく分けると1型糖尿病，2型糖尿病，続発性糖尿病がある。1型糖尿病とは，膵臓のβ細胞の機能異常が起こり，インスリンの分泌が減少して高血糖と糖尿が起こる病気である。

(3)　てんかんとは，発作的に脳の神経細胞に異常な電気的興奮が起こり，その結果，意識，運動，感覚などの突発的な異常を来す病気である。大部分のてんかんは，継続して服薬することにより発作をコントロールすることができる。

(4)　重症心身障害とは，重度の知的障害と重度の肢体不自由を併せ有する障害であり，生活は全介助を必要とする場合が多い。原因は様々であるが，いずれもその基盤に中枢神経系機能の障害を併せ有することが多い。

(☆☆☆◎◎◎)

【22】医療的ケア児に対して，教職員が教育活動を行うに当たって適切でないものを，次の(1)～(4)の中から1つ選びなさい。

(1)　理科や家庭科などの授業を行う際に，酸素濃縮器や酸素ボンベを装着して酸素療法を行っている医療的ケア児は火気に近づけないように注意する。

(2)　気管切開をしている医療的ケア児の指導に当たっては，気管孔から微細な異物が入らないように注意する。

(3)　導尿の自己管理は，医療的ケア児本人の自立において重要であるので，担任，養護教諭，保護者，医師及び看護師などが連携を図り，発達段階に応じた指導を行う。

(4)　痰の自力排出が困難である児童生徒には，喀痰吸引の医療的ケアを行う。吸引中の前後を含め医療的ケア児本人の受け入れ，納得，意向の状態を尊重したうえで口腔又は鼻腔からカテーテルを挿入し，気管内にたまった痰を吸引し取り除く。

(☆☆☆◎◎◎)

【23】肢体不自由教育の対象になる者の疾病や障害について説明した文章として適切でないものを，次の(1)～(4)の中から1つ選びなさい。

(1) 二分脊椎という病気は，先天的に脊椎骨が完全に癒合していないために起こる疾患である。下肢まひの症状と下肢の変形などが見られるほか，知覚まひも見られるため，褥瘡(床ずれ)や火傷，骨折が分からない場合もある。

(2) 脳性まひとは，「受胎から新生児までの間に生じた脳の進行性病変に基づく，永続的なしかし変化しうる運動及び姿勢の異常」である。

(3) 中枢神経に障害がある者に見られる行動特性の一つである「統合困難」とは，「部分を全体的なまとまりに構成したり，関係付けたりすることが困難な傾向」のことである。

(4) 脳室周囲白質軟化症による痙性両まひ児には屈折異常や斜視とともに，あるいはそれと関連して視知覚の障害が認められる。知能検査でパズルや積み木を用いる課題の成績が，言語を用いる課題の成績に比べてかなり低いことが多い。

(☆☆☆◎◎◎)

【24】疾病や障害について説明した文章として最も適切なものを，次の(1)～(4)の中から1つ選びなさい。

(1) 食物アレルギーは，原因となる食物を摂取した後にアレルギーの機序によって体に不利益な症状が引き起こされる現象である。食物アレルギーには微量摂取でアナフィラキシーという過敏な症状を起こす例や，体質的に乳糖を分解できずに下痢を起こす乳糖不耐症などがある。

(2) 白血病には様々な種類があり，大きくは急性(がん化した細胞が急速に増殖する)と慢性(がん化した細胞がゆっくりと増殖する)に分けられる。

(3) 気管支ぜん息は，嚥下機能障害のため唾液や食べ物などと一緒に細菌を気道に誤って吸引することで気道表面の組織が腫れ，粘液が分泌される。これにより気道が狭くなり，咳や息苦しさなどのぜん息発作が起こる。

(4)　福山型筋ジストロフィーは，X染色体に原因となる遺伝子があり，発症の度合いに男女差がなく，出生時からその症状が現れているのが特徴である。頸の座り，寝返り，座位など，初期の運動発達のすべてが遅れる。

(☆☆☆◎◎◎)

【25】病弱教育における配慮として適切でないものを，次の(1)～(4)の中から1つ選びなさい。

(1)　各教科等の特質に応じ，10分から15分程度の時間を活用して特定の教科等の指導を行う場合において，教師が，その指導内容の決定や指導の成果の把握等を責任をもって行う体制が整備されているときは，その時間を当該教科等の年間授業時数に含めることができる。

(2)　療養中の生徒及び障害のため通学して教育を受けることが困難な生徒について，各教科・科目の一部を通信により教育を行う場合の1単位当たりの添削指導及び面接指導の回数等については，実情に応じて適切に定めるものとする。

(3)　病弱児は，入院等の生活規制のために日常生活の経験が乏しく学習に必要な体験が不足しがちである。児童の病気の状態や学習環境に応じて効果的な学習活動が展開できるように指導方法を工夫することが必要である。

(4)　病弱等の理由で就学を猶予・免除されている学齢児童生徒については，義務教育諸学校に在学していないため，国はこれらの学齢児童生徒に対して教科書を無償で給与していない。

(☆☆☆◎◎◎)

【26】次は，特別支援学校小学部・中学部学習指導要領(平成29年告示)の「第1章　総則　第2節　小学部及び中学部における教育の基本と教育課程の役割」の一部です。[A]～[D]に入る語句の組み合わせとして正しいものを，以下の(1)～(4)の中から1つ選びなさい。

2　学校の教育活動を進めるに当たっては，各学校において，第4節の1に示す主体的・対話的で深い学びの実現に向けた［A］を通して，創意工夫を生かした特色ある教育活動を展開する中で，次の(1)から(4)までに掲げる事項の実現を図り，児童又は生徒に［B］を育むことを目指すものとする。

(1)　基礎的・基本的な知識及び技能を確実に習得させ，これらを活用して課題を解決するために必要な思考力，判断力，表現力等を育むとともに，主体的に学習に取り組む態度を養い，個性を生かし多様な人々との協働を促す教育の充実に努めること。その際，児童又は生徒の発達の段階を考慮して，児童又は生徒の言語活動など，学習の基盤をつくる活動を充実するとともに，［C］との連携を図りながら，児童又は生徒の［D］よう配慮すること。

(1)　A　授業改善　　B　生きる力　　C　家庭
　　D　学習習慣が確立する
(2)　A　研修研究　　B　確かな学力　　C　地域
　　D　学習習慣が確立する
(3)　A　研修研究　　B　確かな学力　　C　家庭
　　D　資質・能力を育む
(4)　A　授業改善　　B　生きる力　　C　地域
　　D　資質・能力を育む

(☆☆☆◎◎◎)

【27】次は，特別支援学校小学部・中学部学習指導要領(平成29年告示)の「第1章　総則　第2節　小学部及び中学部における教育の基本と教育課程の役割」の一部です。［A］～［C］に入る語句を，以下の(1)～(4)の中から1つ選びなさい。

4　各学校においては，児童又は生徒や学校，地域の[A]を適切に把握し，教育の目的や目標の実現に必要な教育の内容等を[B]視点で組み立てていくこと，教育課程の実施状況を評価してその改善を図っていくこと，教育課程の実施に必要な人的又は物的な体制を確保するとともにその改善を図っていくことなどを通して，教育課程に基づき組織的かつ計画的に各学校の教育活動の質の向上を図っていくこと(以下「[C]」という。)に努めるものとする。その際，児童又は生徒に何が身に付いたかという学習の成果を的確に捉え，第3節の3の(3)のイに示す個別の指導計画の実施状況の評価と改善を，教育課程の評価と改善につなげていくよう工夫すること。

(1)　A　ニーズ　　B　教科等横断的な
　　C　カリキュラム・マネジメント
(2)　A　ニーズ　　B　自ら意欲的に取り組む
　　C　コア・カリキュラム
(3)　A　実態　　B　教科等横断的な
　　C　カリキュラム・マネジメント
(4)　A　実態　　B　自ら意欲的に取り組む
　　C　コア・カリキュラム

(☆☆☆◎◎◎)

【28】次は，特別支援学校小学部・中学部学習指導要領(平成29年告示)の「第1章　総則　第3節　教育課程の編成」の一部です。[A]～[D]に入る語句の組み合わせとして正しいものを，以下の(1)～(4)の中から1つ選びなさい。

3　教育課程の編成における共通的事項
(1)　内容等の取扱い
(中略)

オ　視覚障害者，聴覚障害者，肢体不自由者又は病弱者である生徒に対する教育を行う特別支援学校の中学部においては，生徒や学校，地域の実態を考慮して，生徒の特性等に応じた多様な学習活動が行えるよう，第2章に示す各教科や，特に必要な教科を，選択教科として開設し生徒に履修させることができる。その場合にあっては，全ての生徒に指導すべき内容との関連を図りつつ，選択教科の授業時数及び内容を適切に定め選択教科の指導計画を作成し，生徒の負担過重となることのないようにしなければならない。また，特に必要な教科の名称，目標，内容などについては，［　A　］が適切に定めるものとする。

カ　知的障害者である児童に対する教育を行う特別支援学校の小学部においては，生活，国語，算数，［　B　］，図画工作及び体育の各教科，［　C　］，特別活動並びに自立活動については，特に示す場合を除き，全ての児童に履修させるものとする。また，［　D　］については，児童や学校の実態を考慮し，必要に応じて設けることができる。

(1)　A　各学校　　B　音楽
　　C　道徳科　　D　外国語活動

(2)　A　学校設置者　　B　生活単元学習
　　C　道徳科　　D　外国語活動

(3)　A　各学部　　B　総合的な学習の時間
　　C　外国語活動　　D　道徳科

(4)　A　各学校　　B　生活単元学習
　　C　外国語活動　　D　道徳科

(☆☆☆◎◎◎)

【29】次は，特別支援学校小学部・中学部学習指導要領(平成29年告示)の「第1章　総則　第5節　児童又は生徒の調和的な発達の支援」の一部です。［　A　］・［　B　］に入る語の組み合わせとして正しいものを，以下の(1)～(4)の中から1つ選びなさい。

> 1　児童又は生徒の調和的な発達を支える指導の充実
> 教育課程の編成及び実施に当たっては，次の事項に配慮するものとする。
> (1)　学習や生活の基盤として，教師と児童又は生徒との信頼関係及び児童又は生徒相互のよりよい人間関係を育てるため，日頃から学級経営の充実を図ること。また，主に集団の場面で必要な指導や援助を行う［　A　］と，個々の児童又は生徒の多様な実態を踏まえ，一人一人が抱える課題に個別に対応した指導を行う［　B　］の双方により，児童又は生徒の発達を支援すること。
> あわせて，小学部の低学年，中学年，高学年の学年の時期の特長を生かした指導の工夫を行うこと。

(1)　A　ガイダンス　　B　抽出指導
(2)　A　一斉指導　　B　ピアサポート
(3)　A　場面指導　　B　抽出指導
(4)　A　ガイダンス　　B　カウンセリング

(☆☆☆◎◎◎)

【30】次は，特別支援学校高等部学習指導要領(平成31年告示)の「第2章　各教科　第1節　視覚障害者，聴覚障害者，肢体不自由者又は病弱者である生徒に対する教育を行う特別支援学校　第2款　各科目に関する指導計画の作成と内容の取扱い」の一部です。［　A　］～［　C　］に入る語句の組み合わせとして正しいものを，以下の(1)～(4)の中から1つ選びなさい。

> 各科目に関する指導計画の作成と内容の取扱いについては，高等学校学習指導要領第2章及び第3章に示すものに［ A ］ほか，視覚障害者である生徒に対する教育を行う特別支援学校については第3款から第5款まで，聴覚障害者である生徒に対する教育を行う特別支援学校については第6款から第9款までに示すところによるものとするが，生徒の障害の状態や特性及び心身の発達の段階等を十分考慮するとともに，特に次の事項に配慮するものとする。
>
> (略)
>
> 3　肢体不自由者である生徒に対する教育を行う特別支援学校
>
> (略)
>
> (2)　生徒の身体の動きの状態や認知の特性，各教科・科目の内容の習得状況等を考慮して，指導内容を適切に設定し，［ B ］に時間を多く配当するなど計画的に指導すること。
>
> (3)　生徒の学習時の姿勢や認知の特性等に応じて，指導方法を工夫すること。
>
> (4)　生徒の身体の動きや意思の表出の状態等に応じて，適切な補助具や補助的手段を工夫するとともに，コンピュータ等の［ C ］などを有効に活用し、指導の効果を高めるようにすること。

(1)　A　準ずる　B　重点を置く事項　C　各種教材

(2)　A　資する　B　自立活動　C　各種教材

(3)　A　準ずる　B　重点を置く事項　C　情報機器

(4)　A　資する　B　自立活動　C　情報機器

(☆☆☆◎◎◎)

【31】次は，特別支援学校高等部学習指導要領(平成31年告示)の「第3章　特別の教科　道徳(知的障害者である生徒に対する教育を行う特別支援学校)」の一部です。以下の各問に答えなさい。

> 第1款　目標及び内容
>
> 道徳科の目標及び内容については，小学部及び中学部における目標及び内容を基盤とし，さらに，青年期の特性を考慮して，健全な［　A　］を営む上に必要な道徳性を一層高めることに努めるものとする。
>
> 第2款　指導計画の作成と内容の取扱い
>
> 1　(略)
>
> 2　各教科，総合的な探究の時間，特別活動及び［　B　］との関連を密にしながら，経験の拡充を図り，豊かな道徳的心情を育て，将来の生活を見据え，広い視野に立って道徳的判断や行動ができるように指導するものとする。
>
> 3　内容の指導に当たっては，個々の生徒の知的障害の状態，［　C　］，学習状況及び経験等に応じて，適切に指導の重点を定め，指導内容を具体化し，［　D　］活動を取り入れるなどの工夫を行うものとする。

問1　［　A　］に入る語句を，次の(1)～(4)の中から1つ選びなさい。

(1)　家庭生活　　(2)　学校生活　　(3)　社会生活

(4)　卒業後の生活

問2　［　B　］・［　C　］・［　D　］に入る語句の組み合わせとして正しいものを，次の(1)～(4)の中から1つ選びなさい。

(1)　B　進路指導　　C　発達段階　　D　体験的な

(2)　B　進路指導　　C　生活年齢　　D　実際生活に即した

(3)　B　自立活動　　C　生活年齢　　D　体験的な

(4)　B　自立活動　　C　発達段階　　D　実際生活に即した

(☆☆☆◎◎◎)

【32】次は，特別支援学校高等部学習指導要領(平成31年告示)の「第6章　自立活動　第1款　目標」です。[A]～[C]に入る語の組み合わせとして正しいものを，以下の(1)～(4)から1つ選びなさい。

> 個々の生徒が自立を目指し，障害による[A]又は[B]の困難を主体的に改善・克服するために必要な知識，技能，態度及び習慣を養い，もって心身の[C]発達の基盤を培う。

(1)	A	健康面	B	運動面	C	調和的
(2)	A	心理面	B	運動面	C	段階的
(3)	A	学習上	B	生活上	C	調和的
(4)	A	学習上	B	社会生活上	C	段階的

(☆☆☆◎◎◎)

【33】特別支援学校高等部学習指導要領(平成31年告示)の「第6章　自立活動　第2款　内容　3　人間関係の形成」に示されていないものを，次の(1)～(4)の中から1つ選びなさい。

(1)　他者とのかかわりの基礎に関すること。

(2)　言語の受容と表出に関すること。

(3)　自己の理解と行動の調整に関すること。

(4)　他者の意図や感情の理解に関すること。

(☆☆☆◎◎◎)

解答・解説

【1】問1　(1)　　問2　(3)

〈解説〉問1　発達障害者支援法第2条の2は，この法律の基本理念を定めている。障害者基本法においては，基本原則として，障害者があらゆる分野の活動に参加する機会が確保されることや地域社会において他の人々と共生することを妨げられないこと等が規定されていることを踏まえ，同法においても基本理念として示された。　問2　発達障害者の定義は，従前は「発達障害によって社会生活に制限を受ける」という表現だったものが，平成28(2016)年の同法一部改正により「発達障害及び社会的障壁により日常生活又は社会生活に制限を受ける」という表現に改正されている。

【2】(2)

〈解説〉第1条の目的の対象が「全ての障害者」であることから，(2)の障害者の権利に関する条約である。(1)は児童が対象である。(3)の適応範囲は，正当に認定された身体的又は精神的障害のため，適当な職業に就き，継続し，その職業において向上する見通しが相当に減少している者である。(4)は障害者についてではなく，人種差別に関する条約である。障害者の権利に関する条約は，初めて障害について明記された条約で，前文と50条の条文から成り，今ある基本的な人権及び自由を障害者が有することを改めて保障したものである。

【3】(1)

〈解説〉改正により，障害者の雇用を一層推進するため，事業主に対しては，短時間労働であれば就労可能な障害者の雇用機会の確保や継続雇用の支援として，(2)と(3)の措置が講じられた。(4)の国及び地方公共団体に対しては，障害者雇用の計画的な推進に向けて，障害者雇用推進者や障害者職業生活相談員の選任を義務付けるなどの措置が講じられた。(1)については，今回の改正により，国及び地方公共団体は障害者である職員を免職する場合には，その旨を公共職業安定所長に届け出る義務が課せられるようになった。

【4】(3)

〈解説〉行政機関等については，すでに改正前の障害を理由とする差別の解消の推進に関する法律において，負担が過重でないときは合理的な配慮をすることが義務付けられている。改正の最大のポイントは，(2)の事業者による合理的配慮の提供が努力義務から義務へと改められたことである。同法の改正法は，令和6(2024)年4月1日から施行されることが決まった。

【5】(4)

〈解説〉改正の趣旨は，特別の教育課程を編成して行う日本語指導を高等学校等においても実施できるように規定を整備することがねらいである。(4)の指導についての計画については，「学級単位で作成する」ではなく，「個別に作成する」として示されている。

【6】(2)

〈解説〉A・B　インクルーシブ教育システムは，障害者の権利に関する条約において初めて，その理念が提唱された。障害者の権利に関する条約第24条において，「無償のかつ義務的な初等教育から又は中等教育から排除されないこと」「個人に必要とされる合理的配慮が提供されること」が示されている。　C　特別支援学校教育要領・学習指導要領解説総則編(幼稚部・小学部・中学部)(平成30年3月)には，出題の報告書について，インクルーシブ教育システムを構築するためには，「小・中学校等の通常の学級，通級による指導及び特別支援学級や，特別支援学校といった，子供たちの多様な教育的ニーズに対応できる連続性のある『多様な学びの場』において，子供一人一人の十分な学びを確保していくことが重要である」ことを指摘していることが記述されている。

【7】問1　(4)　　問2　(1)

〈解説〉問1　遠山啓は，「水道方式」と呼ばれる独自の算数・数学の教育法を確立した日本の数学者である。脇田良吉は，生活を通して全人格的教育をめざす知的障害者のための白川学園を創設した。長野幸雄は，精神薄弱児の養護学級の教員で，国立秩父学園に設立当初から勤務していた。川本宇之介は東京聾唖学校に勤務し，口話法を推進した。
問2　近藤益雄は生活綴り方運動に取り組み，みどり組を組織して読み書きの指導を行い，その後のぎく寮を開設した。山尾庸三は，盲唖学校創立の建白書を書いた人物。城戸幡太郎は保育問題研究会を発足させ，「幼児教育論」を説いた心理教育者。田代義徳は，日本で最初の肢体不自由特別学校である東京市立光明学校の設立に尽力した整形外科医である。

【8】(4)
〈解説〉柏学園は，柏倉松蔵が設立した肢体不自由児施設である。三田谷治療教育院は，三田啓が設立した治療教育による知的障害児・病虚弱児の施設である。筑波学園は，岡野豊四郎が設立した知的障害児施設である。八幡学園は，久保寺保久が創設した知的障害児施設である。乙竹岩造は「特殊教育論」を説いた。川田貞治郎は，知的障害児の施設である藤倉学園を創設した。

【9】(2)
〈解説〉問題文の法令は「共生社会の推進」が示されていることから，(2)であると推定できる。埼玉県では，障害者の権利に関する条約及び障害者差別解消法を踏まえて，「埼玉県障害のある人もない人も全ての人が安心して暮らしていける共生社会づくり条例」(平成28年)を制定した。「社会福祉法施行令」は，社会福祉事業に関わる法令である。「高齢者，障害者等の移動等の円滑化の促進に関する法律」は，高齢者，障害者等の移動上及び施設の利用上の利便性及び安全性の向上の促進と，公共の福祉の増進を目的としている。「埼玉県手話言語条例」は，手話が独自の言語であるとの認識に基づき，ろう者とろう者以外の人が手話によって心を通わせ，お互いを尊重し共生できる社会の実現を目指したものである。

【10】(4)

〈解説〉理学療法士とは，身体に障害のある人に対し，基本的動作能力の回復を図るために運動療法や物理療法を用いて支援する専門職のことである。PT(Physical Therapist)と呼ばれる。 (1)は介護福祉士，(2)は作業療法士，(3)は言語聴覚士についての説明である。

【11】(3)

〈解説〉「ユニバーサルデザイン2020行動計画」は，2020年東京パラリンピックを契機に，共生社会の実現に向けて示された行動計画である。具体的な取組は，「心のバリアフリー」と「ユニバ―サルデザインの街づくり」の2本柱である。「心のバリアフリー」とは，様々な心身の特性や考え方を持つすべての人々が，相互に理解を深めようとコミュニケーションをとり，支え合うことであるとしている。また，「ユニバ―サルデザインの街づくり」の取組では，Tokyo2020アクセシビリティ・ガイドラインを踏まえた，高い水準のユニバーサルデザインの推進などが示されている。

【12】(1)

〈解説〉発達障害啓発週間は，世界自閉症啓発デー(4月2日)から8日までの1週間とされている。障害者週間は12月3日から12月9日までの1週間，医療安全推進週間は11月25日(いい医療に向かってGO)を含む1週間，人権週間は世界人権宣言が採択された12月10日(人権デー)を最終日とする1週間(12月4日から12月10日)とされている。

【13】(3)

〈解説〉障害者技能競技大会は「アビリンピック」と呼ばれている。アビリティ(能力)とオリンピックを合わせた言葉である。デフリンピックは，ろう者のオリンピックのことである。技能グランプリは，中央職業能力開発協会が開催する大会である。各種技能の向上を図るとともに，その地位の向上と技能尊重の機運の醸成を目的としている。ねんりんピック(全国健康福祉祭)は，健康や福祉に関する多彩なイベントを通じて，高齢者を中心とする国民の健康保持・増進，社会参加，生きがいの高揚を図ることを目的に開催している。

【14】(2)

〈解説〉埼玉県が令和2(2020)年4月に開設したのは，「スマートステーションflat」である。働き方改革の推進と障害者雇用の促進を目的としている。「スクール・チャレンジド・プロジェクト」は，東京都教育委員会の事業。知的障害，精神障害又は身体障害がある人を都立学校や教育委員会で雇用し，リモート支援や巡回支援をうけながら，業務に従事する事業のこと。「チームぴかぴか」は埼玉県の事業で，特別支援学校の卒業時に一般企業への就職ができなかった人等を埼玉県教育委員会で雇用し，就労スキルの向上を図り，一般企業への就職を支援する事業。「ハートフルオフィス」は大阪府の事業で，企業への就職を目指す知的障害者と精神障害者を雇用する事業。雇用された障害者は，働きながら企業等への就職を目指す。

【15】(1)

〈解説〉(1)の解説にある文字の読み書き障害は，「ディスレクシア」に関するものである。「ディスカリキュリア」は，計算や推論する能力の困難がみられる算数障害のことである。

【16】(2)

〈解説〉(1)　S-M社会生活能力検査の適用は「未就学から小児期」ではなく「乳幼児から中学生」，項目数は「15項目」ではなく「129項目」，検査者が直接観察するのではなく，子どもの日常生活をよく知っている人(保護者や担任教師等)が回答する質問紙である。　(3)　LCスケールは，「言語表出，言語理解，コミュニケーション」の3領域から評価する。「回路，過程，水準」の3つの次元を比較する言語学習能力検査は，ITPAである。　(4)　太田ステージは，シンボル表象機能発達段階をみる評価法で，自閉症児の全般的な発達を促す療育法である。

【17】(4)

〈解説〉(1)「担任のみが」が誤りである。「障害のある子供の教育支援の手引」(文部科学省)によると，まずは通常の学級担任ができるアセスメントツール等を活用し，実態把握を行い，校内での実態把握，巡回相談員，外部の専門家に相談する手続きを踏むことが重要であるとされている。 (2)「障害の有無の判定をし」が誤りである。校内委員会は診断をする場ではなく，日頃から気になる子供の実態を把握したり，通常の学級における適切な配慮や指導上の工夫を講ずるなどの対応が行えるようにするという役割をもっている。 (3)「必ず個別の指導形態をとる」が誤りである。学習障害のある子供の実態の把握に努め，教育における合理的配慮を含む必要な支援の内容の提供を行ったり，通級による指導における指導方法等を参考にしたりするとともに，ティーム・ティーチングや個別指導，学習内容の習熟の程度に応じた指導，教材・教具などの工夫を効果的に行うことが重要である。

【18】(2)

〈解説〉「吃音」の症状の説明である。構音障害は，言葉は理解していて，伝えたい言葉ははっきりしているが，音を作る器官やその動きに問題があり，発音がうまくできないため，コミュニケーションがうまくとれない状態をいう。

【19】(1)

〈解説〉車両の運転者は，障害を持つ人に対し特に安全を配慮する義務を持ち，視覚障害者に対してはその対象であることが分かるようにするという考え方を基に，視覚障害者に対して白杖の携行を義務付けている。 (2)「ガイドが前から腕や白杖を引いて」が誤りである。ガイドする人が白杖を持つ手の反対側に立ち，肘の少し上を握ってもらい，「進みます」などと声をかけ，半歩前を歩く。ガイドする人の背が低いときは，肩に手をかける方が楽な場合もある。　(3)　盲導犬は，障害物を避けたり，段差や角を教えたりして，安全に歩行するため手助けをすることが役割である。　(4)　白杖による歩行練習は，まず屋内で安全に移動する練習を行い，その後，屋外に出ての歩行練習が行われる。

【20】(3)

〈解説〉(1)　新生児聴覚スクリーニング検査は，自動聴性脳幹反応(AABR)又は自動耳音響放射(OAE)で行われる。トータル・コミュニケーション(TC)は，口話や手話など全ての方法でコミュニケーションを行うというものである。　(2)　補聴器も人工内耳も，聞こえを補助する装具である。大勢の中での話し合いなどにおける会話は，補聴器や人工内耳での聞き取りが難しい。また，音源と聞く人の距離が離れると，聞き取りが難しくなる。　(4)　人工内耳の適応年齢は，1歳以上とされている。

【21】(1)

〈解説〉学校教育法施行令第22条の3において，特別支援学校(病弱)の対象となる障害の程度は，「慢性の呼吸器疾患，腎臓疾患及び神経疾患，悪性新生物その他の疾患の状態が継続して医療又は生活規則を必要とする程度のもの」と示されている。「継続して」が足りないため，誤りである。

【22】(4)

〈解説〉「小学校等における医療的ケア実施支援資料」(文部科学省　令和3年6月)によると，口腔・鼻腔から気管内を吸引することは，声門部の刺激によって生じる咳反射に阻まれるため，困難であることから，気管カニューレから行うことが必要であるとされている。

【23】(2)

〈解説〉脳性まひの定義は，「受胎から新生児期までの間に生じた，脳の非進行性病変に基づく，永続的なしかし変化しうる運動及び姿勢の異常である」とされている。

【24】(2)

〈解説〉(1)　乳糖不耐症は，乳糖分解酵素の活性が低下しているため，ミルクに含まれる乳糖を消化吸収できず，著しい下痢などの症状を引き起こす疾患である。　(3)　気管支ぜん息は，気管の慢性的な炎症と，その周囲の筋肉の収縮に伴って，空気の通り道が狭くなり，ヒューヒューという音とともに発作性の息苦しさを感じる病気である。嚥下機能障害とは関係がない。　(4)　福山型筋ジストロフィーは先天性の疾患で，FKTN遺伝子と呼ばれるたんぱく質を生成する遺伝子の異常によって引き起こされると考えられている。X染色体に原因となる遺伝子によるものとしては，デュシェンヌ型筋ジストロフィーがある。

【25】(4)

〈解説〉病弱等の理由で就学を猶予・免除されている学齢児童生徒についても，教科書が無償で給与されている。

【26】(1)

〈解説〉平成29年告示の特別支援学校小学部・中学部学習指導要領「第1章　総則」「第2節　小学部及び中学部における教育の基本と教育課程の役割」の2においては，主体的・対話的で深い学びの実現に向けた授業改善を通して，創意工夫を生かした特色ある教育活動を展開する中で，知・徳・体のバランスのとれた「生きる力」の育成を目指すという，新たな学習指導要領の根幹となる基本的な考え方が示されている。その(1)は，「知」に当たる確かな学力に関する事項が示されている。その中で，小学部における教育の早い段階から学習習慣を確立することが重要であることから，家庭との連携を図りながら，家庭学習も視野に入れた指導を行うことの必要性が示されている。

【27】(3)
〈解説〉平成29年告示の学習指導要領では，「カリキュラム・マネジメント」の必要性が重視されており，問題文はその一部である。カリキュラム・マネジメントとは，学校教育に関わる様々な取組を，教育課程を中心に据えながら組織的かつ計画的に実施し，教育活動の質の向上につなげていくこととされている。よって，地域の実態を的確に把握すること，教育の内容を教科等横断的な視点で組み立てていくこと，評価・改善を図っていくことなどが具体的に示されている。コア・カリキュラムとは，中心となる課程を核とした教育課程のこと。

【28】(1)
〈解説〉A　問題文のオは，選択教科を開設する際の留意事項である。選択教科の名称，目標，内容などについては，各学校が適切に定めるものとされている。　B～D　問題文のカは，知的障害者である児童に対する教育を行う特別支援学校の小学部における，各教科等の取扱いを示した事項である。今回の改訂においては，外国語活動について，児童や学校の実態を考慮し，必要に応じて設けることができることとされている。

【29】(4)
〈解説〉平成29年告示の学習指導要領では，児童生徒一人一人の調和的な発達を支える視点から，学級経営や生徒指導，キャリア教育の充実について示された。その支援として，ガイダンスとカウンセリングの双方による発達支援が重要であることが示されている。ガイダンスは，主に集団の場面で必要な指導援助を行う。カウンセリングは個々の抱える課題に対して，主に個別の会話・面談や言葉掛けを通して指導や援助を行う。ピアサポートとは，同じ悩みを持つ仲間同士で互いに支え合うことである。

【30】(3)

〈解説〉A　特別支援学校高等部学習指導要領(平成31年告示)において，各教科の指導計画の作成と内容の取扱いは，高等学校学習指導要領に準ずるとされている。準ずるとは原則として同一ということであるが，生徒の障害の状態や特性，心身の発達の段階等を十分考慮しなければならない。　B　肢体不自由者である生徒に対する教育を行う特別支援学校では，従前の「基礎的・基本的な事項に重点を置くなど」としていた点が，今回の改訂において，「重点を置く事項に時間を多く配当するなど」に改められた。学習効果を高めるため，重点の置き方，指導の順序，まとめ方，時間配分を工夫して，計画的に指導することが重要であることが示されている。　C　歩行や筆記などが困難な生徒や，話し言葉が不自由な生徒などに対して，補助具や補助的手段を工夫するとともに，コンピュータ等の情報機器などを有効に活用して指導の効果を高めることが必要である。

【31】問1　(3)　　問2　(3)

〈解説〉問1　道徳教育は，人間としての在り方生き方に関する教育であることから，高等部段階では，高等部卒業後の社会生活を営む上で必要な道徳性を高めることが重要である。　問2　B　第2款の2では，道徳科における指導においても，各教科，総合的な探究の時間，特別活動及び自立活動の指導との関連を密にしながら，経験の拡充を図ることについて，特に留意する必要があることが示されている。

C・D　第2款の3は，道徳科の内容を指導する場合においても，他の各教科等の内容の指導と同様に，個々の生徒の知的障害の状態，生活年齢，学習状況や経験等を考慮することが重要であることを示したものであり，今回の改訂において新設された事項である。

【32】(3)

〈解説〉A・B　前回の改訂から障害の捉え方が社会モデルへと変化したことにより，自立活動の目標についても，「障害に基づく種々の困難」

から「障害による学習上又は生活上の困難」に改められた。
C 「調和的発達の基盤を培う」とは，児童生徒一人一人の発達の遅れや不均衡を改善したり，発達の進んでいる側面を更に伸ばすことによって遅れている側面の発達を促すようにしたりして，全人的な発達を促進することを意味している。

【33】(2)
〈解説〉(2)は「コミュニケーション」の内容である。「人間関係の形成」においては選択肢(1)(3)(4)の他に，「集団への参加の基礎に関すること」が示されている。

2023年度　実施問題

【1】サラマンカ声明の条文について述べているものとして適切なものを，次の(1)～(4)の中から1つ選びなさい。

(1)　すべての子どもは，ユニークな特性，関心，能力および学習のニーズをもっており，教育システムはきわめて多様なこうした特性やニーズを考慮にいれて計画・立案され，教育計画が実施されなければならない。

(2)　すべての人間は，生れながらにして自由であり，かつ，尊厳と権利とについて平等である。人間は，理性と良心とを授けられており，互いに同胞の精神をもって行動しなければならない。

(3)　すべての児童は，身体が不自由な場合，または精神の機能が不充分な場合に，適切な治療と教育と保護が与えられる。

(4)　障害者が全ての人権及び基本的自由を完全に享有することを可能とするに当たっては，物理的，社会的，経済的及び文化的な環境並びに健康及び教育を享受しやすいようにしなければならない。

(☆☆☆◎◎◎)

【2】次は，特別支援教育の歴史についてまとめたものです。以下の各問に答えなさい。

1989年 (平成元年)	盲学校，聾学校及び養護学校 [A] 教育要領が初めて制定された。
1999年 (平成11年)	盲学校，聾学校及び養護学校小学部・中学部学習指導要領の第１章総則に「各学校において，児童又は生徒に [B] をはぐくむことを目指し，創意工夫を生かし特色ある教育活動を展開する中で，自ら学び自ら考える力の育成を図る」ことが示された。
2009年 (平成21年)	特別支援学校学習指導要領等の改訂のポイントとして、今回の改訂の基本的な考え方が３つ示された。 ・幼稚園，小学校，中学校及び高等学校の教育課程の改善に準じた改善。 ・障害の [C] 化、多様化に対応し，一人一人に応じた指導を一層充実。 ・自立と社会参加を推進するため，職業教育等を充実。

2017年 (平成29年)	特別支援学校幼稚部教育要領、特別支援学校小学部・中学部学習指導要領改訂のポイントとして，今回の改訂の基本的な考え方が３つ示された。 ・社会に開かれた教育課程の実現、［D］資質・能力，主体的・対話的で深い学びの視点を踏まえた指導改善、各学校におけるカリキュラム・マネジメントの確立など，初等中等教育全体の改善・充実の方向性を重視。 ・障害のある子供たちの学びの場の柔軟な選択を踏まえ，幼稚園，小・中・高等学校の教育課程との連続性を重視。 ・障害の［C］化，多様化への対応と卒業後の自立と社会参加に向けた充実。

問1　［A］にあてはまる語句を，次の(1)～(4)の中から1つ選びなさい。

(1)　小学部　　(2)　小学部・中学部　　(3)　幼稚部

(4)　高等部

問2　［B］にあてはまる語句を，次の(1)～(4)の中から1つ選びなさい。

(1)　自立活動　　(2)　生きる力　　(3)　探究する力

(4)　想像する力

問3　［C］にあてはまる語句を，次の(1)～(4)の中から1つ選びなさい。

(1)　軽減・簡略　　(2)　定着・汎　　(3)　特別・特殊

(4)　重度・重複

問4　［D］にあてはまる語句を，次の(1)～(4)の中から1つ選びなさい。

(1)　育成を目指す　　(2)　児童生徒の　　(3)　教員の専門性や

(4)　社会で共生する

(☆☆☆◎◎◎)

【３】療育プログラムに関わる専門職の名称とその説明の組み合わせとして正しいものを，以下の(1)～(4)の中から1つ選びなさい。

名　称	説　　明
A	摂食・嚥下機能の獲得や維持・向上を図り，生活の質の向上を支援する。通称「ＳＴ」と呼ばれる。
B	応用的動作力または社会適応能力の回復を図るため，手芸や工作などの指導を行う。通称「ＯＴ」と呼ばれる。

(1)　［A］・理学療法士　　［B］・作業療法士

(2)　［A］・言語聴覚士　　［B］・理学療法士

(3)　［A］・言語聴覚士　　［B］・作業療法士

(4) [A]・理学療法士　[B]・言語聴覚士

(☆☆☆◎◎◎)

【4】国際パラリンピック委員会(IPC)は，困難なことがあってもあきらめずに，限界に挑戦し続けるパラリンピアンを表現した赤・青・緑の三色のシンボルマークを定めています。このシンボルマークの名称を，次の(1)～(4)の中から1つ選びなさい。

(1)　トリプルハンディ　(2)　スリーアギトス

(3)　パラプレジア　(4)　センターホワイト

(☆☆☆◎◎◎)

【5】次の説明文にあてはまる人物を，以下の(1)～(4)の中からそれぞれ1つずつ選びなさい。

問1　知的障害児教育の先駆者であり，孤児の施設「孤女学院」を創設した。1896年に渡米し，「生理学的教育法」を学ぶ。帰国後，孤女学院を滝乃川学園と改称し，知的障害児教育を本格化させた。

(1)　大森政蔵　(2)　近藤益雄　(3)　遠山啓

(4)　石井亮一

問2　1918年「夢の楽園教療所」の創設提案をし，1942年に整肢療護園を開園する。1947年に制定・公布された児童福祉法第43条に肢体不自由施設の規定を組み込む努力をし，1948年には日本肢体不自由児協会設立にも努めた。

(1)　高木憲次　(2)　城戸幡太郎　(3)　松本保平

(4)　喜田正春

問3　同僚であった石川倉治らに依頼し点字(日本訓盲点字)を完成させた。また，東京盲唖学校の分離を文部大臣に上申し，1909年東京盲学校，1910年東京聾唖学校が設置された。盲・聾学校の分離を進め，新設された東京聾唖学校の校長として，引き続き聴覚障害児教育に携わった。

(1)　結城捨次郎　(2)　柏倉松蔵　(3)　小西信八

(4)　青木誠四郎

(☆☆☆◎◎◎)

【6】次は，「障害者の日常生活及び社会生活を総合的に支援するための法律」第5条の一部です。以下の各問に答えなさい。

> 10　この法律において「[A]」とは，その施設に入所する障害者につき，主として夜間において，入浴，排せつ又は食事の介護その他の厚生労働省令で定める便宜を供与することをいう。
>
> (中略)
>
> 15　この法律において「[B]」とは，就労に向けた支援として厚生労働省令で定めるものを受けて通常の事業所に新たに雇用された障害者につき，厚生労働省令で定める期間にわたり，当該事業所での就労の継続を図るために必要な当該事業所の事業主，障害福祉サービス事業を行う者，医療機関その他の者との連絡調整その他の厚生労働省令で定める便宜を供与することをいう。
>
> (中略)
>
> 21　この法律において「[C]」とは，居宅において単身その他の厚生労働省令で定める状況において生活する障害者につき，当該障害者との常時の連絡体制を確保し，当該障害者に対し，障害の特性に起因して生じた緊急の事態その他の厚生労働省令で定める場合に相談その他の便宜を供与することをいう。

問1　[A]にあてはまる語句を，次の(1)～(4)の中から1つ選びなさい。

(1)　障害者支援施設　　(2)　施設入所支援　　(3)　生活介護

(4)　短期入所

問2　[B]にあてはまる語句を，次の(1)～(4)の中から1つ選びなさい。

(1)　自立訓練　　(2)　就労継続支援　　(3)　就労移行支援

(4)　就労定着支援

問3　[C]にあてはまる語句を，次の(1)～(4)の中から1つ選びなさい。

(1)　相談支援　(2)　地域移行支援　(3)　基本相談支援

(4)　地域定着支援

(☆☆☆◎◎◎)

【7】「文部科学省所管事業分野における障害を理由とする差別の解消の推進に関する対応指針」(平成27年文部科学省告示第180号)の別紙1「不当な差別的取扱い，合理的配慮等の具体例」について，次の各問に答えなさい。

問1　次の文のうち，障害を理由とする不当な差別的取扱いに当たり得る具体例の組み合わせとして正しいものを，以下の(1)～(4)の中から1つ選びなさい。

ア　学校，社会教育施設，スポーツ施設，文化施設等において，窓口対応を拒否し，又は対応の順序を後回しにすること。

イ　学校への入学の出願の受理，受験，入学，授業等の受講や研究指導，実習等校外教育活動，入寮，式典参加を拒むことや，これらを拒まない代わりとして正当な理由のない条件を付すこと。

ウ　学校，社会教育施設，スポーツ施設，文化施設等において，合理的配慮を提供等するために必要な範囲で，プライバシーに配慮しつつ，障害者である利用者に障害の状況等を確認すること。

エ　試験等において合理的配慮の提供を受けたことを理由に，当該試験等の結果を学習評価の対象から除外したり，評価において差を付けたりすること。

オ　障害のある幼児，児童及び生徒のため，通級による指導を実施する場合において，また特別支援学級及び特別支援学校において，特別の教育課程を編成すること。

(1)　ア・イ・エ　(2)　ウ・エ・オ　(3)　イ・ウ・オ

(4)　ア・イ・オ

問2　合理的配慮に当たり得る配慮の具体例として適切でないものを，

次の(1)～(4)の中から1つ選びなさい。

(1)　疲労を感じやすい障害者から別室での休憩の申出があった際，別室の確保が困難である場合に，当該障害者に事情を説明し，対応窓口の近くに長椅子を移動させて臨時の休憩スペースを設けること。

(2)　エレベーターが無い施設・敷地内において，車椅子利用者が困らないように受付の際に事情を説明し，施設の利用を控えてもらうこと。

(3)　点字や拡大文字，音声読み上げ機能を使用して学習する児童生徒等のために，授業で使用する教科書や資料，問題文を点訳又は拡大したものやテキストデータを事前に渡すこと。

(4)　読み・書き等に困難のある児童生徒等のために，授業や試験でのタブレット端末等のICT機器使用を許可したり，筆記に代えて口頭試問による学習評価を行ったりすること。

(☆☆☆◎◎◎)

【8】視覚障害について説明した文章のうち，内容が適切なものを，次の(1)～(4)の中から1つ選びなさい。

(1)　視覚障害とは，視機能の永続的な低下により，学習や生活に困難がある状態をいう。視機能とは，視力，視野，色覚，暗順応，眼球運動，調節，両眼視等の各種機能から成り立っている。

(2)　視覚障害とは，一般的にランドルト環を視標とした万国式試視力表を用い，4mの距離から計測した遠見視力が，眼鏡やコンタクトレンズを用いても0.3未満である状態のことである。

(3)　視覚障害の原因疾患の一つである小眼球は，学齢期の眼球形成の異常であり，近視や視野異常が生じる。

(4)　視覚障害は，眼球及び視路で構成される視覚器官のいずれかの部分の障害によって起きる。網膜上の視細胞の反応は視神経を伝って大脳側頭葉の視中枢に送られ，情報として知覚される。

(☆☆☆◎◎◎)

【9】聴覚障害について説明した文章のうち，内容が誤っているものを，次の(1)～(4)から1つ選びなさい。

(1)　学校教育法施行令第22条の3において，聴覚障害者とは，「両耳の聴力レベルがおおむね60デシベル以上のもののうち，補聴器等の使用によつても通常の話声を解することが不可能又は著しく困難な程度のもの」と定められている。

(2)　聴覚障害とは，一般に音が耳介から大脳の第一次聴覚野に至るまでの経路のどこかの部位に障害が生じている状態を指す。

(3)　聴覚障害のある子供の場合には，特別な手立てを講じて，聞こえの不足を補いながら言葉の発達を促す必要がある。

(4)　聴覚障害の状態は，音の高さ(デシベル：dB)と強さ(ヘルツ：Hz)によるオージオグラムによりあらわされる。

(☆☆☆◎◎◎)

【10】「埼玉県特別支援教育推進計画(令和4年度～令和6年度)」の四つの目標に示されていないものを，次の(1)～(4)から1つ選びなさい。

(1)　関係機関の連携強化による切れ目ない支援の充実

(2)　社会に開かれた教育課程の実現

(3)　特別支援教育を担う教職員の専門性向上

(4)　連続性のある「多様な学びの場」の充実

(☆☆☆◎◎◎)

【11】原始反射について説明した文章のうち，内容が誤っているものを，次の(1)～(4)の中から1つ選びなさい。

(1)　手掌を指で圧迫すると，その指を握りしめたり，足の裏を圧迫すると，足指を含めて屈曲したりする動きを把握反射という。

(2)　上を向いた状態で寝ている子どもの顔を一方に向けると顔面側の上肢体が屈曲する動きを緊張性迷路反射という。

(3)　足底の外側を踵から足趾にかけて刺激すると，母趾の背屈と他の足趾の開扇現象が生じる。これを，バビンスキー反射という。

(4)　平静な状態におかれている子どもの前で，急に音をたてたり，振動を与えたり，強い光を当てたりすると，両上肢が伸展・外転し，続いて内転がおこる。これをモロー反射という。

(☆☆☆◎◎◎)

【12】特別支援学校における食事指導について述べた次の文のうち，最も適切なものを，(1)～(4)の中から1つ選びなさい。

(1)　口を閉じるのが難しい児童生徒に対し，食べ物が確実に口腔内に取り込めるよう，スプーンを前歯にこすりつけるようにして取り込みを促すとよい。

(2)　口を閉じるのが難しい児童生徒に対し，口から食べ物がこぼれないよう，首をのけぞらせるような姿勢をとらせるとよい。

(3)　初期食を食べている児童生徒が，左右の口角が同時に横に引かれるような動きを見せるようになってから，舌でつぶせる程度の柔らかい食材を食べる練習を始めてよい。

(4)　哺乳反射が見られなくなった発達段階の児童生徒の水分摂取は，舌の前後運動(吸啜動作)であってもストロー飲みができるので，ストロー飲みの練習から始めてよい。

(☆☆☆◎◎◎)

【13】発達検査について述べた文のうち，内容が誤っているものを，次の(1)～(4)の中から1つ選びなさい。

(1)　発達検査は，子どもの障害の有無や特徴を調べるものであり，検査の結果のみを用いて，発達障害の診断を行い支援の内容を決定するものである。

(2)『乳幼児精神発達診断法』は，基本的に，『運動』，『探索』，『社会』，『生活習慣』，『言語』の5つの領域から構成されており，発達指数の換算を行わないという特徴がある。

(3)『新版K式発達検査2001』は，精神発達の様々な側面について，全般的な進みや遅れ，バランスの崩れなど発達の全体像をとらえるための検査である。

(4) 発達検査の方法としては，検査者が直接子どもを検査したり，観察したりして評価を行うものと，保護者など養育者に質問して，その報告をもとにして評価するものがある。

(☆☆☆◎◎◎)

【14】障害について述べた文のうち，内容が誤っているものを，次の(1)～(4)の中から1つ選びなさい。

(1) LDは，全般的な知的発達に遅れはないが，聞く，話す，読む，書く，計算する，推論する能力のうち特定のものの習得と使用に著しい困難を示す様々な状態を示すものである。

(2) 選択性かん黙は，本人が意志を持って発話を拒否している状態にあり，特定の状況で音声や言葉が出せず，学業等に支障がある状態を示すものである。

(3) 吃音とは，なめらかに話すことが年齢や言語能力に比して不相応に困難な状態を示す話し方の障害である。

(4) ADHDは，「不注意」と「多動－衝動性」が同程度の年齢の発達水準に比べて，より頻繁に強く認められる状態を示すものである。

(☆☆☆◎◎◎)

【15】知的障害のある児童生徒に対する指導について述べた文のうち，内容が誤っているものを，次の(1)～(4)の中から1つ選びなさい。

(1) 通常の学級に在籍している知的障害のある児童生徒は，学習の遅れが顕著になった場合に，通級による指導において教科の補充指導を行う必要がある。

(2) 知的障害のある児童生徒は，失敗経験等の積み重ねにより，自分に自信が持てず行動に移しにくいため，スモールステップで成功体験を積み重ね，自己肯定感を高めていくことができるように指導することが大切である。

(3) 知的障害のある児童生徒は，身体の動きがぎこちなく，微細な動きが苦手な様子が見られるので，基本的な動きの指導から始め，徐々に複雑な動きを指導することが考えられる。

(4)　知的障害のある児童生徒は，学校での生活を基盤として，学習や生活の流れに即して学んでいくことが効果的である。

(☆☆☆◎◎◎)

【16】疾患について説明した文のうち，内容が誤っているものを，次の(1)～(4)の中から1つ選びなさい。

(1)　筋ジストロフィーは，筋原性の変性疾患で進行性であり，筋力が徐々に低下して，運動に支障をきたすだけでなく，長期的には，呼吸筋の筋力低下によって，呼吸も困難になる病気である。

(2)　二分脊椎症とは，脊柱管の一部の形成が不完全となり，脊髄馬尾神経が脊柱管の外に出てしまう病気である。下肢や排泄機能に障害が出現することが多い。

(3)　ファロー四徴症とは，「心室中隔欠損」，「大動脈騎乗」，「肺動脈狭窄・漏斗部狭窄」，「右室肥大」の4つの特徴を持つ先天性心疾患である。

(4)　Prader－Willi症候群は，筋緊張の亢進に伴う呼吸障害や哺乳の障害によって気づかれることが多い。3歳過ぎくらいから食欲の抑制ができず，過食と肥満になりやすい。

(☆☆☆◎◎◎)

【17】障害者スポーツについて述べた文のうち，内容が誤っているものを，次の(1)～(4)の中から1つ選びなさい。

(1)　デフリンピックとは，聴覚障害者のオリンピックとして，夏と冬に開催されている。障害当事者である聴覚障害者自身が運営する，聴覚障害者のための国際的なスポーツ大会のことである。

(2)　全国障害者スポーツ大会は，障害のある方々の社会参加の推進や，国民の障害のある人々に対する理解を深める祭典として，毎年国民体育大会の後に同じ開催地で行われている。

(3) スペシャルオリンピックスとは，知的障害のある人たちのためのスポーツ大会で，4年に一度開催されている国際大会のことである。

(4) 彩の国ふれあいピックとは，埼玉県障害者スポーツ大会の通称で，春季大会，秋季大会，球技大会が開催されている。

(☆☆☆◎◎◎)

【18】次は，「医療的ケア児及びその家族に対する支援に関する法律」(令和3年法律第81号)の一部です。［A］・［B］に入る語句の組み合わせとして正しいものを，以下の(1)～(4)の中から1つ選びなさい。

> (定義)
> 第2条　この法律において「医療的ケア」とは，人工呼吸器による呼吸管理，喀痰吸引その他の［A］をいう。
> 2　この法律において「医療的ケア児」とは，日常生活及び社会生活を営むために［B］に医療的ケアを受けることが不可欠である児童(中略)をいう。

(1) A　介護行為　　B　恒常的
(2) A　医療行為　　B　恒常的
(3) A　介護行為　　B　突発的
(4) A　医療行為　　B　突発的

(☆☆☆◎◎◎)

【19】「新しい時代の特別支援教育の在り方に関する有識者会議　報告」(令和3年1月)の「Ⅱ　障害のある子供の学びの場の整備・連携強化」に示されていない項目を，次の(1)～(4)の中から1つ選びなさい。

(1) 就学前における早期からの相談・支援の充実
(2) 教育と福祉の一層の連携等の推進
(3) 特別支援学校における教育環境の整備
(4) 高等学校における学びの場の充実

(☆☆☆◎◎◎)

【20】次は，特別支援学校高等部学習指導要領(平成31年告示)の「第5章特別活動」の一部です。以下の各問に答えなさい。

> 1　指導計画の作成に当たっては，生徒の［ A ］からくる種々の制約を解消し，積極的な集団活動が行われるよう配慮する必要があること。
> 2　生徒の経験を広めて積極的な態度を養い，社会性や豊かな人間性を育むために，集団活動を通して高等学校の生徒などと交流及び共同学習を行ったり，地域の人々などと活動を共にしたりする機会を積極的に設ける必要があること。その際，生徒の障害の状態や［ B ］を考慮して，活動の種類や時期，実施方法等を適切に定めること。
> 3　知的障害者である生徒に対する教育を行う特別支援学校において，内容の指導に当たっては，個々の生徒の知的障害の状態，生活年齢，学習状況及び［ C ］に応じて，適切に指導の重点を定め，［ D ］する必要があること。

問1　［ A ］～［ C ］に入る語句の組み合わせとして正しいものを，次の(1)～(4)の中から1つ選びなさい。

(1)　A　少人数　　B　特性等　　C　経験等
(2)　A　少人数　　B　適性等　　C　特性等
(3)　A　特性等　　B　適性等　　C　経験等
(4)　A　適性等　　B　特性等　　C　資質能力

問2　［ D ］に入る語句を，次の(1)～(4)の中から1つ選びなさい。

(1)　能動的に指導　　(2)　意欲的に指導　　(3)　主体的に指導
(4)　具体的に指導

(☆☆☆◎◎◎)

【21】次は，特別支援学校小学部・中学部学習指導要領(平成29年告示)の「前文」の一部です。［ A ］・［ B ］に入る語句の組み合わせとして正しいものを，以下の(1)～(4)の中から1つ選びなさい。

> 教育は，教育基本法第1条に定めるとおり，人格の完成を目指し，平和で民主的な国家及び社会の形成者として必要な資質を備えた心身ともに健康な国民の育成を期すという目的のもと，同法第2条に掲げる次の目標を達成するよう行われなければならない。
> 1 幅広い知識と教養を身に付け，真理を求める態度を養い，豊かな情操と［ A ］を培うとともに，健やかな身体を養うこと。
> 2 個人の価値を尊重して，その能力を伸ばし，創造性を培い，自主及び［ B ］の精神を養うとともに，職業及び生活との関連を重視し，勤労を重んずる態度を養うこと。
> 3 正義と責任，男女の平等，自他の敬愛と協力を重んずるとともに，公共の精神に基づき，主体的に社会の形成に参画し，その発展に寄与する態度を養うこと。
> 4 生命を尊び，自然を大切にし，環境の保全に寄与する態度を養うこと。

(1) A 道徳意識　B 自立
(2) A 道徳心　B 自立
(3) A 道徳心　B 自律
(4) A 道徳意識　B 自律

(☆☆◎◎◎)

【22】次は，特別支援学校小学部・中学部学習指導要領(平成29年告示)の「第1章　総則　第2節　小学部及び中学部における教育の基本と教育課程の役割」の一部です。［ A ］～［ C ］に入る語句の組み合わせとして正しいものを，以下の(1)～(4)の中から1つ選びなさい。

> 3 2の(1)から(4)までに掲げる事項の実現を図り，豊かな創造性を備え持続可能な社会の創り手となることが期待される児童又は生徒に，生きる力を育むことを目指すに当たっては，学

校教育全体並びに各教科，道徳科，外国語活動，総合的な学習の時間，特別活動(ただし，第3節の3の(2)のイ及びカにおいて，特別活動については学級活動(学校給食に係るものを除く。)に限る。)及び自立活動の指導を通してどのような資質・能力の育成を目指すのかを明確にしながら，[A]活動の充実を図るものとする。その際，児童又は生徒の障害の状態や[B]及び心身の発達の段階等を踏まえつつ，次に掲げることが偏りなく実現できるようにするものとする。
(1)　知識及び技能が[C]されるようにすること。
(2)　思考力，判断力，表現力等を育成すること。
(3)　学びに向かう力，人間性等を涵養すること。

(1)　A　学習　　B　特質　　C　修得
(2)　A　教育　　B　特質　　C　修得
(3)　A　学習　　B　特性　　C　習得
(4)　A　教育　　B　特性　　C　習得

(☆☆◎◎◎)

【23】次は，特別支援学校小学部・中学部学習指導要領(平成29年告示)の「第1章　総則　第4節　教育課程の実施と学習評価」の一部です。[　　]に入る語句を，以下の(1)～(4)の中から1つ選びなさい。

1　主体的・対話的で深い学びの実現に向けた授業改善
各教科等の指導に当たっては，次の事項に配慮するものとする。
(中略)
(3)　第3節の2の(1)に示す情報活用能力の育成を図るため，各学校において，コンピュータや情報通信ネットワークなどの情報手段を活用するために必要な環境を整え，これらを適切に活用した学習活動の充実を図ること。また，各種の

> 統計資料や新聞，視聴覚教材や教育機器などの教材・教具の適切な活用を図ること。
> 　あわせて，小学部においては，各教科等の特質に応じて，次の学習活動を計画的に実施すること。
> ア　児童がコンピュータで文字を入力するなどの学習の基盤として必要となる情報手段の基本的な操作を習得するための学習活動
> イ　児童が［　　　］を体験しながら，コンピュータに意図した処理を行わせるために必要な論理的思考力を身に付けるための学習活動

(1)　ネットワークシステム　　(2)　メディアとサービス
(3)　プログラミング　　(4)　データの活用

(☆☆☆◎◎◎)

【24】次は，特別支援学校小学部・中学部学習指導要領(平成29年告示)の「第1章　総則　第4節　教育課程の実施と学習評価」の一部です。［ A ］～［ C ］に入る語句の組み合わせとして正しいものを，以下の(1)～(4)の中から1つ選びなさい。

> 3　学習評価の充実
> 　学習評価の実施に当たっては，次の事項に配慮するものとする。
> (1)　児童又は生徒のよい点や可能性，［ A ］の状況などを積極的に評価し，学習したことの意義や価値を実感できるようにすること。また，各教科等の目標の実現に向けた学習状況を把握する観点から，単元や題材など内容や時間のまとまりを見通しながら評価の場面や方法を工夫して，学習の［ B ］や成果を評価し，指導の改善や学習意欲の向上を図り，資質・能力の育成に生かすようにすること。

(2)　各教科等の指導に当たっては，個別の指導計画に基づいて行われた学習状況や結果を適切に評価し，指導目標や指導内容，[C]に努め，より効果的な指導ができるようにすること。

(1)　A　学び　B　課程　C　指導方法の改善
(2)　A　学び　B　過程　C　成果の検証
(3)　A　進歩　B　課程　C　知識及び技能の習得
(4)　A　進歩　B　過程　C　指導方法の改善

(☆☆☆◎◎◎)

【25】次は，特別支援学校小学部・中学部学習指導要領(平成29年告示)の「第1章　総則　第8節　重複障害者等に関する教育課程の取扱い」の一部です。以下の各問に答えなさい。

1　児童又は生徒の障害の状態により特に必要がある場合には，次に示すところによるものとする。
(中略)
(1)　各教科及び[A]活動の目標及び内容に関する事項の一部を取り扱わないことができること。
(2)　各教科の各学年の目標及び内容の一部又は全部を，当該各学年より前の各学年の目標及び内容の一部又は全部によって，替えることができること。また，[B]科の各学年の内容の一部又は全部を，当該各学年より前の学年の内容の一部又は全部によって，替えることができること。
(中略)
(4)　[C]部の各教科及び[B]科の目標及び内容に関する事項の一部又は全部を，当該各教科に相当する[D]部の各教科及び[B]科の目標及び内容に関する事項の一部又は全部によって，替えることができること。

(中略)

(6) [E]部教育要領に示す各領域のねらい及び内容の一部を取り入れることができること。

問1 [A]・[B]に入る語句の組み合わせとして正しいものを，次の(1)～(4)の中から1つ選びなさい。

(1) A 特別 B 外国語
(2) A 外国語 B 道徳
(3) A 学級 B 外国語
(4) A 特別 B 道徳

問2 [C]～[E]に入る語句の組み合わせとして正しいものを，次の(1)～(4)の中から1つ選びなさい。

(1) C 中学 D 小学 E 幼稚
(2) C 小学 D 中学 E 高等
(3) C 中学 D 小学 E 高等
(4) C 小学 D 中学 E 幼稚

(☆☆☆◎◎◎)

【26】次は，特別支援学校小学部・中学部学習指導要領(平成29年告示)の「第7章　自立活動　第3　個別の指導計画の作成と内容の取扱い」の一部です。[A]～[C]に入る語句の組み合わせとして正しいものを，以下の(1)～(4)の中から1つ選びなさい。

2 個別の指導計画の作成に当たっては，次の事項に配慮するものとする。

(1) 個々の児童又は生徒について，障害の状態，[A]や経験の程度，興味・関心，生活や学習環境などの実態を的確に把握すること。

(2) 児童又は生徒の実態把握に基づいて得られた指導すべき課題相互の関連を検討すること。その際，これまでの学習状況や将来の可能性を見通しながら，長期的及び短期的な観点から指導目標を設定し，それらを達成するために必要な指導内容を［B］的に取り上げること。
(3) 具体的な指導内容を設定する際には，以下の点を考慮すること。
(中略)
オ　個々の児童又は生徒に対し，自己［C］・自己決定する機会を設けることによって，思考・判断・表現する力を高めることができるような指導内容を取り上げること。

(1) A　発達　B　系統　C　選択
(2) A　学び　B　段階　C　理解
(3) A　発達　B　段階　C　選択
(4) A　学び　B　系統　C　理解

(☆☆☆◎◎◎)

【27】次は，特別支援学校小学部・中学部学習指導要領(平成29年告示)の「第7章　自立活動　第3　個別の指導計画の作成と内容の取扱い」の一部です。［A］～［C］に入る語句の組み合わせとして正しいものを，次の(1)～(4)の中から1つ選びなさい。

4　［A］障害者のうち自立活動を主として指導を行うものについては，全人的な発達を促すために必要な基本的な指導内容を，個々の児童又は生徒の実態に応じて設定し，［B］な指導が展開できるようにするものとする。その際，個々の児童又は生徒の人間として［C］育成を目指すように努めるものとする。

(1) A　知的　B　効果的　C　調和のとれた
(2) A　重複　B　効果的　C　健やかな
(3) A　知的　B　系統的　C　健やかな

(4)　A　重複　　B　系統的　　C　調和のとれた

(☆☆☆◎◎◎)

解答・解説

【1】(1)

〈解説〉サマランカ声明は，1994年にユネスコ・スペイン共催で開催された特別なニーズ教育に関する世界会議において宣言され，採択された。サマランカ声明により，インクルーシブ教育が世界的に注目されるようになった。(2)は世界人権宣言(1948年に国連総会において採択)，(3)は児童憲章(1951年に制定)，(4)は障害者の権利に関する条約(2006年に国連総会において採択)の各条文である。

【2】問1　(3)　　問2　(2)　　問3　(4)　　問4　(1)

〈解説〉問1　平成元(1989)年告示の学習指導要領では，それまで盲学校，聾学校及び養護学校で示されていた小学部，中学部，高等部に加えて，新たに幼稚部に関する「盲学校，聾学校及び養護学校幼稚部教育要領」が示された。幼稚部においては，それまで幼稚園教育要領が準用されていた。　問2　平成10・11(1998・1999)年告示の学習指導要領の改訂の特色は，ゆとり教育の中で特色ある教育を展開し，「生きる力」を育成することがポイントだった。　問3　平成20・21(2008・2009)年の学習指導要領改訂における特別支援教育に関しては，幼稚園，小学校，中学校及び高等学校の教育課程の基準の改善に準じた改善を図ることのほかに，障害の重度・重複化，多様化などに対応し，障害のある子ども一人一人の教育的ニーズに応じた適切な教育や必要な支援の充実が図られた。　問4　平成29・30(2017・2018)年告示の学習指導要領改訂の基本的考え方の一つとして，教育課程全体を通して育成を目指す資質・能力を，「知識及び技能」の習得，「思考力，判断力，表現力等」

の育成，「学びに向かう力・人間性等」の涵養の三つの柱に整理して示した。

【３】(3)

〈解説〉療育プログラムとは，発達障害のある子供が，学校や地域社会の中で健全に育つための支援を行い，スキルを学んでいくためのプログラムである。ST(Speech-Language-Hearing Therapist)は言語聴覚士，OT(Occupational Therapist)は作業療法士のことである。理学療法士はPT(Physical Therapist)とも呼ばれている。

【４】(2)

〈解説〉アギトとは，ラテン語で「私は動く」という意味で，困難なことがあってもあきらめずに，限界に挑戦し続けるパラリンピアンを表現している。

【５】問1　(4)　　問2　(1)　　問3　(3)

〈解説〉問1　日本最初の知的障害児施設滝乃川学園の創設者は，石井亮一である。大森政蔵は，大正期に開設された山形県女子師範学校の特別学級に関わった。近藤益雄は教育者で，生活施設・のぎく寮を創設し，知的障害児の指導にあたった。遠山啓は日本の数学者で，水道方式を考案した。　問2　療育施設・整肢療護園を開設したのは高木憲次である。「肢体不自由」という用語を提唱し，肢体不自由児の父と呼ばれる。城戸幡太郎は幼児教育の実践者。松本保平は肢体不自由児の学校である東京市立光明学校の校長であった教育者。喜田正春は，大正時代の「劣等児救済」の具体策の一つとして「促進学級」が設置された際に開設された特別学級での指導に関わった。　問3　小西信八は，東京盲啞学校及び東京聾啞学校の校長として盲聾の教育に携わった。結城捨次郎は，公立の肢体不自由児の学校である東京市立光明学校の初代校長。柏倉松蔵は，日本初の肢体不自由児のための学校である柏学園の設立者。青木誠四郎は児童・教育心理学者。

【6】問1　(2)　　問2　(4)　　問3　(4)

〈解説〉障害者の日常生活及び社会生活を総合的に支援するための法律(障害者総合支援法)は，平成17(2005)年に公布された(翌年施行)障害者自立支援法を，平成24年(2012)年に改正・公布(翌年施行)したものである。なお，条文中の「厚生労働省令」は，令和4年(2022)年の改正(翌年施行)により「主務省令」となった。　問1　対象者は入所する障害者であること，サービスに関する記述であること，期間(短期等)の明記がないことから，(2)の「施設入所支援」が適切である。　問2　就労支援についての設問である。対象と支援内容を整理しておく必要がある。就労継続支援は，通常の事業所に雇用されることが困難な障害者に対して，就労の機会を提供し，知識及び能力の向上を支援する福祉サービス。就労移行支援は，就労を希望する障害者に生産活動などの機会を提供し，就労に必要な知識及び能力の向上を支援する福祉サービス。就労定着支援は，通常の事業所に新たに雇用された障害者の就労継続を支援する福祉サービスを表す。　問3　相談支援についての設問である。相談支援とは，大きく分けると，基本相談支援，地域相談支援，計画相談支援の3つである。さらに，地域相談支援は，地域移行支援と地域定着支援に分けられる。地域移行支援は，施設や精神科病院等に入所している障害者等が地域生活に移行するための住居の確保等，地域生活に移行するための活動に関する支援を行う福祉サービス。地域定着支援は，居宅において単身等で生活する障害者について，地域で生活するために常に連絡を取り合える体制などの各種支援を行う福祉サービスを表す。

【7】問1　(1)　　問2　(2)

〈解説〉問1　選択肢ウとオは,「不当な差別的取扱いに当たらない具体例」として示された例である。不当な差別的取扱いに当たり得る例として他には,「資料の送付，パンフレットの提供，説明会やシンポジウムへの出席等を拒むこと」,「社会教育施設，スポーツ施設，文化施設等やそれらのサービスの利用をさせないこと」が示されている。

問2　エレベーターが無いなどの社会的障壁の除去が困難な場合は，使用する教室をアクセスしやすい場所に変更するなどの対応が必要である。

【8】(1)

〈解説〉(2)　4mではなく5mの距離からの計測である。　(3)　小眼球は，学齢期の眼球形成の異常ではなく，先天的な視覚障害である。
(4)　視中枢として最も重要なのは，大脳後頭葉である。

【9】(4)

〈解説〉聴覚検査はオージオメータが用いられ，検査結果がオージオグラムで表される。音の高さはヘルツ(Hz)，音の強さはデシベル(dB)である。

【10】(2)

〈解説〉埼玉県特別支援教育推進計画(令和4年度～令和6年度)の4つの目標は，(1)(3)(4)と「教育環境の整備」である。具体的な目標値等も示されている。

【11】(2)

〈解説〉原始反射は，生後間もない子どもが，生き残り成長していくために必要とされる動きで，脳幹によってコントロールされている。(2)は，非対称性緊張性頸反射である。

【12】(3)

〈解説〉口を閉じないと食べ物を取り込んだり，飲み込んだりはできない。「閉唇できるかどうか」は重要なポイントである。　(1)「前歯にこすりつけるようにして」が誤りである。スプーンを舌先において，上唇が下りてくるのを援助するとよい。　(2)「首をのけぞらせるような姿勢」が誤りである。のけぞらせると飲めなかったり，誤嚥したりする危険がある。口唇閉鎖の練習をする際は，やや前傾にした状態で介助者の腕の中に子供の頭を入れ，頬に触れないように上唇と下唇を閉じ，嚥下するのを確認するまで待つのがよい。　(4)　ストローでの水分摂取は，スプーン，コップで飲めるようになってから始める。吸啜動作が残っている場合は，ストローそのものが乳首と同じ役割をしてしまい，吸啜動作を助長してしまう可能性があるため，使わないようにする。

【13】(1)

〈解説〉(1)の「検査の結果のみを用いて」が誤りである。検査結果だけでなく，行動観察や生活状況の把握などにより総合的に支援内容を検討・決定する。発達検査はアセスメントの1つである。

【14】(2)

〈解説〉選択性かん黙は，発声器官等に明らかな障害はなく，他の状況では話していても，特定の社会的状況(例えば，家族や慣れた人以外の人に対してなど)において，話すことが一貫してできない状態のことである。不安を軽減するための自己防衛行動が，固定化して発症すると考えられている。

【15】(1)

〈解説〉通級による指導の対象となる児童生徒は，学校教育法施行規則第140条に規定されており，知的障害のある児童生徒は含まれていない。知的障害のある児童生徒には，生活に結びつく実際的・具体的な内容を継続して指導することが必要であり，一部を特別の指導で行うといった指導形態にはなじまないことによるものである。

【16】(4)

〈解説〉Prader－Willi症候群の主症状は，筋緊張の低下による哺乳の障害と色素低下が特徴的である。3歳頃からは，過食と肥満に注意する必要がある。

【17】(3)

〈解説〉スペシャルオリンピックスは，知的障害のある人たちに様々なスポーツトレーニングとその成果の発表の場である競技会を，年間を通じて提供している国際的なスポーツ組織のことである。

【18】(2)

〈解説〉医療的ケアとは医療行為であること，医療的ケア児とは日常生活及び社会生活を営むために恒常的に医療的ケアを受けることが不可欠な児童生徒のことであることを，それぞれ押さえておくことが必要である。

【19】(2)

〈解説〉「障害のある子供の学びの場の整備・連携強化」に示されている4項目は，(1)(3)(4)に加えて，「小中学校における障害のある子供の学びの充実」である。

【20】問1　(1)　　問2　(4)

〈解説〉問1　A　項目1は，特別活動の実施に当たっての配慮の内容である。特別活動は多様な他者と協働することが重要であるが，特別支援学校の一学級あたりの生徒数は高等学校に比較するとかなり少ないため，「少人数」からくる制約を解消するように努めることが重要となる。　B　項目の2は，「交流及び共同学習」や，「活動を共に」する際の配慮事項である。交流及び共同学習などを行う場合には，生徒の障害の状態や特性等を考慮する必要がある。　C　項目の3は，知的障害者である生徒に対する教育を行う特別支援学校における配慮事項である。今回の改訂では，従前の知的障害の状態や経験に加え，考慮が必要な事項として，生活年齢，学習状況が追加された。　問2　内容の指導に当たっては，知的障害の状態や経験等に応じて，日常生活の中から課題等を例示して具体的に指導することが大切である。

【21】(3)

〈解説〉平成29・30年告示の全ての学習指導要領の前文には，教育基本法第2条に掲げられた教育の目標が，全文示されている。教育基本法第1条(教育の目的)及び第2条を押さえていれば，解答できる。「豊かな情操と道徳心を培う」「自主及び自律の精神を養う」と言葉の意味を理解し，セットで暗記しておくとよい。

【22】(4)

〈解説〉出題の項目は，育成を目指す資質・能力を明確にしながら教育活動の充実を図ること，その際には，児童生徒の障害の状態や特性及び心身の発達の段階等を踏まえ，「知識及び技能」の習得と「思考力，判断力，表現力等」の育成，「学びに向かう力，人間性等」の涵養という，資質・能力の三つの柱の育成がバランスよく実現できるよう留意することが示されている。育成する資質・能力の三つの柱は，習得，育成，涵養を含めて確実に押さえておく必要がある。

【23】(3)

〈解説〉平成29・30年の学習指導要領改訂においては，資質・能力の育成を目指す「主体的・対話的で深い学び」の実現に向けた授業改善の一つとして，情報手段の基本的な操作の習得やプログラミング教育が新たに位置付けられた。

【24】(4)

〈解説〉A　学習評価は，「よい点や可能性，進歩の状況など」を積極的に評価することとされている。　B　評価に当たっては，学習の成果だけではなく，学習の過程の適切な場面で評価を行うことが重要である。　C　学習評価は，学習の成果を捉えるためだけでなく，評価を踏まえて指導方法の改善を図ることが重要である。

【25】問1　(2)　　問2　(1)

〈解説〉問1　A　今回の学習指導要領改訂では，小学部高学年に新たに設けられた外国語科，小学部中学年に新たに導入された外国語活動についても，一部を取扱わないことができることとされた。　B　前の学年の目標や内容の一部または全部に替えることは，各教科とともに道徳も同様とすることが示されている。　問2　項目(2)の考え方と同様に，中学部においては小学部の各教科及び道徳科の内容の一部または全部に替えたり，小学部又は中学部において特に必要がある場合には，幼稚部教育要領に示された各領域のねらい及び内容の一部を取り入れたりすることができる。

【26】(3)

〈解説〉A　自立活動では，それぞれの障害による学習上又は生活上の困難を主体的に改善・克服することを目標にしているので，個々の幼児児童生徒について，障害の状態，発達や経験の程度，興味・関心，生活や学習環境などの的確な把握が求められている。　B　長期的な観点に立った指導目標の達成のためには，個々の幼児児童生徒の実態に応じて，段階的に短期の指導目標を達成し，最終的に長期の指導目標の達成につながるという展望が必要である。　C　児童生徒が指導目標を自覚し，改善・克服するための方法等について，自己選択し，自己決定していくことは，思考・判断・表現する力を高めることにつながる。

【27】(4)

〈解説〉A　重複障害者のうち学習が著しく困難な場合には，自立活動を主とした指導を行うことができる。その場合，各教科，道徳科，特別活動及び総合的な学習の時間の指導の必要性を十分に検討し，適切な教育課程を編成する必要がある。　B・C　自立活動を主とした指導計画の作成にあたっては，全人的な発達を促すことをねらいとする。発達の遅れや不均衡を改善したり，発達の進んでいる側面を更に伸ばすことによって遅れている側面の発達を促したりすることで，全人的な発達を促進するというものである。つまり，人間として調和のとれた育成を目指すものである。そのためには，指導内容を総合的に取り扱い，段階的，系統的な指導が展開できるように配慮することが必要である。

2022年度　実施問題

【特別支援(特別支援教育)】

【1】次は，特別支援教育の歴史についてまとめたものです。[A]～[D]にあてはまる語句の組み合わせとして正しいものを，以下の(1)～(4)の中から1つ選びなさい。

昭和22年	学校教育法制定
昭和23年	[A]
昭和54年	[B]
平成５年	[C]
平成14年	就学制度改定（「認定就学」制度化等）
平成17年	[D]
平成18年	ＬＤ，ＡＤＨＤも通級の対象とする（※併せて自閉症を明記）
平成19年	特別支援教育の本格的実施（「特殊教育」から「特別支援教育」へ）

(1)　A　養護学校　就学義務化　　B　盲・聾学校　就学義務化
　　C　発達障害者支援法制定　　D　「通級による指導」制度化
(2)　A　盲・聾学校　就学義務化　　B　養護学校　就学義務化
　　C　発達障害者支援法制定　　D　「通級による指導」制度化
(3)　A　養護学校　就学義務化　　B　盲・聾学校　就学義務化
　　C　「通級による指導」制度化　　D　発達障害者支援法制定
(4)　A　盲・聾学校　就学義務化　　B　養護学校　就学義務化
　　C　「通級による指導」制度化　　D　発達障害者支援法制定

(☆☆☆◎◎◎)

【2】次は，国際生活機能分類についてまとめたものです。以下の各問に答えなさい。

[A]は，人間の生活機能と障害に関して，[B]と数字を組み合わせた方式で分類するものであり，人間の生活機能と障害について「心身機能・身体構造」「[C]」「参加」の3つの

次元及び「環境因子」等の影響を及ぼす因子で構成されており，約[D]項目に分類されている。

問1 [A]にあてはまる語句を，次の(1)～(4)の中から1つ選びなさい。

(1) WHO (2) ICIDH (3) ICF (4) CDA

問2 [B]にあてはまる語句を，次の(1)～(4)の中から1つ選びなさい。

(1) カタカナ (2) ひらがな (3) 漢字
(4) アルファベット

問3 [C]にあてはまる語句を，次の(1)～(4)の中から1つ選びなさい。

(1) 運動 (2) 動作 (3) 可能性 (4) 活動

問4 [D]にあてはまる数字を，次の(1)～(4)の中から1つ選びなさい。

(1) 500 (2) 1,000 (3) 1,500 (4) 3,000

(☆☆☆◎◎◎)

【3】次は，視覚障害教育の歴史についてまとめたものです。[A]～[D]にあてはまる語句の組み合わせとして正しいものを，以下の(1)～(4)の中から1つ選びなさい。

1784年	[A]により，パリに世界で初めての盲学校が創設される。
1825年	パリ盲学校の生徒，[B]が12点点字を改良し，現在の６点点字を考案。
1878年	[C]が京都盲唖院を創設。
1880年	東京に楽善会訓盲院（後に東京盲唖学校に改称）が創設。
1890年	第４回点字選定会で後の日本点字につながる[D]の案が採用される。
1901年	官報で日本点字が正式に公示。

(1) A バランタン・アユイ　B ルイ・ブライユ
C 石川倉次　D 古河太四郎

(2) A バランタン・アユイ　B ルイ・ブライユ
C 古河太四郎　D 石川倉次
(3) A ルイ・ブライユ　B バランタン・アユイ
C 石川倉次　D 古河太四郎
(4) A ルイ・ブライユ　B バランタン・アユイ
C 古河太四郎　D 石川倉次

(☆☆◎◎◎)

【4】次は，文部科学省「教育支援資料」(平成25年10月)の一部です。[A]～[D]に入る語句の組み合わせとして正しいものを，以下の(1)～(4)の中から1つ選びなさい。

> 2　聴覚障害のある子供に必要な指導内容
> 聴覚に障害のある子供に必要な特別の指導内容としては，以下のようなことがあげられる。
> ・保有する聴覚を活用すること
> ・音声言語([A])の受容([B])と表出(話すこと)及び多様なコミュニケーション手段に関すること
> ・学習場面では，子供の具体的な経験等に照らし合わせて，言語(語句，文，文章)の意味理解を促進し，[C]へと発展させること
> ・読書の拡充など，言語概念の形成に関すること
> ・人間関係の拡充，[D]の補充に関すること
> 中学校の段階では，小学校の段階に加えて，以下のような指導内容が必要である。
> ・障害の自覚や心理的な諸問題に関すること
> ・進路に関すること

(1) A 話し言葉　B 聞くこと　C 生活　D 体験
(2) A 言葉　B 聞き取り及び読話　C 思考　D 体験
(3) A 言葉　B 聞くこと　C 生活　D 常識

(4) A 話し言葉　B 聞き取り及び読話　C 思考　D 常識

(☆☆☆◎◎◎)

【5】『「令和の日本型学校教育」の構築を目指して　～全ての子供たちの可能性を引き出す，個別最適な学びと，協働的な学びの実現～(答申)』(令和3年1月26日中央教育審議会)の「第Ⅱ部　各論　4. 新時代の特別支援教育の在り方について」に示されていない項目を，次の(1)～(4)の中から1つ選びなさい。

(1) 関係機関の連携強化による切れ目ない支援の充実

(2) 障害のある子供の学びの場の整備・連携強化

(3) 支援籍学習による協働的な学び

(4) 特別支援教育を担う教師の専門性向上

(☆☆☆◎◎◎)

【6】次の表について，以下の各問に答えなさい。

A	社会生活技能を身につけるための訓練のこと。「社会生活技能訓練」「生活技能訓練」などと呼ばれる。人が社会の中で生きていくために必要な様々な日常生活習慣を確立することを目指している。
B	聴覚，前庭覚，固有受容覚，触覚，視覚などの感覚を統合させ成長を促す療法である。アメリカの作業療法士エアーズ博士が考案した。
C	自閉症及びそれに準ずるコミュニケーション課題を抱える子供向けのケアと教育と訳される言葉の略称。自閉症の人が，暮らしている地域で自立しながら生活できるようにすることを基本理念とするプログラムに，この略称が用いられている。
D	イタリアの医師が提唱した幼児教育の方法。「敏感期」「秩序感」といった幼児期に見られる成長の時期，感覚を教育に生かした。

問1 [A]にあてはまる語句を，次の(1)～(4)の中から1つ選びなさい。

(1) ASD　(2) SST　(3) SP－J

(4) ビジョントレーニング

問2 [B]にあてはまる語句を，次の(1)～(4)の中から1つ選びなさい。

(1) STRAW　(2) 応用行動分析　(3) 感覚統合療法

(4) 認知行動療法

問3 [C]にあてはまる語句を，次の(1)～(4)の中から1つ選びなさい。

(1)　TEACCH　　(2)　ADOS－2　　(3)　5－HT　　(4)　MSW

問4　［　D　］にあてはまる語句を，次の(1)～(4)の中から1つ選びなさい。

(1)　スキャチアータ　　(2)　モンテッソーリ教育

(3)　ムーブメント教育　　(4)　ピッツォッケリ

(☆☆☆◎◎◎)

【7】次は，肢体不自由児童生徒の主な病類の特徴を説明したものです。説明と病類名の組み合わせとして正しいものを，以下の(1)～(4)の中から1つ選びなさい。

A	主に脳室内脈絡叢で産生された脳脊髄液が，側脳室から第４脳室を通り，くも膜下腔顆粒層で吸収される経路で，閉塞や吸収障害が起きると，脳室が拡大して，脳実質を圧迫して種々の症状を呈する疾患。先天性、後天性に分類される。
B	筋肉が進行性に壊れていく遺伝性疾患。筋細胞の構造蛋白などの遺伝的な異常により筋細胞の壊死が生じ進行性の筋萎縮や筋力低下がおこり，症状と発現時期，進行速度はその疾患により異なる。
C	乳児期早期に発症する筋の低緊張とびまん性だが特に近位筋群に強い筋力低下を示す疾患群のこと。通常は非進行性と考えられているが，早期発症の疾患の中にはゆっくり進行していくものもある。
D	単一の疾患ではなく疾患群である。厚生労働省の狭義の定義では，「受胎から新生児期（生後４週間以内）までの間に生じた脳の非進行性病変に基づく，永続的なしかし変化しうる運動および姿勢の異常」である。

(1)　A　水頭症　　B　筋ジストロフィー
　　C　先天性ミオパチー　　D　脳性まひ

(2)　A　脳性まひ　　B　筋ジストロフィー
　　C　先天性ミオパチー　　D　水頭症

(3)　A　脳性まひ　　B　先天性ミオパチー
　　C　筋ジストロフィー　　D　水頭症

(4)　A　水頭症　　B　先天性ミオパチー
　　C　筋ジストロフィー　　D　脳性まひ

(☆☆☆◎◎◎)

【8】次の図は，ある言葉を日本点字表記法で表したものです。この言葉を以下の(1)～(4)の中から1つ選びなさい。ただし，●は凸を表し，左から読むこととします。

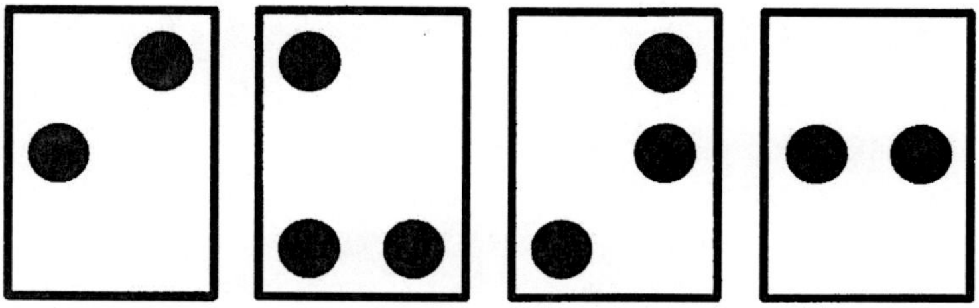

(1)　おはよう　(2)　おかわり　(3)　おやすみ　(4)　おかえり

(☆☆☆◎◎◎)

【9】次の表は，全国の国・公・私立計「通級による指導を受けている児童生徒数」(令和元年5月1日現在)を示したものです。中学校において通級による指導を受けている生徒数が最も多いものと次に多いものの組み合わせを，以下の(1)～(4)の中から1つ選びなさい。

障害種別	小学校	中学校	高等学校
言語障害	39,106人	A	29人
自閉症	21,237人	B	347人
情緒障害	15,960人	C	104人
弱視	191人	27人	4人
難聴	1,775人	423人	9人
学習障害	17,632人	D	126人
注意欠陥・多動性障害	20,626人	E	150人
肢体不自由	82人	38人	4人
病弱・身体虚弱	24人	15人	14人

(1)　AとB　(2)　BとD　(3)　CとE　(4)　DとE

(☆☆☆◎◎◎)

【10】障害や疾患について説明した文のうち，内容が誤っているものを，次の(1)～(4)の中から1つ選びなさい。

(1)　二分脊椎は，遺伝的要素に胎生期における環境要因が関わって発症するとされている。症状は病変部位にもよるが，下肢のまひや膀胱直腸障害が主に見られる。

(2)　側弯症では，小学校高学年から中学校時代に発症する思春期特発性側弯症が最も多く，男子の比率が高い。

(3)　腎疾患の急性期は，浮腫や血尿などとともに疲労感などもあり，安静にするなど生活の制限が行われる。

(4)　てんかんにおける間代発作と硬直は，数分で発作がおさまることが多いが，発作後，睡眠に移行することが多く，その後も朦朧とした状態が続くため怪我や事故に注意が必要である。

(☆☆☆◎◎◎)

【11】次は，厚生労働省が小児慢性特定疾病対策として行っている事業です。令和元年7月の時点で医療費助成の対象として示されている16の疾患群にあてはまらないものを，以下の(1)～(4)の中から1つ選びなさい。

医療費助成 　小児慢性特定疾病にかかっている児童等について，健全育成の観点から，患児家庭の医療費の負担軽減を図るため，その医療費の自己負担分の一部を助成する制度

(1)　悪性新生物　　(2)　慢性呼吸器疾患　　(3)　アレルギー疾患

(4)　糖尿病

(☆☆☆◎◎◎)

【12】次の表は，障害・疾病のある児童・生徒に教室で見られる主な症状をまとめたものです。 A ～ C にあてはまる障害・疾病の組み合わせとして最も適切なものを，以下の(1)～(4)の中から1つ選びなさい。

障害・疾病	教室で見られる主な症状
A	・私のことをバカにしている。私の悪口を言っていると思い込んでしまう。 ・イライラが急激に溜まってしまい，暴言を吐いたり，他にあたったりする。 ・悲しさが急にこみ上げ，涙が止まらなくなる。
B	・ボーっとしている。 ・いつの間にかどこかへ行ってしまう。 ・特定の出来事が思い出せない。
C	・他人の感情を把握できず，共感や同情ができない。 ・人の目を見ない，触られるのを嫌がる。 ・生活パターンの変化に適応できずパニックを起こしやすい。

	A	B	C
(1)	解離性障害	統合失調症	反応性愛着障害
(2)	解離性障害	統合失調症	強迫性障害
(3)	統合失調症	解離性障害	反応性愛着障害
(4)	統合失調症	解離性障害	強迫性障害

(☆☆☆◎◎◎)

【13】次は，「障害者虐待の防止，障害者の養護者に対する支援等に関する法律」の一部です。以下の各問に答えなさい。

第1章　総則

(目的)

第1条　この法律は，障害者に対する虐待が障害者の＿＿＿を害するものであり，障害者の自立及び社会参加にとって障害者に対する虐待を防止することが極めて重要であること等に鑑み，障害者に対する虐待の禁止，障害者虐待の予防及び早期発見その他の障害者虐待の防止等に関する国等の責務，障害者虐待を受けた障害者に対する保護及び自立の支援のための措置，養護者の負担の軽減を図ること等の養護者に対する養護者による障害者虐待の防止に資する支援(以下「養護者に対する支援」という。)のための措置等を定めることにより，障害者虐待の防止，養護者に対する支援等に関する施策を促進し，もって障害者の権利利益の擁護に資することを目的とする。

問1　文中の＿＿＿に入る語句を，次の(1)～(4)の中から1つ選びなさい。

(1)　健康　　(2)　自由　　(3)　尊厳　　(4)　権利

問2　この法律の第2条において，「養護者による障害者虐待」の内容として誤っているものを，次の(1)～(4)の中から1つ選びなさい。

(1)　正当な理由のもと障害者の外出を制限すること。

(2)　障害者に対して著しい暴言を与えること。

(3)　障害者の身体に外傷が生じるような暴行を加えること。

(4)　障害者にわいせつな行為をさせること。

(☆☆☆◎◎◎)

【14】「障害のある幼児児童生徒の給食その他の摂食を伴う指導に当たっての安全確保について(通知)」(24初特支第9号　平成24年7月3日)に，特に留意する内容として示されていないものを，次の(1)～(4)の中から1つ選びなさい。

(1)　個々の幼児児童生徒の障害の状態に応じて，食べやすい(誤嚥しにくい)姿勢が保持できるようにする。

(2)　個々の幼児児童生徒の食べる機能を高めるために，食形態はできるだけ普通食に近づけるようにする。

(3)　個々の幼児児童生徒が安全に食べることができるよう大きさ，固さ，とろみ，食材の選定等に留意する。

(4)　個々の幼児児童生徒の食べる機能に応じて，一口の量や食事援助の仕方を工夫する。

(☆☆☆◎◎◎)

【15】次は，「交流及び共同学習ガイド」(平成31年3月　文部科学省)「第1章　交流及び共同学習の意義・目的」の一部です。□に入る語句を，以下の(1)～(4)の中から1つ選びなさい。

> 交流及び共同学習は，相互の触れ合いを通じて□を育むことを目的とする交流の側面と，教科等のねらいの達成を目的とする共同学習の側面があり，この二つの側面を分かちがたいものとして捉え，推進していく必要があります。

(1)　豊かな人間性　　(2)　心のバリアフリー
(3)　多様性を認める心情　　(4)　お互いを尊重しあう心

(☆☆☆◎◎◎)

【16】次は，「発達障害者支援法」の「第1章　総則　第2条」の一部です。[A]～[C]に入る語句の組み合わせとして正しいものを，以下の(1)～(4)の中から1つ選びなさい。

> この法律において「発達障害」とは，自閉症，アスペルガー症候群その他の広汎性発達障害，学習障害，注意欠陥多動性障害その他これに類する[A]の障害であってその症状が通常[B]において発現するものとして政令で定めるものをいう。
> 2　この法律において「発達障害者」とは，発達障害がある者であって発達障害及び社会的障壁により日常生活又は社会生活に制限を受けるものをいい，「発達障害児」とは，発達障害者のうち[C]のものをいう。

	A	B	C
(1)	脳機能	低年齢	18歳未満
(2)	コミュニケーション	幼児期	18歳未満
(3)	脳機能	幼児期	20歳未満
(4)	コミュニケーション	低年齢	20歳未満

(☆☆☆◎◎◎)

【17】「障害者の権利に関する条約　第24条　教育」の内容として誤っているものを，次の(1)～(4)の中から1つ選びなさい。

(1)　障害者が障害に基づいて一般的な教育制度から排除されないこと及び障害のある児童が障害に基づいて無償のかつ義務的な初等教育から又は中等教育から排除されないこと。

(2)　締約国は，教育についての障害者の権利の実現の確保を助長することを目的として，手話又は点字について能力を有する教員を雇用し，並びに教育に従事する専門家及び職員に対する研修を行うための適当な措置をとること。

(3)　障害者が，その効果的な教育を容易にするために必要な支援を受けるための特別な教育制度を設けること。

(4)　障害者が，その人格，才能及び創造力並びに精神的及び身体的な能力をその可能な最大限度まで発達させること。

(☆☆☆◎◎◎)

【18】次は，「埼玉県障害のある人もない人も全ての人が安心して暮らしていける共生社会づくり条例」の前文の一部です。[　　　]に入る語句を，以下の(1)～(4)の中から1つ選びなさい。

温和な気候に恵まれ，穏やかな県民性を持った私たちの埼玉県には，思いやりや助け合いの心を育む地域の風土がある。

(中略)

しかしながら，今なお，社会の実態は，障害や障害のある人に関する理解が深まっていないことから，[　　　]が残り，障害を理由とする差別の解消には至っていない状況にある。

もとより，人は，一人一人が異なる個性や素晴らしい持ち味を持っている。そして，誰もが自分の持ち味を生かすことによって，他の誰かを笑顔にし，明るい社会を築くことができる。思いやりや助け合いの心を育む風土に生きる私たち一人一人の持ち味を生かせる社会をつくることが，明日の埼玉県の原動力になる。

障害のある人もない人も，互いを理解し，思いやり，共に支え合う心を持つことにより，誰もが安心して生活することができ，ひいては，誰もが生きがいを感じられる埼玉県がつくられていくことを私たちは確信している。

ここに，私たちは，障害を理由とする差別を解消し，障害のある人もない人も分け隔てられることなく，相互に人格と個性が尊重される共生社会を推進することを決意し，全ての人が安心して暮らしていける埼玉県をつくるため，この条例を制定する。

(1)　不当な差別的取り扱い　(2)　社会的な障壁
(3)　偏見及び有害な慣行　(4)　基本的自由の制限

(☆☆☆◎◎◎)

【19】次は，特別支援学校小学部，中学部学習指導要領(平成29年告示)の「第7章　自立活動　第3　個別の指導計画の作成と内容の取扱い」の一部です。以下の各問に答えなさい。

2　個別の指導計画の作成に当たっては，次の事項に配慮するものとする。

(3)　具体的な指導内容を設定する際には，以下の点を考慮すること。

(中略)

オ　個々の児童又は生徒に対し，自己 [A] ・自己 [B] する機会を設けることによって，思考・判断・表現する力を高めることができるような指導内容を取り上げること。

カ　個々の児童又は生徒が，自立活動における学習の意味を将来の自立や社会参加に必要な資質・能力との関係において理解し，取り組めるような指導内容を取り上げること。
(4)　児童又は生徒の学習状況や結果を適切に評価し，個別の指導計画や具体的な［ C ］に生かすよう努めること。

問1　［ A ］・［ B ］に入る語句の組み合わせとして正しいものを，次の(1)～(4)の中から1つ選びなさい。
(1)　A　理解　　B　肯定　　(2)　A　選択　　B　理解
(3)　A　選択　　B　決定　　(4)　A　肯定　　B　決定

問2　［ C ］に入る語句を，次の(1)～(4)の中から1つ選びなさい。
(1)　通知表の評価　　(2)　授業の実施　　(3)　目標の設定
(4)　指導の改善

(☆☆☆◎◎◎)

【20】特別支援学校小学部・中学部学習指導要領(平成29年告示)の「第7章　自立活動　第2　内容　1　健康の保持」に新たに追加されたものを，次の(1)～(4)の中から1つ選びなさい。
(1)　生活のリズムや生活習慣の形成に関すること。
(2)　障害の特性の理解と生活環境の調整に関すること。
(3)　病気の状態の理解と生活管理に関すること。
(4)　身体各部の状態の理解と養護に関すること。

(☆☆☆◎◎◎)

【21】次は，特別支援学校小学部・中学部学習指導要領(平成29年告示)の「第1章　第2節　小学部及び中学部における教育の基本と教育課程の役割」の一部です。［　　］に入る語句を，以下の(1)～(4)の中から1つ選びなさい。

4　各学校においては，児童又は生徒や学校，地域の実態を適切に把握し，教育の目的や目標の実現に必要な教育の内容等を教科等横断的な視点で組み立てていくこと，教育課程の実施状況を評価してその改善を図っていくこと，教育課程の実施に必要な人的又は物的な体制を確保するとともにその改善を図っていくことなどを通して，教育課程に基づき組織的かつ計画的に各学校の教育活動の質の向上を図っていくこと(以下「□」という。)に努めるものとする。

(1) インクルーシブ教育システム　(2) アクティブ・ラーニング
(3) カリキュラム・マネジメント　(4) コミュニティスクール

(☆☆☆◎◎◎)

【22】次は，特別支援学校小学部・中学部学習指導要領(平成29年告示)の「第1章　総則　第8節　重複障害者等に関する教育課程の取扱い」の一部です。以下の各問に答えなさい。

2　知的障害者である児童に対する教育を行う特別支援学校の小学部に就学する児童のうち，［A］に示す各教科又は外国語活動の内容を習得し目標を達成している者については，小学校学習指導要領第2章に示す各教科及び第4章に示す外国語活動の目標及び内容の一部を取り入れることができるものとする。

また，知的障害者である生徒に対する教育を行う特別支援学校の［B］に示す各教科の内容を習得し目標を達成している者については，中学校学習指導要領第2章に示す各教科の目標及び内容並びに小学校学習指導要領第2章に示す各教科及び第4章に示す外国語活動の目標及び内容の一部を取り入れることができるものとする。

(中略)

4　重複障害者のうち，障害の状態により特に必要がある場合には，各教科，［C］，外国語活動若しくは［D］の目標及び内容に関する事項の一部又は各教科，外国語活動若しくは［E］に替えて，自立活動を主として指導を行うことができるものとする。

問1 [A]・[B] に入る語句の組み合わせとして正しいものを，次の(1)～(4)の中から1つ選びなさい。

(1) A 小学部の1段階 B 中学部の1段階
(2) A 小学部の1段階 B 中学部の2段階
(3) A 小学部の3段階 B 中学部の1段階
(4) A 小学部の3段階 B 中学部の2段階

問2 [C]・[D]・[E] に入る語句の組み合わせとして正しいものを，次の(1)～(4)の中から1つ選びなさい。

(1) C 道徳科 D 特別活動
E 総合的な学習の時間
(2) C 特別活動 D 総合的な学習の時間
E 道徳科
(3) C 道徳科 D 学級活動
E 総合的な学習の時間
(4) C 学級活動 D 総合的な学習の時間
E 道徳科

(☆☆☆◎◎◎)

【23】次は，特別支援学校小学部・中学部学習指導要領(平成29年告示)の「第1章　総則　第7節　道徳教育に関する配慮事項」の一部です。以下の各問に答えなさい。

道徳教育を進めるに当たっては，道徳教育の特質を踏まえ，前項までに示す事項に加え，次の事項に配慮するものとする。
1 各学校においては，第2節の2の(2)に示す道徳教育の目標を踏まえ，[A] を作成し，校長の方針の下に，道徳教育の推進を主に担当する教師(以下「道徳教育推進教師」という。)を中心に，全教師が協力して道徳教育を展開すること。なお，[A] の作成に当たっては，児童又は生徒や学校，地域の実態を考慮して，

> 学校の道徳教育の重点目標を設定するとともに，道徳科の指導方針，第3章特別の教科道徳に示す内容との関連を踏まえた各教科，外国語活動，総合的な学習の時間，特別活動及び自立活動における指導の内容及び時期並びに［ B ］との連携の方法を示すこと。

問1 ［ A ］に入る語句を，次の(1)～(4)の中から1つ選びなさい。

(1) 道徳教育の年間指導計画　(2) 道徳教育の全体計画

(3) 道徳教育の個別の指導計画　(4) 道徳教育の個別の支援計画

問2 ［ B ］に入る語句を，次の(1)～(4)の中から1つ選びなさい。

(1) 家庭や地域社会　(2) 家庭や関係機関

(3) 地域社会や福祉　(4) 家庭や福祉

(☆☆☆◎◎◎)

【24】次は，特別支援学校高等部学習指導要領(平成31年告示)の「第4章 総合的な探究の時間」の一部です。以下の各問に答えなさい。

> 総合的な探究の時間の目標，各学校において定める目標及び内容並びに指導計画の作成と内容の取扱いについては，高等学校学習指導要領第4章に示すものに準ずるほか，次に示すところによるものとする。
>
> 1 生徒の障害の状態や発達の段階等を十分考慮し，学習活動が効果的に行われるよう配慮すること。
>
> 2 体験活動に当たっては，安全と保健に留意するとともに，学習活動に応じて，中学部又は中学校までの学習を踏まえ，［ A ］などと交流及び共同学習を行うよう配慮すること。
>
> 3 知的障害者である生徒に対する教育を行う特別支援学校において，探究的な学習を行う場合には，知的障害のある生徒の学習上の特性として，学習によって得た知識や技能が［ B ］ことなどを踏まえ，各教科等の学習で培われた資質・能力を総合的

に関連付けながら，具体的に指導内容を設定し，生徒が自らの課題を解決できるように配慮すること。

問1 [A]に入る語句を，次の(1)～(4)の中から1つ選びなさい。

(1) 中学校の生徒　(2) 高等学校の生徒　(3) 大学生
(4) 地域住民

問2 [B]に入る語句を，次の(1)～(4)の中から1つ選びなさい。

(1) 断片的になりやすい　(2) 定着しにくい
(3) 活用されにくい　(4) 活用されやすい

(☆☆☆◎◎◎)

【25】次は，特別支援学校小学部・中学部学習指導要領(平成29年告示)の「第2章　各教科　第1節　小学部　第2款　知的障害者である児童に対する教育を行う特別支援学校　第1　各教科の目標及び内容〔音楽〕3　指導計画の作成と内容の取扱い」の一部です。以下の各問に答えなさい。

(2) 2の各段階の内容の取扱いについては，次の事項に配慮するものとする。 ア　各段階の指導に当たっては，音や音楽との一体感を味わえるようにするため，指導のねらいに即して[A]を取り入れるようにすること。 イ　各段階の指導に当たっては，音や音楽及び言葉によるコミュニケーションを図る指導を工夫すること。その際，児童の言語理解や発声・発語の状況等を考慮し，必要に応じてコンピュータや教育機器も活用すること。 ウ　児童が学校内における音楽活動とのつながりを意識できるような機会を作るなど，児童や学校，地域の実態に応じ，[B]の中の音や音楽と主体的に関わっていくことができるよう配慮すること。

問1 [A]に入る語句を，次の(1)～(4)の中から1つ選びなさい。
(1) リトミック (2) リズム遊び (3) 合唱
(4) 体を動かす活動
問2 [B]に入る語句を，次の(1)～(4)の中から1つ選びなさい。
(1) 学校生活 (2) 学校や家庭 (3) 生活や社会
(4) 経験や体験

(☆☆☆◎◎◎)

【特別支援(自立活動)】

【1】次の問1～問30に答えなさい。

問1 腹部消化管の機能について述べた文として正しいものを，次の(1)～(4)の中から1つ選びなさい。
(1) 胃のG細胞から放出されるガストリンは，胃酸の分泌を抑制する。
(2) 胃の副細胞は，弱アルカリ性の粘液を分泌している。
(3) コレシストキニンは，胃液の分泌を促進する。
(4) 胆汁の分泌は，アウエルバッハ神経叢により調節されている。

問2 赤血球の新生と破壊について述べた文として誤っているものを，次の(1)～(4)の中から1つ選びなさい。
(1) 赤血球は，胎生期には脾臓でも産生される。
(2) 赤血球は，骨髄における成熟過程で核を失う。
(3) 赤血球の寿命は平均120日間である。
(4) 破壊された赤血球の残骸は好酸球によって貪食される。

問3 アシドーシスが起こる原因として誤っているものを，次の(1)～(4)の中から1つ選びなさい。
(1) 過換気症候群 (2) 下痢による膵液の喪失
(3) ケトン体の産生 (4) 乳酸の産生

問4 糖質コルチコイドについて述べた文として誤っているものを，次の(1)～(4)の中から1つ選びなさい。
(1) 肥満細胞からのヒスタミンの放出を抑制して，局所の浮腫を軽減する。

(2)　好中球の遊走を抑えて免疫機能を抑制する。

(3)　糖質コルチコイドが不足すると，血圧低下をきたす。

(4)　糖質コルチコイドが増加すると，食欲減退をきたす。

問5　骨の構造と機能について述べた文として正しいものを，次の(1)～(4)の中から1つ選びなさい。

(1)　骨髄は，骨を成長させる働きをする。

(2)　骨の内部は，緻密質になっている。

(3)　骨芽細胞は，造骨の役割を担う。

(4)　骨組織は，歯のエナメル質より硬い。

問6　皮膚の機能について述べた文として正しいものを，次の(1)～(4)の中から1つ選びなさい。

(1)　皮膚に含まれるメラニンは，紫外線が皮膚深部に到達することを防いでいる。

(2)　皮下組織にあるファーテルパチニ小体は，痛覚を感知する。

(3)　皮膚の血管系は，副交感神経によって血流量を調節している。

(4)　皮膚表面は，皮脂によって弱アルカリ性になっている。

問7　免疫グロブリンの種類と主な特徴の組み合わせとして誤っているものを，次の(1)～(4)の中から1つ選びなさい。

(1)　IgG ――― 胎盤を通過する。

(2)　IgM ――― 抗原が侵入した時に最初につくられる。

(3)　IgA ――― 母乳中に多く含まれる。

(4)　IgE ――― B細胞の表面に存在する。

問8　細菌芽胞に対する効果が最も高い消毒薬を，次の(1)～(4)の中から1つ選びなさい。

(1)　ベンザルコニウム塩化物　　(2)　消毒用エタノール

(3)　グルタルアルデヒド　　(4)　クレゾール石けん液

問9　タンパク質・エネルギー低栄養状態(PEM)について述べた文として誤っているものを，次の(1)～(4)の中から1つ選びなさい。

(1)　マラスムス型では，体重減少はあまりみられない。

(2) クワシオルコル型は，タンパク質が欠乏した状態である。

(3) 身体に生理的ストレスが加わると，タンパク質・エネルギー低栄養状態(PEM)に陥りやすくなる。

(4) クワシオルコル―マラスムス型は，高齢者に多くみられる。

問10 ビタミンについて述べた文として正しいものを，次の(1)～(4)の中から1つ選びなさい。

(1) ビタミンKは，血液の凝固を抑制させる。

(2) ビタミンA欠乏症として，くる病がある。

(3) パントテン酸は，コエンザイムAの構成成分である。

(4) ビタミンEの吸収には，胃の内因子との結合が必要である。

問11 アレルギーの分類とその別名の組み合わせとして正しいものを，次の(1)～(4)の中から1つ選びなさい。

(1) Ⅰ型アレルギー ――― 遅延型アレルギー

(2) Ⅱ型アレルギー ――― 細胞傷害型アレルギー

(3) Ⅲ型アレルギー ――― 即時型アレルギー

(4) Ⅳ型アレルギー ――― 免疫複合体型アレルギー

問12 糖尿病治療薬について述べた文として正しいものを，次の(1)～(4)の中から1つ選びなさい。

(1) α-グルコシダーゼ阻害薬は，糖吸収を阻害する薬物である。

(2) スルホニル尿素薬は，糖新生を抑制する薬物である。

(3) SGLT2阻害薬は，インスリンの分泌を促進させる薬物である。

(4) ビグアナイド薬は，尿中への糖排泄を促進させる薬物である。

問13 血圧測定に関して述べた文として正しいものを，次の(1)～(4)の中から1つ選びなさい。

(1) マンシェット装着部位が，心臓より低い位置となるように体位を調整する。

(2) マンシェットの下端の位置が，肘窩を覆うようにマンシェットを装着する。

(3) マンシェットの幅が広いと，本来の値よりも低い測定値となる。

(4) 成人の上腕の血圧測定では，一般的に10cm幅のマンシェットが用いられる。

問14　褥瘡の評価について述べた文として誤っているものを，次の(1)〜(4)の中から1つ選びなさい。

(1)　ブレーデンスケールは，点数が高いほど褥瘡発生リスクが高い。

(2)　NPUAP分類は，褥瘡を深達度によって分類するスケールである。

(3)　DESIGN-Rの評価項目の1つに，「肉芽組織」がある。

(4)　リスクアセスメントは，定期的に実施する。

問15　成人女性へ導尿を行う場合，カテーテルを挿入する長さとして最も適切なものを，次の(1)〜(4)の中から1つ選びなさい。

(1)　16〜18cm　　(2)　12〜14cm　　(3)　8〜10cm

(4)　4〜6cm

問16　与薬について述べた文として誤っているものを，次の(1)〜(4)の中から1つ選びなさい。

(1)　一般用輸液セット(1mL＝20滴)で500mLを5時間で投与する場合，1分間当たりの滴下数は約33滴である。

(2)　2種類以上の点眼剤を使用する場合，5分ほど間隔をあけて与薬する。

(3)　直腸内与薬の場合，吸気のタイミングにあわせて挿入する。

(4)　上肢に皮下注射をする場合，肩峰と上腕後面肘頭を結ぶ線上の下方3分の1点を注射部位の目安とする。

問17　看護場面における危機理論について述べた文として正しいものを，次の(1)〜(4)の中から1つ選びなさい。

(1)　キュブラー・ロスによる，死にゆく人の心理過程の第1段階は「怒り」である。

(2)　フィンクによる，障害受容のプロセスの第3段階は「承認」である。

(3)　ションツの危機モデルは，危機的状況における心理過程を4段階で示したものである。

(4)　アギュララとメズイックの危機モデルは，障害受容にいたる経過を示したものである。

問18　国際看護師協会(ICN)による，看護師の倫理綱領における看護師の基本的責任について述べた事項として誤っているものを，次の(1)～(4)の中から1つ選びなさい。

(1)　健康の増進　(2)　苦痛の緩和　(3)　疾病の治療

(4)　健康の回復

問19　看護に関する規定について述べた文として正しいものを，次の(1)～(4)の中から1つ選びなさい。

(1)　看護師の業務従事者届は，3年ごとに就業地の都道府県知事へ提出しなければならない。

(2)　看護師の守秘義務は医療法により規定されている。

(3)　業務を行うためには，看護師国家試験合格後，都道府県知事に免許交付を申請しなければならない。

(4)　保健師と助産師の免許取得には看護師国家試験の合格が必須である。

問20　慢性閉塞性肺疾患の症状や対処法について述べた文として正しいものを，次の(1)～(4)の中から1つ選びなさい。

(1)　残気量は減少する。

(2)　1秒率が70％未満になる。

(3)　急性増悪時は，高濃度の酸素を投与する。

(4)　樽状胸郭が必ず見られる。

問21　深部静脈血栓症について述べた文として誤っているものを，次の(1)～(4)の中から1つ選びなさい。

(1)　深部静脈血栓が存在する場合は，必ずベッド上安静とする。

(2)　Dダイマー検査は，深部静脈血栓症発症の予測をする上で参考となる。

(3)　末梢静脈にできた血栓が遊離して肺動脈に詰まると肺血栓塞栓症になる。

(4)　深部静脈血栓症の予防として着用する弾性ストッキングは，心臓に向かって圧が弱くなっている。

問22　慢性腎不全について述べた文として誤っているものを，次の(1)

～(4)の中から1つ選びなさい。

(1)　ネフロン数の減少による糸球体濾過量(GFR)の低下を特徴とする。

(2)　日本透析医学会「わが国の慢性透析療法の現況〔2019年12月31日現在〕」によると，慢性腎不全により新規透析導入となる原因疾患の第1位は慢性糸球体腎炎である。

(3)　慢性腎不全が進行し，透析療法が緊急導入される目安の1つに高カリウム血症がある。

(4)　慢性腎不全による貧血にはエリスロポエチンが使用される。

問23　バセドウ病について述べた文として誤っているものを，次の(1)～(4)の中から1つ選びなさい。

(1)　抗甲状腺薬の副作用の中で，最も重篤なのが顆粒球減少である。

(2)　代表的な症状に徐脈がある。

(3)　甲状腺クリーゼを引き起こす要因の1つに，精神的ストレスがあげられる。

(4)　放射線治療では，放射性ヨウ素内用療法が行われる。

問24　眼科疾患について述べた文として正しいものを，次の(1)～(4)の中から1つ選びなさい。

(1)　近視の治療で用いるメガネは，凸レンズである。

(2)　網膜剝離の症状の1つに，飛蚊症がある。

(3)　緑内障では，眼圧が低下する。

(4)　白内障は，硝子体が混濁した状態をいう。

問25　胃がんに関して述べた文として誤っているものを，次の(1)～(4)の中から1つ選びなさい。

(1)　領域リンパ節以外の転移を認める場合，ステージⅣと分類される。

(2)　胃切除後には，骨代謝障害をおこすことがある。

(3)　胃切除後のダンピング症候群予防のために，1回の食事量を減らし回数を多くして，ゆっくり食べるようにする。

(4)　胃がんが卵巣に転移したものをウィルヒョウ転移と呼ぶ。

問26　フロイトの精神力動論について述べた文として正しいものを，次の(1)～(4)の中から1つ選びなさい。

(1) イド(エス)は，現実原則に従って社会に適応したかたちで行動しようとするものである。

(2) 自我は，快楽原則に従って人間を突き動かす心的エネルギーの貯蔵庫である。

(3) 防衛機制の1つである転換は，自分のものと認めたくない感情を無意識の中に押し込もうとするものである。

(4) 超自我は，しつけなどによって道徳や規範を取り込んだものである。

問27 抗精神病薬について述べた文として誤っているものを，次の(1)～(4)の中から1つ選びなさい。

(1) 抗精神病薬は，ドパミンの作用を抑えることで幻覚の頻度を減少させる。

(2) 抗精神病薬の有害作用の1つであるジストニアの治療には，ビペリデン(アキネトン等)の筋肉内注射が有効である。

(3) 非定型抗精神病薬のオランザピンは，糖尿病の既往のある患者に適している。

(4) 抗精神病薬の有害作用として，じっと座っていられない静座不能症がある。

問28 妊娠26週でみられる状態として誤っているものを，次の(1)～(4)の中から1つ選びなさい。

(1) 胎盤が完成している。

(2) 胎児の肺サーファクタントが十分に分泌される。

(3) 胎児の心音が聴取される。

(4) 胎児が動く感じを自覚する。

問29 乳児期の栄養について述べた文として誤っているものを，次の(1)～(4)の中から1つ選びなさい。

(1) はちみつは，6か月ごろから与えるようにする。

(2) 離乳中期には，舌でつぶせる程度の食物を与える。

(3) 母乳中には，感染防御因子が含まれる。

(4) 離乳の完了は，生後12か月から18か月ごろである。

問30　性周期における変化について述べた文として正しいものを，次の(1)～(4)の中から1つ選びなさい。

(1)　黄体化ホルモンは，排卵を促す。

(2)　妊娠が成立すると，黄体は白体となる。

(3)　プロゲステロンの上昇に伴い，基礎体温は低下する。

(4)　排卵後，子宮内膜は増殖期になる。

(☆☆☆◎◎◎)

【2】次は，特別支援学校小学部・中学部学習指導要領(平成29年告示)の「第1章　総則　第2節　小学部及び中学部における教育の基本と教育課程の役割」の一部です。各問に答えなさい。

> 学校における自立活動の指導は，障害による学習上又は生活上の困難を改善・克服し，自立し［　A　］する資質を養うため，自立活動の時間はもとより，［　B　］を通じて適切に行うものとする。特に，自立活動の時間における指導は，各教科，道徳科，外国語活動，総合的な学習の時間及び特別活動と密接な関連を保ち，個々の児童又は生徒の障害の状態や特性及び心身の発達の段階等を的確に把握して，適切な［　C　］の下に行うよう配慮すること。

問1　［　A　］に入る語句を，次の(1)～(4)の中から1つ選びなさい。

(1)　自己実現　　(2)　社会参加　　(3)　社会貢献

(4)　職業選択

問2　［　B　］に入る語句を，次の(1)～(4)の中から1つ選びなさい。

(1)　日常生活全般　　(2)　各教科

(3)　学校の行事　　(4)　学校の教育活動全体

問3　［　C　］に入る語句を，次の(1)～(4)の中から1つ選びなさい。

(1)　指導計画　　(2)　指導体制　　(3)　実態把握

(4)　学習環境

(☆☆☆◎◎◎)

【3】次は，「学校における医療的ケアの今後の対応について(通知)」(文部科学省　平成31年3月20日)の別添の一部です。各問に答えなさい。

> ②　実施に係る手順・記録等の整備に関する留意点
>
> 1)　教職員等が特定行為を行う場合には，<u>認定特定行為業務従事者</u>としての認定を受けている必要があることや，その認定の範囲内で特定行為を行うこと，［A］の指示を受けていることなど，法令等で定められた手続を経ておくこと。なお，特定行為を休職等で一定期間行わなかった場合には，認定を受けた特定の児童生徒等に引き続き特定行為を行う場合であっても，当該教職員等が再度安全に特定行為を実施できるよう，必要に応じて学校現場で実技指導等の実践的な研修を行うこと。
>
> 2)　保護者は，児童生徒等が登校する日には，その日の当該児童生徒等の健康状態及び特定行為の実施に必要な情報を連絡帳等に記載し，当該児童生徒等に持たせること。
>
> 3)　教職員等は連絡帳等を当該児童生徒等の登校時に確認すること。連絡帳等に保護者から健康状態に異常があると記載されている場合は，［B］看護師に相談すること。
>
> 4)　教職員等は，個別マニュアルに則して特定行為を実施するとともに，実施の際特に気付いた点を連絡帳等に記録すること。
>
> 5)　主治医又は学校医・医療的ケア指導医に定期的な報告をするため，特定行為の記録を整備すること。
>
> 6)　特定行為の実施中に万一異常があれば直ちに中止し，看護師等の支援を求めるとともに，個別マニュアルに則して保護者及び主治医等への連絡と必要な応急措置をとること。

問1　下線部の者が実施できる医療的ケアを，次の(1)～(4)の中から1つ選びなさい。

(1)　酸素療法　　(2)　人工呼吸器の管理

(3)　導尿　　　(4)　気管カニューレ内の喀痰吸引

問2　[A]に入る語句を，次の(1)～(4)の中から1つ選びなさい。

(1)　教育委員会　　(2)　校長　　(3)　医師　　(4)　看護師等

問3　[B]に入る語句を，次の(1)～(4)の中から1つ選びなさい。

(1)　必要に応じて

(2)　特定行為を行う前に

(3)　必要な特定行為を行った後に

(4)　健康状態に注意しつつ特定行為を行うとともに

(☆☆☆◎◎◎)

【4】次は，「学校における医療的ケアの今後の対応について(通知)」(文部科学省　平成31年3月20日)の別添の一部です。各問に答えなさい。

> 9. 校外における医療的ケア
>
> (1)　校外学習(宿泊学習を含む。)
>
> ①　校外学習における医療的ケアの実施については，教育委員会及び学校は，児童生徒の状況に応じ，[A]による体制を構築すること。なお，小・中学校等については，原則として看護師等を配置又は活用しながら，主として看護師等が医療的ケアに当たり，教職員等がバックアップする体制を構築すること。
>
> ②　校外学習のうち，泊を伴うものについては，看護師等や認定特定行為業務従事者の勤務時間等も考慮した人員確保とともに，緊急の事態に備え，医療機関等との連携協力体制を構築すること。その際には，泊を伴う勤務に対応できるよう，必要に応じ各自治体における勤務に関する規則の整備をすること。
>
> (2)　スクールバスなど専用通学車両による登下校
>
> ①　スクールバスなど専用通学車両への乗車については，医療的ケア児の乗車可能性をできる限り追求し，[B]

することを。

② スクールバスなど専用通学車両の登下校において，乗車中に喀痰吸引が必要となる場合には，[C]による対応を基本とすること。運行ルート設定の際，安全に停車可能な地点をあらかじめ確認し，停車して医療的ケアを実施すること。

③ 緊急時対応が必要となる場合の対応策について，保護者と学校関係者(教育委員会の委嘱した学校医・医療的ケア指導医，看護師等を含む。)との共通理解を図ること。

問1 [A]に入る語句を，次の(1)～(4)の中から1つ選びなさい。

(1) 看護師等　(2) 看護師等又は認定特定行為業務従事者

(3) 教職員等　(4) 認定特定行為業務従事者

問2 [B]に入る語句を，次の(1)～(4)の中から1つ選びなさい。

(1) 基本的に許可　(2) 公平に判断

(3) 個別に判断　(4) 保護者による送迎を依頼

問3 [C]に入る語句を，次の(1)～(4)の中から1つ選びなさい。

(1) 看護師等　(2) 添乗員

(3) 保護者　(4) 認定特定行為業務従事者

(☆☆☆◎◎◎)

【5】次の図は，「医療的ケア児に関わる主治医と学校医等との連携等について(通知)」(文部科学省　令和2年3月16日)の別添1の「学校医療ケアチーム」のイメージ図です。[ ]に入る語句を，以下の(1)～(4)の中から1つ選びなさい。

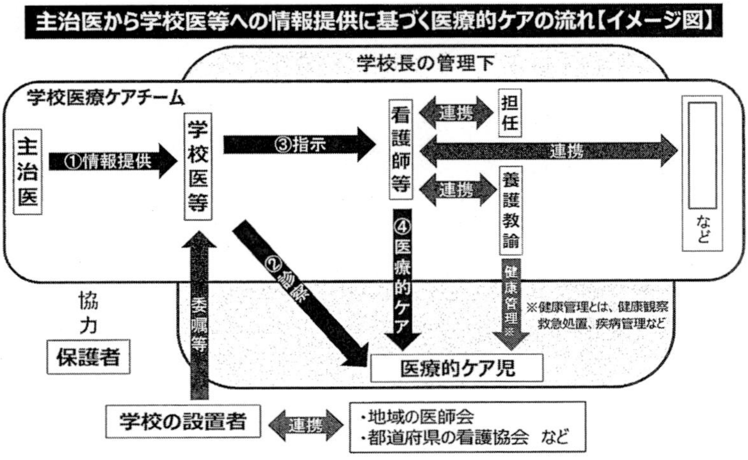

(1)　放課後等デイサービス事業者　　(2)　保健師

(3)　訪問看護ステーション　　(4)　学校歯科医及び学校薬剤師

(☆☆☆◎◎◎)

解答・解説

【特別支援(特別支援教育)】

【1】(4)

〈解説〉昭和23(1948)年には，中学校の就学義務化と同時に，盲・聾学校の就学が義務化された。昭和54(1979)年には，養護学校が義務化され，同時に訪問教育が制度化された。平成5(1993)年には，通級による指導が制度化され，平成18(2006)年には，学習障害(LD)，注意欠陥多動性障害(ADHD)や自閉スペクトラム症(ASD)の児童生徒もその対象となった。平成17(2005)年には，発達障害者の支援を推進する発達障害者支援法が制定され，平成28(2016)年に一部改正されている。

【2】問1 (3)　問2 (4)　問3 (4)　問4 (3)

〈解説〉問1　国際生活機能分類はICF(International Classification of Functioning, disability and health)である。ICFはWHO(世界保健機関)が提唱した。ICIDHは国際障害分類である。ICFの前の捉え方で，障害を疾病や社会的不利といったマイナス面から捉えていた。

問2～問4　ICFでは，人間の生活機能は「心身機能・身体構造」，「活動」，「参加」の三つの要素で構成されており，それらの生活機能に支障がある状態が「障害」と捉えている。ICFは，アルファベットと数字を組み合わせた方式で分類されている。アルファベットは，「b」，「s」，「d」，「e」が用いられ，それぞれ「心身機能」，「身体構造」，「活動・参加」，「環境」を意味している。ただし，「d」(「活動・参加」)を「a」(「活動」)と「p」(「参加」)に分けて表すこともある。約1500項目に分類されている。

【3】(2)

〈解説〉バランタン・アユイはフランスの教育学者で，1784年に世界最初の盲学校をパリに創設した。ルイ・ブライユはフランスの点字開発者で，幼少期に失明したが，6つの点の組み合わせによってアルファベットを表現するブライユ式点字を開発した。1878年に日本最初の盲聾学校である京都盲唖院を創設したのは，古河太四郎である。石川倉次は，ルイ・ブライユの点字を日本語に翻案し，日本式点字を完成させた。

【4】(4)

〈解説〉A　音声言語を別の言葉で示した語句が入る。　B　表出(話すこと)と対になる言葉が入る。聴覚障害のある子供の場合は聞き取りだけでなく，読話も音声言語の受容に関わる。　C　言語は思考力の伸長につながる点からも，言語学習が重要とされている。　D　状況を判断する時，聴覚障害のある子供は，見えている状況を中心に判断することが多いことから，情報を的確に把握しにくい。相手の意図や背景を推察する際に，常識やルールを理解していると，背景の理解やとるべき行動，相手に与える影響等を考えることにつながる。

【5】(3)
〈解説〉「4　新時代の特別支援教育の在り方について」には，選択肢の(1)，(2)，(4)と「基本的な考え方」の4項目が示されている。支援籍とは，障害のある児童生徒が必要な学習活動を行うために，在籍する学校または学級以外に置く埼玉県独自の学籍である。東京都などでは副籍，横浜市などでは副学籍という名称が用いられている。

【6】問1　(2)　　問2　(3)　　問3　(1)　　問4　(2)
〈解説〉問1　SSTはSocial Skills Trainingの略。　問2　感覚を統合する療法であることから考える。学習障害や自閉症を含めた発達障害のある子供等へのリハビリテーションの一つである。　問3　アメリカのノースカロナイラ州で開発されたプログラムである。Treatment and Education of Autistic and related Communication-handicapped Childrenの略で，「自閉症及び関連するコミュニケーション障害をもつ子どもたちのための治療と教育」という意味が表されている。　問4　モンテッソーリ教育は，子ども自身が持つ自己教育力に注目し，その自己教育力を引き出すために環境を用意するという考え方によって実践される教育法である。

【7】(1)
〈解説〉A　水頭症は，脳室が拡大して脳実質を圧迫する特徴を持つ。　B　筋ジストロフィーは，進行性の筋萎縮が特徴の遺伝性の疾患である。　C　先天性ミオパチーは，骨格筋の先天的構造異常によって，乳幼児期から筋力が低下する疾患である。　D　肢体不自由の起因疾患で最も多いのが，脳性まひを主とする脳原性疾患である。脳性まひには，痙直型，アテトーゼ型，失調型，固縮型がある。

【8】(1)

〈解説〉母音と子音の表記，長音の表記のルールの基本を押さえる。点字は，基本的に耳で聞いたとおりに書き表す。そのため例えば，伸ばす音で「う」と書くところは，伸ばす記号を使う。出題の点字は，「おはよー」と表されている。また，助詞の「は」，「へ」は，「わ」，「え」と表す。

【9】(2)

〈解説〉中学校の障害種別は，自閉症と学習障害が多い。多い順に，Dの学習障害が4,631人，Bの自閉症が4,051人，Eの注意欠陥・多動性障害が3,933人，Cの情緒障害が3,091人，Aの言語障害が556人である。通級による指導を受けている児童生徒数は，各校種とも年々増加を続けている。

【10】(2)

〈解説〉脊柱を正面から見て，左右に曲がっている状態を脊柱側弯症という。側弯症は，思春期の女子に多く見られる。

【11】(3)

〈解説〉アレルギー疾患はあてはまらない。該当する16疾患は，悪性新生物，慢性腎疾患，慢性呼吸器疾患，慢性心疾患，内分泌疾患，膠原病，糖尿病，先天性代謝異常，血液疾患，免疫疾患，神経・筋疾患，慢性消化器疾患，染色体又は遺伝子に変化を伴う症候群，皮膚疾患，骨系統疾患，脈管系疾患である。

【12】(3)

〈解説〉A　幻覚・妄想などの症状が現れる精神疾患であることから，統合失調症である。10～20歳代の青年期から成人期にかけて発病することが多いと言われている。　B　本来一つにまとまり繋がっている意識や記憶，知覚，アイデンティティが，一時的に失われる解離の症状が，日常の生活に支障をきたすような状態を，解離性障害という。解離性障害の症状の一つである解離性同一性障害は，かつては多重人格障害と呼ばれていた神経症のことである。　C　他者との感情の共有や接触に障害が見られることから，反応性愛着障害である。反応性愛着障害は，長期にわたる虐待やネグレクトなどの環境で育った子どもに現れる症状である。

【13】問1　(3)　　問2　(1)

〈解説〉問1　障害者虐待の防止，障害者の養護者に対する支援等に関する法律は，平成24(2012)年に施行された。この法律は，障害者への虐待を防止して障害者の尊厳を守り，障害者の権利利益を擁護することを目的としている。　問2　(1)は「正当な理由のもと」の制限であるので，養護者による障害者虐待とは言えない。

【14】(2)

〈解説〉障害のある幼児児童生徒が安全に食べることができるための留意事項であることから，「食べやすい(誤嚥しにくい)献立と調理とすること」，「個々の幼児児童生徒の食べる機能に応じて，一口の量や食事援助の仕方を工夫すること」などが示されている。「食べる機能を高める」ための事項は示されていない。

【15】(1)

〈解説〉空欄は，「交流及び共同学習」のうちの「交流」を説明する文の一部である。「交流」は，障害のある子供と障害のない子供が朝の会や学校行事などを一緒に行い，相互に触れあうことを通じて，豊かな人間性を育むことを目的としている。交流及び共同学習は，共生社会の実現を目指し，障害のある子供もない子供も，経験を深め，社会性を養い，豊かな人間性を育み，お互いを尊重し合う大切さを学ぶ機会となるなど，大きな意義を持つ。

【16】(1)

〈解説〉A　発達障害は，基本的に脳機能の障害によるものであり，本人の怠慢や家族によるしつけ・環境などが原因ではないということである。　B　発達障害の定義としては，「通常低年齢において発現する」と規定されている。ただし，発達障害は小児期に症状が目立たず，学齢期や思春期などになって顕在化することもある。　C「発達障害児」の定義も，発達障害者支援法で示されていることを押さえておくこと。

【17】(3)

〈解説〉(3)について，「…必要な支援を受けるための特別な教育制度を設けること」ではなく，「…必要な支援を教育制度一般の下で受けること」として示されている。障害者の権利に関する条約においては，あくまでも，一般的な教育制度の下で障害者にとって効果的な教育を受けることができる支援を求めている。

【18】(2)

〈解説〉社会的障壁とは，障害者にとって日常生活や社会生活を送る上で支障となる全ての事柄である。障害者差別解消法では，不当な差別的取り扱いや合理的配慮の不提供を，社会的障壁と位置づけている。

【19】問1　(3)　　問2　(4)

〈解説〉問1　特別支援学校に在籍する児童生徒は，指示を理解することが困難であったり，聞こえないことから判断ができなかったりする経験を重ねている場合があり，主体的に取り組もうとする意欲も減退しがちである。自ら選んだり，決定して実行したりする機会が重要である。　問2　学習評価は，児童生徒のねらいに対する到達度を評価するだけでなく，教師自身の指導の在り方を見つめ，指導の改善に結びつけることが求められている。

【20】(2)
〈解説〉今回の学習指導要領改訂では，自己の障害の特性の理解を深め，自ら生活環境に主体的に働きかけ，より過ごしやすい生活環境を整える力を身に付けるために，「障害の特性の理解と生活環境の調整に関すること。」が新たに追加された。

【21】(3)
〈解説〉カリキュラム・マネジメントは，学校教育に関わる様々な取組を，教育課程を中心に据えながら組織的かつ計画的に実施し，教育活動の質の向上につなげていくことである。(2)のアクティブ・ラーニングは，「主体的・対話的で深い学び」を実現するための共有すべき授業改善の視点として位置づけられている。

【22】問1　(4)　　問2　(1)
〈解説〉問1　知的障害者である児童生徒に対する教育を行う場合は，発達期における知的機能の障害による個人差が大きく学力や学習状況が異なるため，学年ではなく，段階別に内容が示されている。小学部は3段階，中学部は2段階で内容が設定されていることから，各学部の最上位の段階である小学部3段階及び中学部2段階における目標を達成した者が，それぞれ対象となる。　問2　重複障害者のうち特に必要がある場合には，各教科及び外国語活動，総合的な学習の時間に替えて，自立活動を主として指導を行うことができる。一方，道徳科及び特別活動については，その時間全部を自立活動に替えることはできないことを押さえておく必要がある。

【23】問1　(2)　　問2　(1)
〈解説〉問1　道徳教育は，学校の教育活動全体で行うものであり，校長の方針の下に，道徳教育推進教師が中心となって全体計画を作成し，道徳教育を推進していくこととされている。　問2　全体計画の作成においては，家庭や地域社会との連携をどう進めていくのかというこ

とについても示す必要がある。

【24】問1　(2)　　問2　(1)

〈解説〉問1　項目2は，体験活動に当たっての配慮事項である。今回の学習指導要領においては，学習活動に応じて，同年代である高等学校の生徒との交流及び共同学習を行うよう配慮することが特別支援学校独自に示された。　問2　知的障害のある生徒の学習上の特性として，抽象的な内容が分かりにくいことや，学習した知識や技能が断片的になりやすいことなどから，具体の場面や物事に即しながら段階的な継続した指導が必要であることが示されている。

【25】問1　(4)　　問2　(3)

〈解説〉問1　今回の改訂で音楽科は，「表現」と「鑑賞」の2つの領域及び〔共通事項〕での構成となった。音楽科の学習においては，体全体で音楽を感じ取ることを通して，想像力が育まれていくことから，「体を動かす活動」を取り入れることが配慮事項として示された。問2　ウの項目では，児童が，「生活や社会」の中の音や音楽と主体的に関わっていることができるようにするための配慮が示されている。そのためには，音楽科の授業以外の場面においても音楽に主体的に関わっていく機会を活用していくことが必要である。

【特別支援(自立活動)】

【1】問1　(2)　　問2　(4)　　問3　(1)　　問4　(4)　　問5　(3)
問6　(1)　　問7　(4)　　問8　(3)　　問9　(1)　　問10　(3)
問11　(2)　　問12　(1)　　問13　(3)　　問14　(1)　　問15　(4)
問16　(3)　　問17　(2)　　問18　(3)　　問19　(4)　　問20　(2)
問21　(1)　　問22　(2)　　問23　(2)　　問24　(2)　　問25　(4)
問26　(4)　　問27　(3)　　問28　(2)　　問29　(1)　　問30　(1)

〈解説〉問1　(1)　ガストリンは，胃液の分泌を促進する。　(3)　コレシストキニンは，膵液の分泌を促す。　(4)　アウエルバッハ神経叢は，消化管の縦走筋層と輪走筋層との間に存在する神経叢で，消化管の蠕動運動を調節する。消化腺の分泌を調節するのは，消化管壁の粘膜下組織に存在するマイスナー神経叢である。　問2　破壊された赤血球の成分は，マクロファージによって貪食される。　問3　アシドーシスとは，体内に酸が過剰に存在している状態のことである。体内にアルカリが過剰に存在する状態がアルカローシスである。過換気症候群は，呼吸性アルカローシスの原因の一つである。　問4　糖質コルチコイドは増加すると血糖値が上がり，食欲が増進され，肥満につながりやすい。　問5　(1)　骨髄は造血の働きをする。　(2)　骨は，表面の硬い部分の皮質骨(緻密質)という層と，内部のスポンジのような構造の海綿骨という層の2層構造になっている。　(4)　人の体の中で一番硬いのは，歯のエナメル質の部分である。　問6　(2)　ファーテルパチニ小体は，圧覚及び振動覚を感知する。　(3)　皮膚の血管の収縮と拡張は，交感神経が調節している。　(4)　皮膚表面は，絶えず弱酸性の皮脂膜によって覆われているため，この弱酸性によって細菌やカビなどから護られている。　問7　免疫グロブリンとは，異物が体内に入ったときに排除するように働く抗体の役割を持つタンパク質のことである。IgEは，アレルギーの原因となるアレルゲンに反応し，アレルギー反応を引き起こす。そのため，血液中のIgE抗体の量を測定することで，アレルギー体質であるかどうかを調べることができる。B細胞の表面に存在するのはIgM抗体である。　問8　加熱処理やアルコールなどの消毒液で滅菌できるものも多いが，芽胞菌は熱にも消毒液にも耐えて生き延びる。もっとも効果が高いのは，グルタルアルデヒドに長時間接触させることであるといわれている。　問9　マラスムス型は，主にエネルギー不足による栄養障害であり，体重減少が主症状である。クワシオルコル型は，主にタンパク質不足による栄養障害であり，脂肪肝，浮腫，腹水，免疫機能の低下などが症状である。高齢者にはクワシオルコル―マラスムス型(混合型)が多い。

問10　(1)　ビタミンKは，血液を凝固する際の補酵素としての働きを持つため，「血液の凝固を抑制させる」が誤りである。　(2)　ビタミンAの欠乏症は夜盲症である。くる病はビタミンDの欠乏症である。(4) 胃の内因子との結合が必要なのはビタミンB_{12}である。　問11 Ⅰ型は即時型アレルギーであり，代表的疾患にはアナフィキラシーショックやアトピー性皮膚炎等がある。Ⅱ型は細胞傷害型アレルギーであり，自己免疫性溶血性貧血や特発性血小板減少性紫斑病等がある。Ⅲ型は免疫複合体型アレルギーであり，血清病や糸球体腎炎等がある。Ⅳ型は遅延型アレルギーであり，接触性皮膚炎等がある。　問12 スルホニル尿素薬はインスリンの分泌を促進させ，血糖値を下げる。SGLT2阻害薬は，腎臓において糖の再吸収を抑えることにより，尿中への糖排泄を促進させる。ビグアナイド薬は，肝臓で糖が作られるのを抑えたり，筋肉での糖利用を高めたりすることで血糖値を下げる。問13 マンシェットの装着部位は心臓と同じ高さに調整する。下端の位置は肘関節より2～3cm上にする。成人の上腕の血圧測定は，一般的に12～13cm幅のマンシェットが用いられる。　問14 ブレーデンスケールは，点数が低いほど褥瘡発生の危険度が高い。　問15 女性の尿道の長さは3～4cmであり，導尿のために挿入するカテーテルの長さは4～6cmとされている。　問16 直腸内与薬とは坐薬を入れることである。腹圧をかけないように口呼吸を促し，呼気のタイミングに合わせてゆっくり坐薬を挿入する。　問17 キュブラー・ロスの死にゆく人の心理の過程は，「否認→怒り→取り引き→抑うつ→受容」(5段階)である。フィンクの障害受容のプロセスは，「衝撃→防御的退行→承認→適応」(4段階)である。ションツの危機モデルは，「最初の衝撃→現実認知→防御的退行→承認→適応」(5段階)である。アギュララとメズイックの危機モデルは，危機や危機回避に至る過程を段階的に示した。「均衡状態→不均衡状態→均衡回復へのニード→バランス保持要因の有無→危機回避あるいは危機」(5段階)である。　問18 看護師の基本的責任については，「健康の増進，疾病の予防，健康の回復，苦痛の緩和と尊厳ある死の推奨」の4点が挙げられている。疾病の治療や医師の補助，薬剤の投与などは基本的責任とされていない。　問19 (1) 業務従事者届は，保健師助産師看護師法第33条に基づき，2年ごとの提出が義務付けられている。　(2)　看護師の守秘義務は，保健師助産師看護師法第42条の2に規定されている。　(3)　免許申請書の提出先は，住所地を管轄する保健所である。　問20　(1)　慢性閉塞性肺疾患では，残気量は十分に息が吐ききれないことから増加する。一方，拘束性肺疾患では減少する。　(3)　高濃度の酸素を投与すると，二酸化炭素が体内に蓄積して意識障害を起こすことがあるため，適正な酸素飽和濃度になるように調整して酸素吸入を行う。　(4)　樽状胸郭は多くの患者に見られるが，必ず見られるわけではない。　問21　深部静脈血栓症の発症しやすい状況例として，手術後などでのベッド上安静臥床が挙げられる。　問22　慢性腎不全による透析導入の原因疾患の第1位は，糖尿病性腎症である。慢性糸球体腎炎は2010年までは最も割合が多かったが，2011年に第1位が糖尿病性腎症に代わり，その後も慢性糸球体腎炎の割合は減少が続いている。　問23　バセドウ病の代表的な症状は，甲状腺の腫れ，頻脈，眼球突出である。　問24　(1)　近視の眼鏡は凹レンズである。　(3)　緑内障は，主に眼圧が上昇することによって視神経に障害が起こり，視野狭窄や視野欠損が起こる病気である。　(4)　白内障は，眼の水晶体が白く濁る病気である。　問25　胃がんが卵巣に転移したものは，クルッケンベルグ腫瘍と呼ぶ。ウィルヒョウ転移は，消化器がんなどが左鎖骨上窩のリンパ節に転移することである。　問26　フロイトは，精神力動論の中で人間の精神構造を，イド(エス)，自我，超自我の3つの領域で捉えた。(1)は自我の説明，(2)はイド(エス)の説明である。(3)の防衛機制は，転換ではなく抑圧である。
問27　オランザピンは，糖尿病の既往歴がある患者には禁忌である。
問28　肺サーファクタントは，妊娠約24週目頃から産生し始め，34～36週目頃に十分に分泌される。　問29　はちみつは，1歳未満の乳児にはリスクが高い食品であり与えてはならない。　問30　(2)　妊娠が成立しなければ，黄体は固く萎縮して白体に変わっていく。　(3)　黄体から分泌されるプロゲステロンは，基礎体温を上げる働きがある。
(4)　排卵後，プロゲステロンの分泌によって子宮内膜は14日程度の分泌期に変わり，次第に厚みを増して着床の準備を整える。増殖期は，月経から排卵までの卵胞期にあたる期間である。

【2】問1 (2) 問2 (4) 問3 (1)

〈解説〉問1 自立活動の指導は，「自立し社会参加する資質を養うため」に行うことであることを，この事項によって明確に示されている。 問2 特別支援教育において自立活動の指導が重要であることから，自立活動の時間における指導を中心として，学校の教育活動全体を通じて指導することの必要性が強調されている。 問3 適切な指導計画については，特に，個々の児童生徒の実態に即して作成された個別の指導計画の下に，適切な授業実践を行う必要がある。

【3】問1 (4) 問2 (3) 問3 (2)

〈解説〉問1 認定特定行為業務従事者として認定を受けている教職員等は，医行為のうち，口腔内の喀痰吸引，鼻腔内の喀痰吸引，気管カニューレ内の喀痰吸引，胃ろう又は腸ろうによる経管栄養，経鼻経管栄養の5つの特定行為に限り，実施することができる。 問2 特別支援学校において特定行為を実施する場合には，主治医等からの指示書のもと，看護師等を中心に教員等が連携協力して行うこととされている。問3 健康状態に異常がある場合には，特定行為を行う前に，看護師等に相談する必要がある。

【4】問1 (2) 問2 (3) 問3 (1)

〈解説〉問1 校外学習においても，看護師等又は認定特定行為業務従事者による体制を構築する。看護師等の配置を原則とする。 問2 スクールバスなどへの乗車については，医療的ケア児の乗車の可能性を追求しつつ，最終的には個別の判断とされている。東京都などの一部の自治体では，医療的ケア児のための専用通学車両の運行を行っている。 問3 スクールバス乗車中において喀痰吸引が必要な場合は，看護師等による対応が基本である。

【５】(3)

〈解説〉訪問看護ステーションでは，医療的ケア児の自宅に訪問して医療的ケアを実行し，医療的ケア児が地域で生活を継続できるための支援を行っている。医療的ケア児が普段利用している訪問看護ステーションが学校へ情報提供を行うことによって，診療報酬の対象となった。

2021年度　実施問題

【特別支援(特別支援教育)】

【1】自閉症児に対する指導の手立てとして用いられる構造化について述べた文のうち，最も適切なものを，次の(1)～(4)の中から1つ選びなさい。

(1)　視覚的構造化・物理的構造化という手法は，CHCモデルおよびカウフマンモデルという2つの理論モデルに基づいている。

(2)　教室は着替えや授業・遊びなど毎日様々な活動を行う場所なので，特に構造化する必要はない。

(3)　作業学習の時に，手順ごとにカードがめくれるような作業内容表を作成した。

(4)　卒業式の時，壇上へ移動の練習を繰り返し行った。

(☆☆☆◎◎◎)

【2】埼玉県では，障害がありながらも不屈の努力を続け社会的に顕著な活躍をしている個人，障害者のために様々な貢献をしている個人・団体に対して平成19年度から贈っている賞があります。この賞の名称を，次の(1)～(4)の中から1つ選びなさい。

(1)　塙保己一賞　(2)　古河太四郎賞　(3)　荻野吟子賞

(4)　渋沢栄一賞

(☆☆☆◎◎◎)

【3】次の(1)～(4)は，特別支援学校(知的障害)の指導内容について述べたものです。最も適切なものを，1つ選びなさい。

(1)　遊びの指導に関しては，児童の興味・関心に基づき，その時々の自発的な活動を大切にするため，指導計画は作成しなくてよい。

(2)　生活単元学習は1つの教科として指導を行っている。

(3)　日常生活の指導は，生活科を中心として，広範囲に各教科等の内容を扱う必要がある。

(4)　学習指導要領に示されている生活科の目標は，特別支援学校と小学校では共通である。

(☆☆☆◎◎◎)

【4】次の(1)～(4)は，注意欠陥多動性障害のある児童生徒に対する指導内容の例です。適切でないものを，1つ選びなさい。

(1)　不注意な間違いが多かったため，一つ一つの作業が終わるたびに確認することを習慣づける指導を行った。

(2)　じっとしていることができない傾向があったため，繰り返し叱責することで「じっとしている」ことへの意識を高めた。

(3)　相手の行為に対して怒りの感情が生じたときに，自分の気持ちを適切に伝えたり，その感情を抑制したりするための方法を指導した。

(4)　忘れものが多かったので，児童生徒に合ったメモの仕方を学ばせ，忘れやすいものを所定の場所に入れることを指導した。

(☆☆☆◎◎◎)

【5】次の図は，ある言葉を日本点字表記法で表したものです。この言葉を以下の(1)～(4)の中から1つ選びなさい。ただし，●は凸を表し，左から読むこととします。

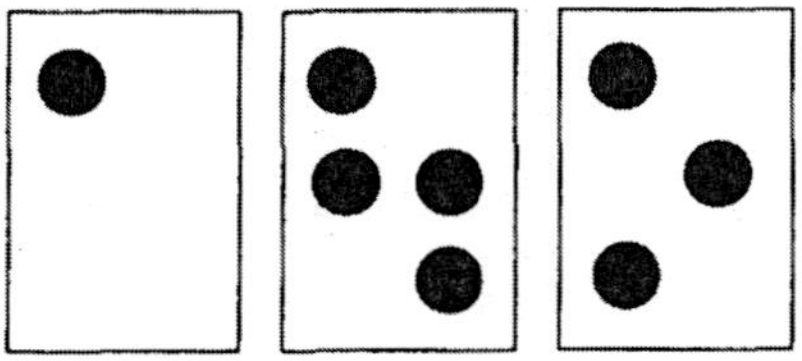

(1)　いろは　　(2)　うしろ　　(3)　あした　　(4)　おすし

(☆☆☆◎◎◎)

【6】肢体不自由のある児童生徒に対する指導内容に関して述べた文とし

て，適切でないものを，次の(1)～(4)の中から1つ選びなさい。

(1) 上肢・下肢または体幹の運動・動作の障害による日常生活動作や行動上に困難や制限があるために，できるだけ間接的な経験を多く取り入れるような指導内容を設定する。

(2) 重度の障害の児童生徒の場合は，表情や身体の動き等の中に表現の手がかりを見いだし，定着をはかるような指導を行う。

(3) 視覚障害や聴覚障害を伴う場合，不要な刺激を減らしたり，見せ方や聞かせ方への配慮をしたりした教材・教具の工夫が必要である。

(4) 学習に対する興味・関心や意欲を高め，集中力や活動力をより引き出すためには，姿勢作り(ポジショニング)に積極的に取り組むことが求められている。

(☆☆☆◎◎◎)

【7】平成19年12月18日に開催された国連総会において，カタール王国王妃の提案によって決議されたものを，次の(1)～(4)の中から1つ選びなさい。

(1) 世界ダウン症の日　(2) 世界自閉症啓発デー

(3) 世界保健デー　(4) 世界点字デー

(☆☆☆◎◎◎)

【8】「障害者の権利に関する条約」について，各問に答えなさい。

問1 「障害者の権利に関する条約　第3条　一般原則」に示されていないものを，次の(1)～(4)の中から1つ選びなさい。

(1) 固有の尊厳，個人の自律(自ら選択する自由を含む。)及び個人の自立の尊重

(2) 無差別

(3) 社会への完全かつ効果的な参加及び包容

(4) 雇用の促進

問2 日本が「障害者の権利に関する条約」に署名，批准した時期を，

次の(1)～(4)の中から1つ選びなさい。

(1)　平成19年9月28日署名，平成26年1月20日批准

(2)　平成19年3月30日署名，平成20年7月17日批准

(3)　平成19年3月30日署名，平成21年2月24日批准

(4)　平成21年9月24日署名，平成24年9月25日批准

(☆☆☆◎◎◎)

【9】次は，ある法令の一部です。この法令の名称を，以下の(1)～(4)の中から1つ選びなさい。

第1条　この法律は，障害者基本法(昭和45年法律第84号)の基本的な理念にのっとり，全ての障害者が，障害者でない者と等しく，基本的人権を享有する個人としてその尊厳が重んぜられ，その尊厳にふさわしい生活を保障される権利を有することを踏まえ，障害を理由とする差別の解消の推進に関する基本的な事項，行政機関等及び事業者における障害を理由とする差別を解消するための措置等を定めることにより，障害を理由とする差別の解消を推進し，もって全ての国民が，障害の有無によって分け隔てられることなく，相互に人格と個性を尊重し合いながら共生する社会の実現に資することを目的とする。

(1)　精神保健及び精神障害者福祉に関する法律

(2)　障害者基本法の一部を改正する法律

(3)　障害を理由とする差別の解消の推進に関する法律

(4)　障害者の雇用の促進等に関する法律

(☆☆☆◎◎◎)

【10】次の表はある法令の一部です。以下の各問に答えなさい。

区分	障害の程度
視覚障害者	両眼の視力がおおむね［A］のもの又は視力以外の視機能障害が高度のもののうち，拡大鏡等の使用によつても通常の文字，図形等の視覚による認識が不可能又は著しく困難な程度のもの
聴覚障害者	両耳の聴力レベルがおおむね［B］のもののうち，補聴器等の使用によつても通常の話声を解することが不可能又は著しく困難な程度のもの
肢体不自由者	一　肢体不自由の状態が［C］の使用によつても歩行，筆記等日常生活における基本的な動作が不可能又は困難な程度のもの 二　肢体不自由の状態が前号に掲げる程度に達しないもののうち，常時の医学的観察指導を必要とする程度のもの

問1　表が示されている法令を，次の(1)～(4)の中から1つ選びなさい。

(1)　障害者基本法第10条の2

(2)　学校教育法施行令第22条の3

(3)　学校保健安全法施行規則第6条の2

(4)　身体障害者福祉法第14条の2

問2　［A］に入る語句を，次の(1)～(4)の中から1つ選びなさい。

(1)　0.01程度　(2)　0.1未満　(3)　0.3未満　(4)　0.6未満

問3　［B］に入る語句を，次の(1)～(4)の中から1つ選びなさい。

(1)　30デシベル未満　(2)　30デシベル以上

(3)　60デシベル未満　(4)　60デシベル以上

問4　［C］に入る語句を，次の(1)～(4)の中から1つ選びなさい。

(1)　補装具　(2)　補助器　(3)　自助具　(4)　歩行器

(☆☆☆◎◎◎)

【11】次は，ある法令の一部です。以下の各問に答えなさい。

第1条　この法律は，発達障害者の心理機能の適正な発達及び円滑な社会生活の促進のために発達障害の症状の発現後できるだけ早期に発達支援を行うとともに，(　A　)発達障害者の支援を行うことが特に重要であることに鑑み，障害者基本法(昭和45年法律第84号)の基本的な理念にのっとり，発達障害者が基本的人権を享有する個人としての尊厳にふさわしい日常生活又は社会生活を営むことができるよう，発達障害を早期に発見し，発達支援を行うことに関する国及び地方公共団体の責務を明らかにするとともに，(　B　)における発達障害者への支援，発達障害者の就労の支援，発達障害者支援センターの指定等について定めることにより，発達障害者の(　C　)及び社会参加のためのその生活全般にわたる支援を図り，もって全ての国民が，障害の有無によって分け隔てられることなく，相互に人格と個性を尊重し合いながら共生する社会の実現に資することを目的とする。

問1　この法令の名称を，次の(1)～(4)の中から1つ選びなさい。

(1)　児童福祉法　(2)　生活保護法　(3)　発達障害者支援法

(4)　知的障害者福祉法

問2　(　A　)～(　C　)に入る語句の組み合わせとして正しいものを，次の(1)～(4)の中から1つ選びなさい。

	A	B	C
(1)	適切な	医療機関	自立
(2)	切れ目なく	学校教育	自立
(3)	適切な	学校教育	自由
(4)	切れ目なく	医療機関	自由

(☆☆☆◎◎◎)

【12】次は，ある法令の一部です。この法令の名称を，以下の(1)～(4)の中から1つ選びなさい。

(基本理念)

第1条の2　障害者及び障害児が日常生活又は社会生活を営むための支援は，全ての国民が，障害の有無にかかわらず，等しく基本的人権を享有するかけがえのない個人として尊重されるものであるとの理念にのっとり，全ての国民が，障害の有無によって分け隔てられることなく，相互に人格と個性を尊重し合いながら共生する社会を実現するため，全ての障害者及び障害児が可能な限りその身近な場所において必要な日常生活又は社会生活を営むための支援を受けられることにより社会参加の機会が確保されること及びどこで誰と生活するかについての選択の機会が確保され，地域社会において他の人々と共生することを妨げられないこと並びに障害者及び障害児にとって日常生活又は社会生活を営む上で障壁となるような社会における事物，制度，慣行，観念その他一切のものの除去に資することを旨として，総合的かつ計画的に行わなければならない。

(1) 障害者の雇用の促進等に関する法律
(2) 高齢者，障害者等の移動等の円滑化の促進に関する法律
(3) 学校教育法の一部を改正する法律
(4) 障害者の日常生活及び社会生活を総合的に支援するための法律

(☆☆☆◎◎◎)

【13】次は，「障害者虐待の防止，障害者の養護者に対する支援等に関する法律」(平成23年法律第79号)の一部です。以下の各問に答えなさい。

第5章　就学する障害者等に対する虐待の防止等
(就学する障害者に対する虐待の防止等)
第29条　学校(学校教育法(昭和22年法律第26号)第1条に規定する学校，同法第124条に規定する専修学校又は同法第134条第1項に規定する各種学校をいう。以下同じ。)の長は，教職員，児童，生徒，学生その他の関係者に対する障害及び障害者に関する理解を深めるための研修の実施及び［ A ］，就学する障害者に対する虐待に関する相談に係る［ B ］，就学する障害

> 者に対する虐待に対処するための［　C　］その他の当該学校に就学する障害者に対する虐待を防止するため必要な［　C　］を講ずるものとする。

問1 ［　A　］に入る語句を，次の(1)～(4)の中から1つ選びなさい。

(1) 指導の継続　(2) 普及啓発　(3) 個別の支援
(4) 地域との連携

問2 ［　B　］に入る語句を，次の(1)～(4)の中から1つ選びなさい。

(1) 体制の整備　(2) 窓口の設置　(3) 組織の編成
(4) 専門家の配置

問3 ［　C　］に入る語句を，次の(1)～(4)の中から1つ選びなさい。

(1) 支援　(2) 方策　(3) 配慮　(4) 措置

(☆☆☆◎◎◎)

【14】次は，「学校教育法施行規則の一部を改正する省令等の公布について(通知)」(28文科初第1038号　平成28年12月9日)の一部です。以下の各問に答えなさい。

> 2　改正の概要
> 第1　高等学校における通級による指導の制度化
> 1　学校教育法施行規則(昭和22年文部省令第11号。以下「規則」という。)の一部改正
> (1)　高等学校又は中等教育学校の後期課程において，言語障害者，自閉症者，情緒障害者，弱視者，難聴者，学習障害者，注意欠陥多動性障害者又はその他障害のある生徒のうち，当該障害に応じた［　A　］の指導を行う必要があるものを教育する場合には，文部科学大臣が別に定めるところにより，規則第83条及び第84条(第108条第2項において準用する場合を含む。)の規定にかかわらず，［　A　］の教育課程によることができること。(規則第140条関係)
> (中略)

2　学校教育法施行規則第140条の規定による［ A ］の教育課程について定める件(平成5年文部省告示第7号。以下「告示」という。)の一部改正

(1)　高等学校又は中等教育学校の後期課程において，上記1の(1)に該当する生徒に対し，規則第140条の規定による［ A ］の教育課程を編成するに当たっては，当該生徒の障害に応じた［ A ］の指導を，高等学校又は中等教育学校の後期課程の教育課程に加え，又はその［ B ］に替えることができるものとすること。

(中略)

(2)　高等学校又は中等教育学校の後期課程における障害に応じた［ A ］の指導に係る単位を修得したときは，年間［ C ］を超えない範囲で当該修得した単位数を当該生徒の在学する高等学校又は中等教育学校が定めた全課程の修了を認めるに必要な単位数のうちに加えることができるものとすること。

問1　［ A ］に入る語句を，次の(1)～(4)の中から1つ選びなさい。

(1)　自立活動　(2)　特別　(3)　通級指導教室

(4)　特別支援学校

問2　［ B ］に入る語句を，次の(1)～(4)の中から1つ選びなさい。

(1)　一部　(2)　全部　(3)　半分　(4)　全部又は半分

問3　［ C ］に入る語句を，次の(1)～(4)の中から1つ選びなさい。

(1)　5単位　(2)　6単位　(3)　7単位　(4)　8単位

(☆☆☆◎◎◎)

【15】作業学習について述べた文のうち，最も適切なものを，次の(1)～(4)の中から1つ選びなさい。

(1)　作業学習は，作業活動を学習活動の中心にしながら，児童生徒の働く意欲を培い，将来の職業生活や社会自立に必要な事柄を総合的に学習する教科である。

(2)　個々の教育的ニーズに応じて，一人で取り組む作業活動をできるだけ多く含むものであることが望ましい。
(3)　作業活動の種類を選定する際には，地域や産業界との連携を図りながら，学校として検討していくことが大切である。
(4)　作業学習の成果を直接，児童生徒の将来の進路等に必ず直結させることが大切である。

(☆☆☆◎◎◎)

【16】次は，特別支援学校小学部・中学部学習指導要領(平成29年告示)の「第1章　総則　第3節　教育課程の編成　3　教育課程の編成における共通的事項」の一部です。[A]～[C]に入る語句の組み合わせとして正しいものを，以下の(1)～(4)の中から1つ選びなさい。

> キ　知的障害者である生徒に対する教育を行う特別支援学校の中学部においては，国語，社会，数学，理科，音楽，美術，保健体育及び[A]の各教科，[B]，[C]，特別活動並びに自立活動については，特に示す場合を除き，全ての生徒に履修させるものとする。また，外国語科については，生徒や学校の実態を考慮し，必要に応じて設けることができる。

	A	B	C
(1)	職業	外国語活動	総合的な学習の時間
(2)	職業	道徳科	総合的な探究の時間
(3)	職業・家庭	外国語活動	総合的な探究の時間
(4)	職業・家庭	道徳科	総合的な学習の時間

(☆☆☆◎◎◎)

【17】次は，特別支援学校小学部・中学部学習指導要領(平成29年告示)の「第1章　総則　第3節　教育課程の編成　4　学部段階間及び学校段階等間の接続」の一部です。[A]に入る語句を，以下の(1)～(4)の中

から1つ選びなさい。

> また，低学年における，教育全体において，例えば［　A　］において育成する自立し生活を豊かにしていくための資質・能力が，他教科等の学習においても生かされるようにするなど，教科等間の関連を積極的に図り，幼児期の教育及び中学年以降の教育との円滑な接続が図られるよう工夫すること。特に，小学部入学当初においては，幼児期において自発的な活動としての遊びを通して育まれてきたことが，各教科等における学習に円滑に接続されるよう，［　A　］を中心に，合科的・関連的な指導や弾力的な時間割の設定など，指導の工夫や指導計画の作成を行うこと。

(1)　生活科　　(2)　特別の教科　道徳　　(3)　自立活動
(4)　特別活動

(☆☆☆◎◎◎)

【18】特別支援学校高等部学習指導要領(平成31年告示)の「第2章　第2節　知的障害者である生徒に対する教育を行う特別支援学校　第1款　各学科に共通する各教科の目標及び内容〔職業〕2　各段階の目標及び内容　○1段階　(2)　内容」の項目に示されていないものを，次の(1)～(4)の中から1つ選びなさい。

(1)　職業生活　　(2)　情報機器の活用
(3)　産業現場等における実習　　(4)　消費生活・環境

(☆☆☆◎◎◎)

【19】次は，特別支援学校小学部・中学部学習指導要領(平成29年告示)の「第1章　総則　第5節　児童又は生徒の調和的な発達の支援　1　児童又は生徒の調和的な発達を支える指導の充実　(3)」です。［　A　］～［　C　］に入る語句の組み合わせとして正しいものを，以下の(1)～(4)の中から1つ選びなさい。

児童又は生徒が，学ぶことと自己の将来とのつながりを見通しながら，社会的・職業的自立に向けて必要な基盤となる資質・能力を身に付けていくことができるよう，［ A ］を要としつつ各教科等の特質に応じて，［ B ］教育の充実を図ること。その中で，中学部においては，生徒が自らの生き方を考え主体的に進路を選択することができるよう，学校の教育活動全体を通じ，組織的かつ計画的な［ C ］を行うこと。

	A	B	C
(1)	自立活動	職業	進路指導
(2)	特別活動	キャリア	進路指導
(3)	自立活動	キャリア	日常生活指導
(4)	特別活動	職業	日常生活指導

(☆☆☆◎◎◎)

【20】特別支援学校小学部・中学部学習指導要領(平成29年告示)の「第2章　第1節　小学部　第2款　知的障害者である児童に対する教育を行う特別支援学校　第1　各教科の目標及び内容　〔生活〕 2　各段階の目標及び内容　○3段階　(1)　目標」に示されているものを，次の(1)～(4)の中から1つ選びなさい。

(1)　活動や体験の過程において，自分自身，身近な人々，社会及び自然の特徴に関心を持つとともに，身の回りの生活において必要な基本的な習慣や技能を身に付けるようにする。

(2)　自分自身や身の回りの生活のことや，身近な人々，社会及び自然と自分との関わりについて関心をもち，感じたことを伝えようとする。

(3)　自分のことに取り組んだり，身近な人々，社会及び自然に自ら働きかけ，意欲や自信をもって学んだり，生活を豊かにしようとしたりする態度を養う。

(4)　家族や地域の人々とのやりとりを通して，よりよい生活の実現に向けて，生活を工夫しようとする態度を養う。

(☆☆☆◎◎◎)

【21】次は，特別支援学校小学部・中学部学習指導要領(平成29年告示)の「第2章　第2節　中学部　第2款　知的障害者である生徒に対する教育を行う特別支援学校　第1　各教科の目標及び内容〔職業・家庭〕　1　目標」です。以下の各問に答えなさい。

> 1　目標
>
> ［　A　］に係る見方・考え方や職業の見方・考え方を働かせ，生活や職業に関する［　B　］・体験的な学習活動を通して，よりよい生活の実現に向けて工夫する資質・能力を次のとおり育成することを目指す。
>
> (1)　生活や職業に対する関心を高め，将来の家庭生活や［　C　］に係る基礎的な知識や技能を身に付けるようにする。
>
> (2)　将来の家庭生活や［　C　］に必要な事柄を見いだして課題を設定し，解決策を考え，実践を評価・改善し，自分の考えを表現するなどして，課題を解決する力を養う。
>
> (3)　よりよい家庭生活や将来の［　C　］の実現に向けて，生活を工夫し考えようとする実践的な態度を養う。

問1　［　A　］に入る語句を，次の(1)～(4)の中から1つ選びなさい。

(1)　社会と家庭　　(2)　生活の営み　　(3)　社会生活

(4)　家庭生活

問2　［　B　］に入る語句を，次の(1)～(4)の中から1つ選びなさい。

(1)　主体的　　(2)　積極的　　(3)　実践的　　(4)　社会的

問3　［　C　］に入る語句を，次の(1)～(4)の中から1つ選びなさい。

(1)　社会自立　　(2)　自分の夢　　(3)　一般就労

(4)　職業生活

(☆☆☆◎◎◎)

【22】次は，特別支援学校小学部・中学部学習指導要領(平成29年告示)の「第7章　自立活動　第3　個別の指導計画の作成と内容の取扱い」の一部です。以下の各問に答えなさい。

1　自立活動の指導に当たっては，個々の児童又は生徒の障害の状態や特性及び心身の発達の段階等の的確な把握に基づき，［ A ］を明確にすることによって，指導目標及び指導内容を設定し，個別の指導計画を作成するものとする。その際，第2に示す内容の中からそれぞれに必要とする項目を選定し，それらを相互に関連付け，具体的に指導内容を設定するものとする。

2　個別の指導計画の作成に当たっては，次の事項に配慮するものとする。

(1)　個々の児童又は生徒について，障害の状態，発達や経験の程度，興味・関心，生活や学習環境などの実態を的確に把握すること。

(2)　児童又は生徒の実態把握に基づいて得られた［ A ］相互の関連を検討すること。その際，これまでの学習状況や将来の可能性を見通しながら，長期的及び短期的な観点から指導目標を設定し，それらを達成するために必要な指導内容を段階的に取り上げること。

(3)　具体的な指導内容を設定する際には，以下の点を考慮すること。

ア　児童又は生徒が，興味をもって主体的に取り組み，［ B ］を味わうとともに自己を肯定的に捉えることができるような指導内容を取り上げること。

イ　児童又は生徒が，障害による学習上又は生活上の困難を改善・克服しようとする意欲を高めることができるような指導内容を重点的に取り上げること。

ウ　個々の児童又は生徒が，発達の遅れている［ C ］を補うために，発達の進んでいる[C]を更に伸ばすような指導内容を取り上げること。
エ　個々の児童又は生徒が，活動しやすいように自ら環境を整えたり，必要に応じて[D]に支援を求めたりすることができるような指導内容を計画的に取り上げること。

問1　[A]に入る語句を，次の(1)～(4)の中から1つ選びなさい。
(1)　成育歴　(2)　家庭環境　(3)　合理的配慮
(4)　指導すべき課題
問2　[B]に入る語句を，次の(1)～(4)の中から1つ選びなさい。
(1)　成就感　(2)　一体感　(3)　自己有用感
(4)　他者との共感
問3　[C]に入る語句を，次の(1)～(4)の中から1つ選びなさい。
(1)　すべての面　(2)　側面　(3)　一部
(4)　すべてまたは一部
問4　[D]に入る語句を，次の(1)～(4)の中から1つ選びなさい。
(1)　周囲の人　(2)　大人や友人　(3)　家族　(4)　指導者
(☆☆☆◎◎◎)

【特別支援(自立活動)】

【1】次の問1～問30に答えなさい。
問1　大腸に関して述べた文として正しいものを，次の(1)～(4)の中から1つ選びなさい。
(1)　大腸は，全体で約6mの長さである。
(2)　盲腸は，腹腔後壁に癒着している。
(3)　内肛門括約筋は，骨格筋である。
(4)　大腸の粘膜には，輪状ヒダがある。
問2　膵臓の機能や構造について述べた文として誤っているものを，次の(1)～(4)の中から1つ選びなさい。
(1)　膵臓は重さ60～70g，長さ15cmほどの細長い器官である。
(2)　膵液にはアミラーゼが含まれている。

(3)　膵島のB細胞からはソマトスタチンが分泌される。

(4)　膵島の血管は洞様毛細血管である。

問3　呼吸気量について述べた文として誤っているものを，次の(1)～(4)の中から1つ選びなさい。

(1)　1回の呼吸で吸い込まれた空気のうち，肺胞まで達しない空気量は，約500mLである。

(2)　肺活量は，1回換気量，予備吸気量，予備呼気量の合計である。

(3)　1秒率は，標準的な成人で70％以上である。

(4)　残気量は，スパイロメータで測定できない。

問4　呼吸器系の病態生理について述べた文として正しいものを，次の(1)～(4)の中から1つ選びなさい。

(1)　閉塞性換気障害は，肺活量の減少が特徴である。

(2)　拘束性換気障害は，1秒率の減少が特徴である。

(3)　肺線維症は，拘束性換気障害である。

(4)　気胸は，閉塞性換気障害である。

問5　「臓器の移植に関する法律施行規則」による脳死の判定の項目に含まれないものを，次の(1)～(4)の中から1つ選びなさい。

(1)　自発呼吸の消失　　(2)　直腸温が摂氏32度未満

(3)　深昏睡　　(4)　平坦脳波

問6　排尿に関わる神経とその働きに関して述べた文として誤っているものを，次の(1)～(4)の中から1つ選びなさい。

(1)　下腹神経は，交感神経である。

(2)　骨盤内臓神経は，副交感神経である。

(3)　迷走神経は，排尿を促す。

(4)　陰部神経は，外尿道括約筋を収縮させる。

問7　腕神経叢のおもな枝と運動性分布域の組み合わせとして誤っているものを，次の(1)～(4)の中から1つ選びなさい。

(1)　腋窩神経　－　上腕の屈筋群

(2)　正中神経　－　前腕の屈筋群の大部分

(3)　橈骨神経　－　上腕と前腕の伸筋群

(4) 尺骨神経 － 手の筋群の大部分

問8 病原体とそれによって引き起こされる感染症の組み合わせとして誤っているものを，次の(1)～(4)の中から1つ選びなさい。

(1) クロストリジウムーディフィシレ － 偽膜性大腸炎
(2) アデノウイルス － 咽頭結膜熱
(3) トラコーマクラミジア － 慢性角結膜炎
(4) ヒトパルボウイルスB19 － 尋常性疣贅

問9 栄養素について述べた文として正しいものを，次の(1)～(4)の中から1つ選びなさい。

(1) イヌリンは水溶性の食物繊維である。
(2) ステアリン酸は不飽和脂肪酸である。
(3) ガラクトースは二糖類である。
(4) 葉酸は水溶性ビタミンである。

問10 エネルギー代謝について述べた文として誤っているものを，次の(1)～(4)の中から1つ選びなさい。

(1) ピルビン酸はアセチルCoAになり，クエン酸回路に入る。
(2) エネルギー代謝過程では，脂溶性ビタミンが補酵素として必要とされる。
(3) クエン酸回路に関わる細胞内小器官は，ミトコンドリアである。
(4) タンパク質はエネルギー源として利用された場合，1gあたり4kcalの熱を生じる。

問11 右心不全の際に浮腫が起こる原因として最も適切なものを，次の(1)～(4)の中から1つ選びなさい。

(1) 血液膠質浸透圧の低下
(2) 毛細血管における静脈圧の上昇
(3) リンパ管の閉塞
(4) 毛細血管透過性亢進

問12 抗がん薬の副作用である骨髄障害として正しいものを，次の(1)～(4)の中から1つ選びなさい。

(1) 吐き気 (2) 脱毛 (3) 神経障害 (4) 白血球減少

問13　患者の移送について述べた文として誤っているものを，次の(1)～(4)の中から1つ選びなさい。

(1)　車椅子で傾斜が急な下り坂を移送する場合の方法の一つとして，前向きにゆっくり蛇行しながら下りる方法がある。

(2)　車椅子の移送でエレベーターを使用する場合，原則的にはエレベーターからおりるときに前向きで直進できるように，後ろ向きにエレベーターに乗る。

(3)　ストレッチャーで移送する場合，坂道ではつねに患者の頭部が高くなるようにして進行する。

(4)　ストレッチャーで移送する場合，曲がり角では患者の足側を支点として頭側を回転させる。

問14　罨法について述べた文として正しいものを，次の(1)～(4)の中から1つ選びなさい。

(1)　ゴム製湯たんぽの場合，湯の温度は80～90℃とする。

(2)　罨法には温罨法と冷罨法があり，それぞれ湿性罨法と乾性罨法に分けられる。

(3)　温罨法の効果が高まるように，湯たんぽは身体に密着させて使用する。

(4)　氷枕に使用する氷は，氷枕の注入口まで入れる。

問15　薬の管理について述べた文として誤っているものを，次の(1)～(4)の中から1つ選びなさい。

(1)　毒薬は，白地に赤枠，赤文字でその品名および毒の文字を表示する。

(2)　麻薬の容器には㊫の文字を表示し，堅固な設備内に施錠して保管する。

(3)　麻薬の取り扱いは，医師・歯科医師・獣医師・薬剤師で，都道府県知事から麻薬取扱者の免許を受けた者に限られる。

(4)　医薬品の基準・検定・取扱・製造・販売は「医薬品，医療機器等の品質，有効性及び安全性の確保等に関する法律」により規定されている。

問16　尿失禁のパターンとその特徴について述べた文の組み合わせとして正しいものを，次の(1)～(4)の中から1つ選びなさい。

(1)　反射性尿失禁　－　くしゃみなどの腹圧上昇により外的圧力が膀胱に加わりもれてしまう。

(2)　溢流性尿失禁　－　尿意を感じず，膀胱内に一定量の尿がたまると排尿反射がおきてもれる。

(3)　腹圧性尿失禁　－　膀胱収縮力不足により膀胱内に尿がたまっているため常時少しずつもれる。

(4)　切迫性尿失禁　－　尿意を感知すると同時に排尿してしまい，トイレに行くまで抑制できない。

問17　人間のニードを5つに分類したマズローの欲求段階説において，最も高位に位置づけられるものを，次の(1)～(4)の中から1つ選びなさい。

(1)　生理的ニード　　(2)　自己実現のニード

(3)　安全のニード　　(4)　所属と愛のニード

問18　医療法に定義されている医療提供施設に含まれないものを，次の(1)～(4)の中から1つ選びなさい。

(1)　病院　　(2)　介護老人保健施設　　(3)　保健所

(4)　助産所

問19　急性心筋梗塞発症後に最も早く上昇を示す心臓マーカーを，次の(1)～(4)の中から1つ選びなさい。

(1)　CK－MB　　(2)　AST　　(3)　LDH　　(4)　cTnT

問20　IgA腎症について述べた文として誤っているものを，次の(1)～(4)の中から1つ選びなさい。

(1)　蛍光抗体法による染色で，メサンギウム領域にIgA沈着を認める。

(2)　急性上気道炎などの感冒時に肉眼的血尿を生じるのが特徴的所見である。

(3)　食事療法として高たんぱく食とする。

(4)　血液検査で血清IgAの上昇を認める。

問21　門脈圧亢進によって引き起こされる症状として誤っているもの

を，次の(1)～(4)の中から1つ選びなさい。

(1)　くも状血管腫　　(2)　腹壁皮下静脈怒張　　(3)　汎血球減少

(4)　直腸静脈瘤

問22　認知機能の評価について述べた文として誤っているものを，次の(1)～(4)の中から1つ選びなさい。

(1)　認知症の評価尺度には，認知症の本態でもある認知機能を評価するものと，認識機能の低下により影響を受ける生活機能を評価するものがある。

(2)　MMSEは，行動を観察して評価する行動評価法である。

(3)　改訂長谷川式簡易知能評価スケールでは，21点以上は非認知症と判定される。

(4)　N式老年者用精神状態尺度は，認知症の重症度判定に用いられる。

問23　全身性エリテマトーデスについて述べた文として誤っているものを，次の(1)～(4)の中から1つ選びなさい。

(1)　全身性エリテマトーデスの発熱の特徴は，CRPが上昇しないことである。

(2)　生命にかかわる合併症の一つとして，腎障害がある。

(3)　薬物療法では，副腎皮質ステロイドが用いられる。

(4)　全身性エリテマトーデスは男性に多くみられる。

問24　子宮の疾患について述べた文として誤っているものを，次の(1)～(4)の中から1つ選びなさい。

(1)　HPV感染は，子宮頸がん発生のリスク因子の一つである。

(2)　子宮体がんの組織型は，扁平上皮がんがほとんどである。

(3)　子宮内膜症は，卵巣や骨盤腔内に病変が認められる。

(4)　胞状奇胎の症状として，無月経やつわりなどの妊娠徴候がみられる。

問25　アルコール症の症状として誤っているものを，次の(1)～(4)の中から1つ選びなさい。

(1)　ブラックアウト　　(2)　小動物幻視

(3)　ウェルニッケ脳症　　(4)　フラッシュバック

問26　精神療法について述べた文として正しいものを，次の(1)～(4)の中から1つ選びなさい。

(1)　精神分析の創始者は，ユングである。

(2)　実存的精神療法の創始者は，ビンスワンガーである。

(3)　認知療法は，「あるがまま」の心的態度を獲得することを目的としている。

(4)　自律訓練法は，自己暗示，自己催眠でリラックス効果を得ることを目的としている。

問27　レオポルド触診法について述べた文として誤っているものを，次の(1)～(4)の中から1つ選びなさい。

(1)　第1段法では，子宮底の高さを確認する。

(2)　第2段法では，胎向や羊水量を診断する。

(3)　第3段法は，両手をそれぞれ子宮の側壁にすべらせて触診する。

(4)　第4段法では，妊婦の足方を向いて触診する。

問28　母子保健統計に関する定義について述べた文として誤っているものを，次の(1)～(4)の中から1つ選びなさい。

(1)　妊産婦死亡率は，出産(出生＋死産)10万に対する妊産婦死亡数であらわされる。

(2)　人口動態統計における死産は，妊娠満12週以後の死児の出産である。

(3)　周産期死亡とは，妊娠満24週以後の死産と生後1週未満の早期新生児死亡を合わせたものをいう。

(4)　出生率は，人口1,000に対する出生数であらわされる。

問29　肥厚性幽門狭窄症について述べた文として正しいものを，次の(1)～(4)の中から1つ選びなさい。

(1)　噴水状嘔吐が特徴的である。

(2)　出生直後から嘔吐がみられる。

(3)　胃の蠕動は低下する。

(4)　女児に多くみられる。

問30　2016年に定期接種に導入された小児の予防接種を，次の(1)～(4)

の中から1つ選びなさい。

(1)　小児肺炎球菌ワクチン　　(2)　B型肝炎ワクチン

(3)　Hibワクチン　　(4)　HPVワクチン

(☆☆☆☆◎◎◎◎)

【2】次は，特別支援学校小学部・中学部学習指導要領(平成29年告示)の「第7章　自立活動　第1　目標」です。各問に答えなさい。

個々の児童又は生徒が自立を目指し，障害による［ A ］の困難を［ B ］に改善・克服するために必要な知識，技能，態度及び習慣を養い，もって心身の［ C ］発達の基盤を培う。

問1　［ A ］に入る語句を，次の(1)～(4)の中から1つ選びなさい。

(1)　生活上　　(2)　学習上　　(3)　学習上又は生活上

(4)　学習上及び生活上

問2　［ B ］に入る語句を，次の(1)～(4)の中から1つ選びなさい。

(1)　主体的　　(2)　全体的　　(3)　効果的　　(4)　意欲的

問3　［ C ］に入る語句を，次の(1)～(4)の中から1つ選びなさい。

(1)　健全な　　(2)　調和的　　(3)　総合的　　(4)　バランスよい

(☆☆☆◎◎◎)

【3】次は，「学校における医療的ケアの今後の対応について(通知)」(30文科初第1769号　平成31年3月20日)の一部です。各問に答えなさい。

現在，学校に在籍する喀痰吸引や経管栄養等の医療的ケアが日常的に必要な児童生徒等(以下「医療的ケア児」という。)は年々増加するとともに，［ A ］等の特定行為以外の医療的ケアを必要とする児童生徒等が学校に通うようになるなど，医療的ケア児を取り巻く環境が変わりつつあります。このため，特定行為以外の医療的ケアを含め，［ B ］における医療的ケアの基本的な考え方を再度検討し，医療的ケアを実施する際に留意す

べき点等について整理するために平成29年10月に本検討会議を設置し，有識者による議論が行われました。
(中略)
文部科学省においては本最終まとめを受け，今後，特定行為以外の医療的ケアを含め，［B］における医療的ケアの基本的な考え方や医療的ケアを実施する際に留意すべき点等について別添のとおり整理いたしました。関係各位におかれましては，その趣旨を十分御理解の上，適切な対応をお願いします。
なお，「［C］等における医療的ケアの今後の対応について」(平成23年12月20日23文科初第1344号初等中等教育局長通知)は廃止します。

問1 ［A］に入る語句を，次の(1)～(4)の中から1つ選びなさい。
(1) 人工呼吸器の管理　(2) 鼻腔内の喀痰吸引
(3) 経鼻経管栄養　(4) 口腔内の喀痰吸引

問2 ［B］に入る語句を，次の(1)～(4)の中から1つ選びなさい。
(1) 小学校　(2) 中学校　(3) 特別支援学校
(4) 小・中学校等を含む全ての学校

問3 ［C］に入る語句を，次の(1)～(4)の中から1つ選びなさい。
(1) 小学校　(2) 中学校　(3) 特別支援学校
(4) 小・中学校等を含む全ての学校

(☆☆☆◎◎◎)

【4】次は，「別添　学校における医療的ケアの今後の対応について」(文部科学省　平成31年3月20日)の一部です。各問に答えなさい。

③ 保護者との関係
1) 学校における医療的ケアの実施に当たっては，保護者の理解や協力が不可欠である。各学校は，医療的ケアに関する窓口となる教職員を定め，入学前から相談を受けられる

体制を整備すること。また，保護者に医療的ケアの仕組みを説明する際には，全体像や役割分担を明記したリーフレット等を用いて分かりやすく説明すること。

2)　看護師等及び教職員等による対応に当たっては，保護者から，医療的ケアの実施についての学校又は教育委員会への依頼と学校で実施することの同意について，［　A　］こと。

3)　医療的ケア児の健康状態，医療的ケアの内容や頻度，想定される緊急時の対応などについて，あらかじめ［　B　］から説明を受け，学校で実施可能な医療的ケアの範囲について双方で共通理解を図ることが必要であること。この過程において主治医や教育委員会の委嘱した学校医・医療的ケア指導医，相談支援事業所に配置された児童生徒等を担当している相談支援専門員，また，市区町村に配置されている場合には医療的ケア児等コーディネーター等を交えることも有効であること。

4)　学校と保護者との連携協力に当たっては，例えば，以下についてあらかじめ十分に話し合っておくこと。

a)　学校が医療的ケア児の健康状態を十分把握できるよう，あらかじめ障害の状態や病状について説明を受けておくこと。

b)　［　C　］の役割は，医療的ケア児の健康が安定した状態で医療的ケアを実施することであるため，健康状態がすぐれない場合の無理な登校は控えること。

c)　登校後，健康状態に異常が認められた場合，速やかに保護者と連絡を取り，その状態に応じ必要な対応を求めることなどについて，あらかじめ学校と協議すること。

d)　健康状態がすぐれずに欠席していた医療的ケア児が回復し，再び登校する際には，連絡帳等により，十分に連絡を取り合うこと。

e)　緊急時の連絡手段を確保すること。

5) 入学後においても，保護者との日々の情報交換を密にすること。

6) 保護者の[D]の協力を得ることについては，本人の自立を促す観点からも，真に必要と考えられる場合に限るよう努めるべきであること。やむを得ず協力を求める場合には，代替案などを十分に検討した上で，真に必要と考える理由や[D]が不要になるまでの見通しなどについて丁寧に説明すること。

問1 [A]に入る語句を，次の(1)～(4)の中から1つ選びなさい。

(1) 書面で提出させる (2) 口頭で伝えさせる
(3) 面談で確認する (4) 合意形成に努める

問2 [B]に入る語句を，次の(1)～(4)の中から1つ選びなさい。

(1) 看護師等 (2) 教育委員会 (3) 主治医 (4) 保護者

問3 [C]に入る語句を，次の(1)～(4)の中から1つ選びなさい。

(1) 医療的ケア指導医 (2) 看護師等 (3) 学校医
(4) 主治医

問4 [D]に入る語句を，次の(1)～(4)の中から1つ選びなさい。

(1) 自宅待機 (2) 付添い (3) 生活介助 (4) 学校待機

(☆☆☆◎◎◎)

解答・解説

【特別支援(特別支援教育)】

【1】(3)

〈解説〉(1) 構造化は，自閉症の子供が最大限の力を発揮して，主体的に学習できるように，視覚的にわかりやすい環境をつくる方法のことである。自閉症児教育における構造化は，従来から重視されてきた教育方法で，我が国ではTEACCHプログラムに基づいて，具体的な対応方法が考えられている。　(2)　自閉症児教育の場では，「勉強や作業をする」，「遊ぶ」，「個別のスケジュールを確認する」，「感情的になった時などに冷静になる」といった活動が必要となる。学校の教室はその典型的な場所である。　(4)　繰り返し練習は構造化には該当しない。

【2】(1)

〈解説〉塙保己一は全盲の国学者で，「群書類従」の編纂と和学講談所(国学の研究・教育機関)の設立を成し遂げた。日本で最初の公認女性医師である荻野吟子や，日本経済の礎を築いた渋沢栄一も，埼玉県にゆかりのある人物である。

【3】(3)

〈解説〉(1)　遊びの指導は，各教科等を合わせた指導の一つとして取り扱われる。主に小学部段階において，遊びを学習活動の中心に据えて取り組み，心身の発達を促していく指導である。　(2)　生活単元学習も，各教科等を合わせた指導の1つであり，1つの教科ではない。
(4)　生活科の目標は，特別支援学校と小学校では異なる。特に特別支援学校においては，目標(2)，(3)において，自分自身に関する理解や考え，取り組み等が示されていることが特徴となっている。

【4】(2)

〈解説〉繰り返し叱責するのは適切ではない。叱るより，ゲーム感覚で無理なく約束を守る練習や，してよいことを教えるなど，特性に合った技法を積極的に取り入れることが大切である。

【5】(3)

〈解説〉母音と子音の表記，長音の表記のルールの基本を押さえる。点字は，基本的に耳で聞いたとおりに書き表す。そのため例えば，伸ばす音で「う」と書くところは，伸ばす記号を使う。また，助詞の「は」，

「へ」は，「わ」，「え」と表す。

【6】(1)

〈解説〉特別支援学校小学部・中学部学習指導要領(平成29年告示)の小学部における肢体不自由者である児童に対する教育を行う特別支援学校についての配慮事項には，「(1)体験的な活動を通して言語概念等の形成を的確に図り，児童の障害の状態や発達の段階に応じた思考力，判断力，表現力等の育成に努めること。」と示されている。各教科の指導に当たっては，具体物を見る，触れる，数えるなどの活動や，実物を観察する，測る，施設等を利用するなどの体験的な活動を効果的に取り入れた学習が大切である。

【7】(2)

〈解説〉平成19(2007)年の国連総会でカタール王国王妃の提案により，毎年4月2日を世界自閉症啓発デーとすることが決議された。世界ダウン症の日は，ダウン症が21番目の染色体が3本あることで起こることから，3月21日に定められた(2012年制定)。世界保健デーは，WHO(世界保健機関)の設立を記念して，4月7日に定められた(1948年制定)。世界点字デーは1月4日で，6つの点を使った点字を完成させたルイ・ブライユの誕生日に由来する(世界盲人連合総会で2000年に制定が採択，2018年に国連総会で承認)。

【8】問1　(4)　　問2　(1)

〈解説〉問1　障害者の権利に関する条約の一般原則を定めた第3条には，雇用の促進は示されていない。雇用の促進については，同条約で労働及び雇用を定めた第27条に示されている。　問2　平成18(2006)年に国連総会において採択され，日本は平成19(2007)年9月に署名，平成26(2014)年1月に批准した。署名から批准までの間に，障害者基本法の改正(平成23(2011)年)，障害者の日常生活及び社会生活を総合的に支援する法律の成立(平成24(2012)年)，障害者差別解消法の成立及び障害者雇用促進法の改正(平成25(2013)年)などの国内法等が整えられた。

【9】(3)

〈解説〉第1条に，障害を理由とする差別の解消を推進することが書かれていることから考える。障害を理由とする差別の解消の推進に関する法律(障害者差別解消法)は，平成28(2016)年4月に施行された。

【10】問1　(2)　　問2　(3)　　問3　(4)　　問4　(1)

〈解説〉特別支援学校における教育の対象は，学校教育法第75条に規定する視覚障害者，聴覚障害者，知的障害者，肢体不自由者または病弱者の5つの障害種であり，その障害の程度を規定しているのが学校教育法施行令第22条の3である。学校教育法施行令第22条の3は，特別支援学校の入学が可能な障害の程度を示すものである。5つの障害種別に示された具体的な障害の程度は，数値やキーワードを中心に，確実に押さえておく必要がある。

【11】問1　(3)　　問2　(2)

〈解説〉問1　第1条を読むと，発達障害者への発達支援に関する法律であることがわかる。　問2　A　発達障害においては各ライフステージにおいて困難さが変化するため，継続的な支援が必要である。　B　学校教育における支援の必要性も明言されている。　C 「社会参加」と対になる言葉である。

【12】(4)

〈解説〉第1条の2を読むと,「日常生活又は社会生活を営むための支援」について書かれていることがわかる。障害者の日常生活及び社会生活を総合的に支援するための法律は，平成25(2013)年の障害者自立支援法の一部改正において名称が変更されたもので，障害者総合支援法の通称で呼ばれている。

【13】問1　(2)　　問2　(1)　　問3　(4)

〈解説〉障害者虐待の防止，障害者の養護者に対する支援等に関する法律(障害者虐待防止法)第29条では，学校の長に対して，①障害者に関する理解を深めるための「研修の実施」及び「普及啓発」，②就学する障害者が虐待に関する相談ができるような「体制の整備」，③虐待に対処するための「措置」，④その他虐待を防止するための必要な「措置」を講ずることを求めている。

【14】問1　(2)　　問2　(1)　　問3　(3)

〈解説〉高等学校における通級による指導の制度に関する出題である。問1　通級による指導は，高等学校等の通常の学級に在籍している障害のある生徒に対して，各教科等の大部分の授業を通常の学級で行いながら，一部の授業について当該生徒の障害に応じた特別の指導を特別の指導の場(通級指導教室)で行う教育形態である。　問2　通級による指導を行う場合には，特別の指導を，通常の教育課程に加えたり，その一部に替えたりして，特別の教育課程によることができる特例が認められている。　問3　年間7単位を上限としているのは，中学校と同じ総授業時数に占める割合で通級による指導を可能としたことによるものである。

【15】(3)

〈解説〉(1)　作業学習は単独教科ではなく，各教科を合わせた指導の1つである。　(2)「一人で取り組む作業活動をできるだけ多く」が適切でない。作業学習の指導においては，児童生徒が，相互の役割等を意識しながら協働して取り組める作業活動が含まれており，集団で取り組む作業も重要である。　(4)　作業学習の成果を直接，児童生徒の将来の進路等に直結させることよりも，児童生徒の働く意欲を培いながら，将来の職業生活や社会自立に向けて基盤となる資質・能力を育むことができるようにしていくことが重要である。

【16】(4)

〈解説〉知的障害者である生徒に対する教育を行う特別支援学校の中学部における教育課程に関する出題である。Aには，中学部の独自の教科である「職業・家庭」が当てはまる。それ以外については，基本的に中学校と同じであることから，B，Cには，「道徳科」と「総合的な学習の時間」が当てはまる。小学部，中学部，高等部での教科名，領域名の違いに注意する。

【17】(1)

〈解説〉学部間及び学校段階間の接続については，小学部においては幼児期の終わりまでに育ってほしい姿を踏まえた指導を工夫すること，教科間の連携を図り，他教科等の学習においても生かされるようにすることなどが求められている。空欄Aについては，自立し生活を豊かにしていくための資質・能力の育成を目標に掲げている「生活科」である。

【18】(4)

〈解説〉消費生活・環境は，家庭科の内容である。

【19】(2)

〈解説〉Bは，自己の将来とのつながりを見通しながら，社会的・職業的自立に向けて必要な資質・能力を身に付けることを目指していることから，キャリア教育が適切である。Cは，進路に関することであることから進路指導である。Aの選択を迷ったとしても，消去法で解答できる。キャリア教育を効果的に展開していくためには，特別活動の学級活動を要としながら，学校の教育活動全体を通じて育成を図っていく取組が重要になる。

【20】(3)

〈解説〉(1)・(2)は1段階の知識及び技能，思考力，判断力，表現力等に関する目標で，「関心をもつ」ことに重きを置いている。(3)は2段階の学びに向かう力，人間性等に関する目標で，「自ら働きかける」「生活を豊かにしようとする」など，主体的に取り組む点に重きを置いている。(4)は，職業・家庭科における，家庭分野の1段階の目標の一つである。

【21】問1　(2)　　問2　(3)　　問3　(4)

〈解説〉問1・問2　中学部の職業・家庭科は，基本的には中学校の技術・家庭科の目標に準じている。どちらも，目標の柱書には，「生活の営みに係る見方・考え方」や「実践的・体験的な学習活動」の語句が用いられている。　問3　職業・家庭科の目標であることから，「家庭生活」の対になる語句としては「職業生活」が当てはまる。

【22】問1　(4)　　問2　(1)　　問3　(2)　問4　(1)

〈解説〉問1　個別の指導計画の作成に当たっては，障害の状態や発達段階の把握と指導すべき課題を明確にすることが大切である。その上で必要に応じて合理的配慮を行う。　問2　自立活動の指導の効果を高めるため，児童生徒が興味をもって主体的に活動し，成就感を味わうことができるようにする必要がある。　問3　発達の進んでいる側面を更に促進させることによって，幼児児童生徒が自信をもって活動や学習に取り組むことができ，そのことによって遅れている面の伸長や改善に有効に作用することも期待できる。　問4　自立と社会参加に向け，家族や指導者だけでなく，自ら周囲の人に支援を求めることができるようになることが重要となる。

【特別支援(自立活動)】

【1】問1　(2)　　問2　(3)　　問3　(1)　　問4　(3)　　問5　(2)
問6　(3)　　問7　(1)　　問8　(4)　問9　(4)　　問10　(2)
問11　(2)　　問12　(4)　　問13　(4)　　問14　(2)　　問15　(1)
問16　(4)　　問17　(2)　　問18　(3)　　問19　(4)　　問20　(3)
問21　(1)　　問22　(2)　　問23　(4)　　問24　(2)　　問25　(4)

問26　(4)　　問27　(3)　　問28　(3)　　問29　(1)　　問30　(2)

〈解説〉問1　大腸はお腹の周りをぐるりと1周するように配置されている。盲腸は大腸の入り口であり，腹腔後壁に癒着している。　(1)　大腸の長さは，約1.5～2mである。　(3)　内肛門括約筋は，骨格筋ではなく平滑筋である。平滑筋は，自律神経がコントロールする筋肉である。(4)　輪状ヒダは，小腸の内側に多数あるヒダである。　問2　膵臓のランゲルハンス島からは3つのホルモンが分泌される。ソマトスタチンは，D細胞から分泌され，インスリンとグルカゴンの分泌を抑制する。インスリンはB細胞から分泌され，血糖値の低下に作用する。グルカゴンはA細胞から分泌され，血糖値の上昇に作用する。　問3　1回の呼吸で吸い込まれる空気の量は約500mLである。そのうち，肺胞まで達しない空気があり，その量は約150mLである。　問4　(1)　閉塞性換気障害の特徴は，肺活量は正常で1秒率が70％以下であることである。(2)　拘束性換気障害は，肺活量の減少が特徴である。　(4)　気胸は，吸気時に肺から空気が胸腔に出る病態のことである。　問5　(1)，(3)，(4)の他には，「瞳孔が固定し，瞳孔径が左右とも4ミリメートル以上であること」，「脳幹反射の消失」が脳死判定の項目となっている。直腸温が摂氏32度未満である場合は，低体温のため脳死と類似した状態になりうる症例であることから，脳死判定の除外例として示されている。問6　排尿を促す神経は，仙髄から出ている骨盤神経である。一方，排尿を抑制するように働くのは，腰髄から出ている下腹神経である。迷走神経は，胃，小腸，大腸，心臓などの内臓に多く分布し，刺激されると咳，嘔吐などの症状をもたらす。　問7　腕神経叢は，外側から筋皮神経，正中神経，橈骨神経，尺骨神経の順である。腋窩(えきか)神経は後ろ側を通る。(1)の上腕の屈筋群に働くのは，腋窩神経ではなく筋皮神経である。　問8　ヒトパルボウイルスB19によって引き起こされる感染症は，伝染性紅斑(りんご病)である。尋常性疣贅は，ヒト乳頭腫ウイルス(HPV)が感染することで発症する。　問9　(2)　ステアリン酸は，飽和脂肪酸である。　(3)　ガラクトースは，単糖類の一つである。　公開解答は(4)のみだが，(1)も正しい。　問10　エネルギー代謝過程では，水溶性ビタミンのビタミンB群が欠かせない補酵素となっている。 問11 右心不全では，心臓から全身へ血液を送ることができず，右心内にとどまってしまい，心臓へ戻れなくなった血液中の水分が末梢にたまることにより，浮腫となる。 問12 骨髄は血液細胞を作る組織である。抗がん薬によって骨髄の働きが抑制されることで，白血球・赤血球・血小板が減少する。白血球が減少すると，体の抵抗力が下がり，感染症になりやすくなる。 問13 ストレッチャーを曲がり角で方向転換する場合は，頭部が大きく左右に振られて，めまいや気分不快にならないように，頭部側を支点として足側を回転させるようにする。 問14 罨法(あんぽう)とは，温熱や寒冷刺激を与えることで，鎮痛や消炎の効果を得て，安静や安楽を図ることを目的とする技術のこと。 (1) ゴム製の湯たんぽの場合は，熱による変質を防ぐために60℃くらいの湯を用いる。 (3) 湯たんぽは直接体に触れるとやけどをするので，タオルを巻いたりカバーをしたりして使用する。また，カバーなどで心地よい温度と感じても，長時間同じ場所に当て続けると低温やけどになる恐れがあるため，寝る前に取り外すことが大切である。 (4) 氷枕には，2分の1から3分の2まで氷を入れ，氷の隙間を埋める程度の水を入れる。 問15 毒薬は，黒地に白枠，白文字で品名及び「毒」と表記する。白地に赤枠，赤文字で品名及び「劇」と表記するのが劇薬である。 問16 (1)の特徴は腹圧性尿失禁，(2)の特徴は反射性尿失禁，(3)の特徴は溢流性尿失禁である。

問17 マズローの欲求の段階説は，生理的ニード→安全のニード→所属と愛のニード→自己承認のニード→自己実現のニードの5段階である。 問18 医療法に定義される医療提供施設とは，病院，診療所，介護老人保健施設，介護医療院，調剤を実施する薬局その他の医療を提供する施設とされている。助産所も医療法で医療施設の一つとして定められている。保健所は医療を提供しないため，医療提供施設には該当しない。 問19 CK－MBは心筋梗塞の代表的なマーカーであるが，心筋トロポニン(cTnT)は特異性が高いことから，急性心筋梗塞の診断におけるバイオマーカーとされている。 問20 IgA腎症の食事療法としては，食塩の制限とたんぱく質の制限が行われる。　問21　くも状血管腫とは，妊娠時や肝障害時に生じやすい皮膚に現れる鮮やかな赤色の小さな斑のことである。門脈圧亢進によって引き起こされる症状ではない。　問22　MMSE(ミニメンタルステート検査)は，質問形式による認知機能の評価のことである。　問23　全身性エリテマトーデスは，圧倒的に女性に多い。　問24　子宮体がんの組織型は，類内膜がんが子宮体がんの80％以上を占めている。　問25　フラッシュバックは，過去の強い恐怖体験などがトラウマとなって甦ることで，心的外傷後ストレス障害(PTSD)の特徴的な症状の一つである。アルコール症の症状ではないが，アルコールによってフラッシュバックが引き起こされることはある。　問26　(1)　精神分析の創始者は，フロイトである。　(2)　実存的精神療法の創始者は，フランクルである。(3)「あるがまま」の心的態度を獲得することを目的とするのは，森田正馬によって創始された森田療法である。　問27　第3段法は，片手の母指と示指を十分に開き，恥骨結合にある胎児の下降部を触診し可動性をみることである。　問28　周産期死亡とは，妊娠満22週以後の死産と早期新生児死亡を合わせたものをいう。　問29　(2)　肥厚性幽門狭窄症は，主に生後2週間から2か月頃に発症する。　(3)　胃の蠕動運動が低下するのではなく，胃の出口(幽門)が狭くなることで，母乳などの内容物が通過しにくくなる。　(4)　男児に多く，特に第1子の男児に多い。　問30　(1)，(3)，(4)のワクチンは，いずれも2013(平成25)年に定期接種に導入された。

【２】問1　(3)　　問2　(1)　　問3　(2)

〈解説〉問1・問2「障害による学習上又は生活上の困難を主体的に改善・克服する」とは，児童生徒の実態に応じ，日常生活や学習場面等の諸活動において，その障害によって生ずるつまずきや困難を軽減しようとしたり，また，障害があることを受容したり，つまずきや困難の解消のために努めたりすることを明記したものである。

問3「調和的発達の基盤を培う」とは，児童生徒の発達の進んでいる側面を更に伸ばすことで遅れている側面の発達を促すなどによって，全人的な発達を促進することを意味している。

【3】問1　(1)　　問2　(4)　　問3　(3)

〈解説〉問1　医療技術の進歩等を背景として，酸素吸入や人工呼吸器の管理等の特定行為以外の医行為が必要な児童生徒等の在籍が，学校において増加している。　問2・問3　出題の通知は，小・中学校等を含む全ての学校における医療的ケアの基本的な考え方等について整理したものである。そのことから，Bは「小・中学校等を含む全ての学校」であり，Cは本通知の前の「特別支援学校」等に特定した通知については廃止するということである。

【4】問1　(1)　　問2　(4)　　問3　(2)　　問4　(2)

〈解説〉問1　看護師等及び教職員等による対応に当たっては，医療的ケアの実施についての依頼と学校で実施することの同意について，保護者に書面で提出させることとなっている。　問2　保護者との関係においては，医療的ケア児の健康状態，医療的ケアの内容や頻度，緊急時の対応などについて，あらかじめ保護者から説明を受けた上で，学校で対応できる範囲について，保護者と学校の双方で共通理解を図ることが必要とされている。　問3　主治医は，医療的ケアを指示する役割であり，実質的に医療的ケアを主導するのは，看護師等や認定特定行為業務従事者である教職員等である。看護師等は，医療的ケア児が健康な状態でケアすることが役割である。　問4　看護師が行うケアの種類を学校が絞ったり，看護師がいても万が一のために心配だからなどの理由で，医療的ケア児の保護者が学校から付添いを求められたりするケースが多い。そうしたことによって，保護者の負担が大きくなっている。

2020年度　実施問題

【1】次は，特別支援学校小学部・中学部学習指導要領(平成29年4月告示)の前文の一部です。各問に答えなさい。

> 教育は，［ A ］第1条に定めるとおり，人格の完成を目指し，平和で民主的な国家及び社会の形成者として必要な資質を備えた心身ともに健康な国民の育成を期すという目的のもと，同法第2条に掲げる次の目標を達成するよう行われなければならない。
>
> ＜中略＞
>
> これからの学校には，こうした教育の目的及び目標の達成を目指しつつ，一人一人の児童又は生徒が，自分のよさや可能性を認識するとともに，あらゆる他者を[①]として尊重し，[②]しながら様々な社会的変化を乗り越え，豊かな人生を切り拓き，持続可能な社会の創り手となることができるようにすることが求められる。このために必要な教育の在り方を具体化するのが，各学校において教育の内容等を組織的かつ計画的に組み立てた［ B ］である。
>
> ［ B ］を通して，これからの時代に求められる教育を実現していくためには，よりよい学校教育を通してよりよい社会を創るという理念を学校と社会とが共有し，それぞれの学校において，必要な学習内容をどのように学び，どのような資質・能力を身に付けられるようにするのかを［ B ］において明確にしながら，社会との連携及び協働によりその実現を図っていくという，[③]の実現が重要となる。
>
> 学習指導要領とは，こうした理念の実現に向けて必要となる［ B ］の基準を大綱的に定めるものである。学習指導要領が果たす役割の一つは，公の性質を有する学校における教育水準を［ C ］に確保することである。また，各学校がその特色を生

かして創意工夫を重ね，長年にわたり積み重ねられてきた教育実践や学術研究の蓄積を生かしながら，児童又は生徒や地域の現状や課題を捉え，家庭や地域社会と協力して，学習指導要領を踏まえた教育活動の更なる充実を図っていくことも重要である。

問1 [A]に入る法令を，次の(1)～(4)の中から1つ選びなさい。
(1) 日本国憲法 (2) 教育基本法 (3) 学校教育法
(4) 学校教育法施行規則

問2 [B]に入る語句を，次の(1)～(4)の中から1つ選びなさい。
(1) 教育課程 (2) 学校教育目標
(3) カリキュラム・マネジメント (4) 目指す学校像

問3 [C]に入る語句を，次の(1)～(4)の中から1つ選びなさい。
(1) 持続的 (2) 平均的 (3) 全国的 (4) 総合的

問4 [①]～[③]に入る語句の組み合わせとして正しいものを，次の(1)～(4)の中から1つ選びなさい。

	①	②	③
(1)	価値のある人間	多様な人々と協働	主体的・対話的で深い学び
(2)	価値のある存在	多様な人々と協働	社会に開かれた教育課程
(3)	価値のある人間	多様な人々と共生	主体的・対話的で深い学び
(4)	価値のある存在	多様な人々と共生	社会に開かれた教育課程

(☆☆☆◎◎◎)

【2】次は，特別支援学校小学部・中学部学習指導要領(平成29年4月告示)「第2章　各教科　第1節　小学部　第2款　知的障害者である児童に対する教育を行う特別支援学校　第1　各教科の目標及び内容〔算数〕2　各段階の目標及び内容　○1段階　(2)　内容」の一部です。各問に答えなさい。

A　数量の基礎
ア　具体物に関わる数学的活動を通して，次の事項を身に付けることができるよう指導する。

(ア)　次のような知識及び技能を身に付けること。

㋐　[　①　]。

㋑　目の前で隠されたものを探したり，身近にあるものや人の名を聞いて指を差したりすること。

<中略>

C　図形

ア　ものの類別や分類・整理に関わる数学的活動を通して，次の事項を身に付けることができるよう指導する。

(ア)　次のような知識及び技能を身に付けること。

㋐　[　②　]。

㋑　形を観点に区別すること。

㋒　形が同じものを選ぶこと。

㋓　似ている二つのものを結び付けること。

㋔　関連の深い一対のものや絵カードを組み合わせること。

㋕　同じもの同士の集合づくりをすること。

問1　[　①　]に入るものを，次の(1)～(4)の中から1つ選びなさい。

(1)　具体物に気付いて指を差したり，つかもうとしたり，目で追ったりすること

(2)　ものとものとを関連付けることに注意を向け，ものの属性に注目し，仲間であることを判断したり，表現したりすること

(3)　関連の深い絵カードを組み合わせること

(4)　ものの有無に気付くこと

問2　[　②　]に入るものを，次の(1)～(4)の中から1つ選びなさい。

(1)　具体物に注目して指を差したり，つかもうとしたり，目で追ったりすること

(2)　分割した絵カードを組み合わせること

(3)　関連の深い絵カードを組み合わせること

(4)　対象物に注意を向け，対象物の存在に注目し，諸感覚を協応さ

せながら捉えること

(☆☆☆◎◎◎)

【3】特別支援学校小学部・中学部学習指導要領(平成29年4月告示)「第2章　各教科　第2節　中学部　第2款　知的障害者である生徒に対する教育を行う特別支援学校　第1　各教科の目標及び内容〔国語〕 2 各段階の目標及び内容　○2段階　(1)　目標」について述べたものとして，その正誤の組み合わせが正しいものを，以下の(1)～(4)の中から1つ選びなさい。

ア　日常生活や社会生活に必要な国語の知識や技能を身に付けるとともに，我が国の言語文化に親しむことができるようにする。

イ　順序立てて考える力や感じたり想像したりする力を養い，日常生活や社会生活における人との関わりの中で伝え合う力を高め，自分の思いや考えをもつことができるようにする。

ウ　言葉がもつよさに気付くとともに，いろいろな図書に親しみ，国語を大切にして，思いや考えを伝え合おうとする態度を養う。

(1)　ア　誤　　イ　誤　　ウ　正
(2)　ア　正　　イ　誤　　ウ　正
(3)　ア　正　　イ　正　　ウ　誤
(4)　ア　誤　　イ　正　　ウ　正

(☆☆☆◎◎◎)

【4】次は，特別支援学校学習指導要領解説　各教科等編(小学部・中学部)(平成30年3月)「第4章　知的障害者である児童生徒に対する教育を行う特別支援学校の各教科　第4節　小学部の各教科　第2　国語科　2　国語科の目標」の一部です。各問に答えなさい。

1　目標

言葉による見方・考え方を働かせ，言語活動を通して，国語で理解し表現する資質・能力を次のとおり育成することを目指す。

(1)　日常生活に必要な国語について，その特質を理解し使うことができるようにする。

(2)　日常生活における人との関わりの中で伝え合う力を身に付け，思考力や想像力を養う。

(3)　言葉で伝え合うよさを感じるとともに，言語感覚を養い，国語を大切にしてその能力の向上を図る態度を養う。

教科の目標では，まず，国語科において育成を目指す資質・能力を国語で理解し表現する資質・能力とし，国語科が国語で理解し表現する言語能力を育成する教科であることを示している。

＜中略＞

今回の改訂では，他教科等と同様に，国語科において育成を目指す資質・能力を「［A］」，「［B］」，「［C］」に三つの柱で整理し，それぞれに整理された目標を(1)，(2)，(3)に位置付けている。

(1)は，「［A］」に関する目標を示したものである。＜中略＞

(2)は，「［B］」に関する目標を示したものである。＜中略＞

(3)は，「［C］」に関する目標を示したものである。＜後略＞

問1　［A］に入る語句を，次の(1)～(4)の中から1つ選びなさい。

(1)　学びに向かう力，人間性等

(2)　知識及び技能

(3)　思考力，判断力，表現力等

(4)　主体的に学習に取り組む態度

問2　［B］に入る語句を，次の(1)～(4)の中から1つ選びなさい。

(1)　学びに向かう力，人間性等

(2)　知識及び技能

(3)　思考力，判断力，表現力等

(4)　主体的に学習に取り組む態度

問3 [C] に入る語句を，次の(1)～(4)の中から1つ選びなさい。

(1) 学びに向かう力，人間性等

(2) 知識及び技能

(3) 思考力，判断力，表現力等

(4) 主体的に学習に取り組む態度

(☆☆☆◎◎◎)

【5】次は，特別支援学校教育要領・学習指導要領解説　自立活動編(幼稚部・小学部・中学部)(平成30年3月)「第6章　自立活動の内容　5 身体の動き」の一部です。各問に答えなさい。

> LDのある児童生徒の場合，鉛筆の握り方がぎこちなく過度に力が入りすぎてしまうこと，筆圧が強すぎて行や枠からはみ出てしまうこと等，手や指先を用いる細かい動きのコントロールが苦手な者もいる。更に，上手く取り組めないことにより焦りや不安が生じて，余計に書字が乱れてしまうことがある。このような原因としては，目と手，右手と左手等を協応させながら動かす運動が苦手なことが考えられる。このような場合には，本人の使いやすい形や重さの筆記用具や滑り止め付き定規等，本人の使いやすい文具を用いることにより，安心して取り組めるようにした上で指導することが大切である。また，自分の苦手な部分を申し出て，コンピュータによるキーボード入力等で記録することや黒板を写真に撮ること等，ICT機器を用いて書字の代替を行う事も大切である。
>
> したがって，LDのある児童生徒が，落ち着いて自信をもち書字や描画に取り組むためには，<u>この項目</u>の内容と「(　①　)」，「(　②　)」の区分に示されている項目の中から必要な項目を選定し，それらを相互に関連付けて具体的な指導内容を設定することが大切である。

問1　下線部「この項目」にあたる項目を，次の(1)～(4)の中から1つ選びなさい。

(1)　日常生活に必要な基本動作に関すること。

(2)　身体の移動能力に関すること。

(3)　自己の理解と行動の調整に関すること。

(4)　姿勢と運動・動作の基本的技能に関すること。

問2　（　①　），（　②　）に入る自立活動の6区分の組み合わせとして正しいものを，次の(1)～(4)の中から1つ選びなさい。

	①	②
(1)	3　人間関係の形成	4　環境の把握
(2)	2　心理的な安定	6　コミュニケーション
(3)	2　心理的な安定	4　環境の把握
(4)	3　人間関係の形成	6　コミュニケーション

(☆☆☆◎◎◎)

【6】障害に関する記述として最も適切なものを，次の(1)～(4)の中から1つ選びなさい。

(1)　視覚障害のある児童・生徒が用いる白杖の振り方には，主にタッチテクニックとスライド法の2種類があり，どちらかのみを指導するのが望ましい。

(2)　聴覚障害のある児童・生徒が用いる指文字とは，両手の指を伸屈させることにより日本語の音節を表すものである。

(3)　知的障害のある児童・生徒の服の脱ぎ着の指導では，短時間で終えられるように，全面的に介助することが望ましい。

(4)　筋ジストロフィーとは，筋肉が壊れていく遺伝性の疾患の総称である。

(☆☆☆◎◎◎)

【7】次の各問に答えなさい。

問1　自閉症の子供が示す「他者が話した語あるいは語群の意味を伴わない反復」のことを何というか，次の(1)～(4)の中から1つ選びなさい。

(1)　エコラリア　　(2)　バイタルサイン　　(3)　クレーン現象
(4)　チック

問2　次のア，イの文について，内容の正誤の組み合わせが正しいものを，以下の(1)～(4)の中から1つ選びなさい。

ア　レット症候群は，ほとんどが女児であり，多くのケースでは自閉的退行，もみ手などの手の常同運動，運動発達の停止あるいは退行を示す。

イ　発達障害者支援法において，アスペルガー症候群は，発達障害とされている。

(1)　ア　誤　　イ　誤
(2)　ア　正　　イ　誤
(3)　ア　誤　　イ　正
(4)　ア　正　　イ　正

(☆☆☆◎◎◎)

【8】特別支援教育の歴史に関して述べた文として，その正誤の組み合わせが正しいものを，以下の(1)～(4)の中から1つ選びなさい。

ア　ブライユは手話法の実践を広めた。

イ　福沢諭吉は『西洋事情』の中で海外の知的障害教育を紹介した。

ウ　古河太四郎は肢体不自由児の最初の療護施設として柏学園を開設した。

(1)　ア　誤　　イ　誤　　ウ　正
(2)　ア　誤　　イ　正　　ウ　誤
(3)　ア　正　　イ　誤　　ウ　誤
(4)　ア　誤　　イ　誤　　ウ　誤

(☆☆☆◎◎◎)

【9】ダウン症について述べたものとして誤っているものを，次の(1)～(4)の中から1つ選びなさい。

(1)　21トリソミー型とは，21番染色体が3本ある状態である。

(2)　転座型とは，21番染色体の一部が，14番染色体などに転座し，過剰になっている状態である。

(3)　モザイク型とは，21トリソミー型の細胞と転座型の細胞が混ざっている状態である。

(4)　症例の多くには染色体の数が47本ある状態がみられる。

(☆☆☆◎◎◎)

【10】次は，学校教育法第72条の一部です。［A］～［D］に入る語句の組み合わせとして正しいものを，以下の(1)～(4)の中から1つ選びなさい。

> 特別支援学校は，視覚障害者，聴覚障害者，知的障害者，肢体不自由者又は病弱者に対して，幼稚園，小学校，中学校又は高等学校に［A］教育を施すとともに，障害による［B］上又は［C］上の困難を克服し自立を図るために必要な［D］を授けることを目的とする。

(1)　A　準ずる　B　学習　C　活動　D　能力

(2)　A　応じた　B　特性　C　活動　D　能力

(3)　A　準ずる　B　学習　C　生活　D　知識技能

(4)　A　応じた　B　特性　C　生活　D　知識技能

(☆☆◎◎◎)

【11】次は，学校教育法施行令第22条の3の一部です。［A］～［D］に入る語句の組み合わせとして正しいものを，以下の(1)～(4)の中から1つ選びなさい。

【知的障害者】
1　知的発達の遅滞があり，他人との意思疎通が困難で日常生活を営むのに［A］援助を必要とする程度のもの
2　知的発達の遅滞の程度が前号に掲げる程度に達しないもののうち，［B］が著しく困難なもの
【病弱者】
1　慢性の呼吸器疾患，［C］及び神経疾患，悪性新生物その他の疾患の状態が継続して医療又は［D］を必要とする程度のもの

(1)　A　頻繁に　B　日常生活への適応　C　心臓疾患
　D　生活規制
(2)　A　全般に　B　社会生活への適応　C　循環器疾患
　D　運動規制
(3)　A　一定に　B　社会生活への適応　C　腎臓疾患
　D　運動規制
(4)　A　頻繁に　B　社会生活への適応　C　腎臓疾患
　D　生活規制

(☆☆☆◎◎◎)

【12】次は，障害者基本法の一部です。［A］～［D］に入る語句の組み合わせとして正しいものを，以下の(1)～(4)の中から1つ選びなさい。

第2条　この法律において，次の各号に掲げる用語の意義は，それぞれ当該各号に定めるところによる。
一　障害者　［A］，知的障害，精神障害(［B］を含む。)その他の［C］の障害(以下「障害」と総称する。)がある者であつて，障害及び社会的障壁により［D］日常生活又は社会生活に相当な制限を受ける状態にあるものをいう。

(1)　A　肢体不自由　　B　発達遅滞　　C　発達上
　　D　永続的に
(2)　A　病弱　　B　発達障害　　C　心身の機能
　　D　日常的に
(3)　A　身体障害　　B　発達障害　　C　心身の機能
　　D　継続的に
(4)　A　発達障害　　B　心疾患　　C　発達上
　　D　生涯にわたり

(☆☆☆◎◎◎)

【13】次は，障害者総合支援法の一部です。各問に答えなさい。

障害者及び障害児が日常生活又は社会生活を営むための支援は，全ての国民が，障害の有無にかかわらず，等しく基本的人権を享有するかけがえのない個人として尊重されるものであるとの理念にのっとり，全ての国民が，障害の有無によって分け隔てられることなく，相互に人格と個性を尊重し合いながら共生する社会を実現するため，全ての障害者及び障害児が可能な限りその身近な場所において必要な日常生活又は社会生活を営むための支援を受けられることにより［ A ］の機会が確保されること及びどこで誰と生活するかについての［ B ］の機会が確保され，地域社会において他の人々と共生することを妨げられないこと並びに障害者及び障害児にとって日常生活又は社会生活を営む上で障壁となるような社会における事物，制度，慣行，［ C ］その他一切のものの除去に資することを旨として，総合的かつ計画的に行わなければならない。

問1　［ A ］に入る語句を，次の(1)～(4)の中から1つ選びなさい。
(1)　地域生活　　(2)　自発的活動　　(3)　自立支援
(4)　社会参加

問2　［ B ］に入る語句を，次の(1)～(4)の中から1つ選びなさい。

(1) 申請　(2) 選択　(3) 決定　(4) 表明

問3 [C]に入る語句を，次の(1)～(4)の中から1つ選びなさい。

(1) 観念　(2) 偏見　(3) 差別　(4) 制限

(☆☆☆◎◎◎)

【14】埼玉県療育手帳に関する各問に答えなさい。

問1 現在の埼玉県の療育手帳の区分の表記として正しいものを，次の(1)～(4)の中から1つ選びなさい。

(1) 1級・2級・3級・4級　(2) 1度・2度・3度・4度

(3) A1・A2・B1・B2　(4) Ⓐ・A・B・C

問2 「療育手帳制度の実施について」(昭和48年，厚生省児童家庭局長通知)における，知的障害者の援助措置の例示に含まれていないものを，以下の(1)～(4)の中から1つ選びなさい。

(1) 特別児童扶養手当が給付されること

(2) NHK受信料が免除されること

(3) 公営住宅に優先的に入居できること

(4) 公共交通機関を優先的に利用できること

(☆☆☆◎◎◎)

【15】次は，「障害者の権利に関する条約」の第2条の一部です。(　　)に入る語句として正しいものを，以下の(1)～(4)の中から1つ選びなさい。

> 「合理的配慮」とは，障害者が他の者との平等を基礎として全ての人権及び基本的自由を享有し，又は行使することを確保するための必要かつ適当な変更及び調整であって，(　　)場合において必要とされるものであり，かつ，均衡を失した又は過度の負担を課さないものをいう。

(1) 一部の　(2) 多くの　(3) 全ての　(4) 特定の

(☆☆☆◎◎◎)

【16】2020年に開催されるパラリンピック競技大会のうち，埼玉県で行われる競技を，次の(1)～(4)の中から1つ選びなさい。

(1)　アーチェリー　　(2)　ボッチャ　　(3)　射撃

(4)　車いすラグビー

(☆☆☆◎◎◎)

【17】「学校等における児童虐待防止に向けた取組について(報告書)」(文部科学省　平成18年5月)に示されている「学校及び教職員に求められている役割」として適切でないものを，次の(1)～(4)の中から1つ選びなさい。

(1)　学校及び教職員は，児童虐待の早期発見のための努力義務が課されている。

(2)　児童虐待を発見した者は，事態を解決した上で福祉事務所又は児童相談所に通告しなければならない。

(3)　児童虐待の被害を受けた児童生徒に対して適切な保護が行われるようにすること。

(4)　児童相談所等の関係機関等との連携強化に努めること。

(☆☆☆◎◎◎)

【18】「学校給食における食物アレルギー対応指針」(文部科学省　平成27年3月)の「学校給食における食物アレルギー対応の大原則」に示されていないものを，次の(1)～(4)の中から1つ選びなさい。

(1)　食物アレルギーを有する児童生徒にも，給食を提供する。そのためにも，安全性を最優先とする。

(2)　「学校のアレルギー疾患に対する取り組みガイドライン」に基づき，必要に応じて医師の診断による「学校生活管理指導表」の提出を求める。

(3)　安全性確保のため，原因食物の完全除去対応(提供するかしないか)を原則とする。

(4)　学校及び調理場の施設設備，人員等を鑑み無理な(過度に複雑な)

対応は行わない。

(☆☆☆◎◎◎)

【19】「生徒指導提要(文部科学省　平成22年3月)」に示された，発達障害のある児童生徒の実態把握と特性に応じた対応について，次のア～エの内容の中で正しいものの組み合わせを，以下の(1)～(4)の中から1つ選びなさい。

ア　可能な限り児童生徒と接する機会が多い担任の教員が一人で対応を考える。

イ　診断名や障害名だけで判断する。

ウ　必要に応じて，外部の専門家から助言を得たり，校内で事例検討を行ったりする。

エ　校内の協力体制のもとで対応を工夫していく。

(1)　アとイ　(2)　イとウ　(3)　ウとエ　(4)　アとエ

(☆☆☆◎◎◎)

【20】障害者への支援を行う機関に関する説明として誤っているものを，次の(1)～(4)の中から1つ選びなさい。

(1)　地域障害者職業センターは，障害者に対する専門的な職業リハビリテーションサービス，事業主に対する障害者の雇用管理に関する相談・援助，地域の関係機関に対する助言・援助を実施している。

(2)　公共職業安定所は，障害者に対して，職業紹介や就業指導等を行っている。

(3)　発達障害者支援センターの役割には，相談支援，発達支援，就労支援，普及啓発・研修がある。

(4)　障害者就業・生活支援センターの指定を行うことができるのは，厚生労働大臣のみである。

(☆☆☆◎◎◎)

【21】日本で最初の知的障害児施設「滝乃川学園」を創設した人物を，次の(1)～(4)の中から1つ選びなさい。

(1)　石井亮一　　(2)　糸賀一雄　　(3)　神谷美恵子

(4)　柏倉松蔵

(☆☆☆◎◎◎)

【22】遠城寺式乳幼児分析的発達検査法(九大小児科改訂版)について述べたものとして誤っているものを，次の(1)～(4)の中から1つ選びなさい。

(1)　適用年齢は，0か月から4歳8か月までである。

(2)　この検査を行うことができるのは，臨床心理士の資格を持っている者のみである。

(3)　この検査は，乳幼児の発達を「運動」「社会性」「言語」の3つの分野から把握し，「運動」の分野は「移動運動」と「手の運動」の2つの領域から構成される。

(4)　この検査は，乳幼児の発達を「運動」「社会性」「言語」の3つの分野から把握し，「社会性」の分野は「基本的習慣」と「対人関係」の2つの領域から構成される。

(☆☆☆◎◎◎)

【23】障害者基本法に定められている「障害者週間」の期間を，次の(1)～(4)の中から1つ選びなさい。

(1)　3月14日から3月21日まで　　(2)　4月2日から4月8日まで

(3)　11月1日から11月7日まで　　(4)　12月3日から12月9日まで

(☆☆☆◎◎◎)

【24】次は，埼玉県教育委員会ホームページに掲載されている「埼玉県立高校における『通級による指導』について中学生・高校生・保護者の皆様へ」の一部です。［　A　］に入る語句として正しいものを，以下の(1)～(4)の中から1つ選びなさい。

> 1　はじめに
> 　埼玉県立高校では，これまでも特別な教育支援を必要とする生徒に対して様々な支援を行ってきましたが，このたび，国の制度改正により高校での「通級による指導」(以下「通級」という。)が可能になったことを受け，平成30年度から31年度までの2年間，研究モデル校［　A　］で通級をモデル的に実施します。
> 2「通級」とは
> 　通常の学級に在籍し，教育課程に定められた授業を受けながら，授業中や放課後の時間帯において，障害に応じた個別の支援を特別に行うことです。障害による学習上又は生活上の困難を改善したり，克服したりすることを目的としています。

(1)　2校　　(2)　4校　　(3)　8校　　(4)　16校

(☆☆☆◎◎◎)

解答・解説

【1】問1　(2)　　問2　(1)　　問3　(3)　　問4　(2)

〈解説〉平成29・30年改訂の学習指導要領においては，新たに前文が設けられ，大きく3つの事項が示された。一つ目として，学習指導要領は，教育基本法に定める教育の目的や目標の達成のため，学校教育法に基づき国が定める教育課程の基準であることから，教育基本法に規定する教育の目的(第1条)や目標(第2条)が明示された。二つ目は，「社会に開かれた教育課程」の実現が重要であり，その実現を目指すことが示された。三つ目として，学習指導要領は学校における教育水準を全国的に確保することを目的に，教育課程の基準を大綱的に定めるものであり，学習指導要領を踏まえて各学校が創意工夫を重ね，教育活動の充実を図ることの重要性が示された。

【2】問1　(1)　　問2　(1)

〈解説〉問1　1段階の「A数量の基礎」では，具体物の有無がわかり，具体物を指差したり，つかもうとしたりするなどの，具体物を対象として捉えることがねらいとなる。「A数量の基礎」のアは，「具体物の有無」に関わる指導事項であり，(1)が該当する。(2)・(3)は「A数量の基礎」のイの「ものとものとを対応させること」に関わる指導事項，(4)は「B数と計算」の「数えることの基礎」に関わる指導事項である。
問2　1段階の「C図形」では，形に着目して区別したり，同じ形として認識したりする活動を通して，似ている形のものを結び付けて捉えることがねらいとなる。　「C図形」のアは，「ものの類別や分類・整理」に関わる指導事項で，(1)が該当する。(2)～(4)はいずれも，「A数量の基礎」に関わる指導事項である。

【3】(1)

〈解説〉ア　問題文は1段階のアの目標である。2段階のアの目標の書き出しは「日常生活や社会生活，職業生活に必要な…」として，1段階の目標に「職業生活」の語句が加えられている。中学部2段階では，高等部での職業教育などを意識しながら，将来の職業生活に必要な国語を身に付けることが大切であることが，目標に示されている。
イ　問題文は1段階のイの目標である。2段階のイの目標の前半部分は「筋道立てて考える力や豊かに感じたり想像したりする力を養い，…」として，1段階と区別して示されている。「筋道立てて考える力」を育成することで，相手にわかりやすく伝えられるように構成や内容などを考えることができるようになることを目標としている。

【4】問1　(2)　　問2　(3)　　問3　(1)

〈解説〉A，B，Cは，今回の学習指導要領改訂において，育成を目指す資質・能力として示された三つの柱である。各教科等の目標は基本的に，(1)が「知識及び技能」，(2)が「思考力，判断力，表現力等」，(3)が「学びに向かう力，人間性等」に関する目標として，位置付けて示されている。

【5】問1 (1) 問2 (3)

〈解説〉問1 問題文の項目は，身体の動きの5つの項目のうち，「日常生活に必要な基本動作に関すること」の内容である。書字や描画は，学校生活における学習の基本的動作である。 問2 LDのある児童生徒が苦手な部分を改善・克服しながら，自信を持って取り組めるようにするために，「日常生活に必要な基本動作に関すること」に加えて，「心理的な安定」の区分における「障害による学習上又は生活上の困難を改善・克服する意欲に関すること」や，「環境の把握」の区分における「保有する感覚の活用に関すること」「感覚や認知の特性についての理解と対応に関すること」「感覚の補助及び代行手段の活用に関すること」などから，必要な項目を選定し指導することが大切である。

【6】(4)

〈解説〉(1) 「どちらかのみを指導する」が誤りである。タッチテクニックとスライド法にはそれぞれ長所と短所があり，白杖の種類や児童・生徒の発達の段階や実態に応じて使い分けられるように，両方の振り方を指導することが望ましい。 (2) 指文字は，指を使って表された「50音」で，1文字ずつ表現する方法である。 (3) 「全面的に介助する」が誤りである。自らできるように，部分的に介助しながら指導することが望ましい。自立活動の内容「身体の動き」の「日常生活に必要な基本動作」では，基本動作の一つとして「衣服の着脱」が含まれており，その基本動作を身に付ける指導内容となっている。

【7】問1 (1) 問2 (4)

〈解説〉問1 (3)のクレーン現象も自閉症の子供が示す状態であるが，取ってほしいもの等があるときに指さしや言葉で伝えるのではなく，大人の手や腕を持ってクレーンのように取らせようとする行動のことである。バイタルサインは，心拍数・血圧などの生命に関する基本的な情報のこと。チックは，本人の意思とは関係なく突発的で不規則に，体の一部の速い動きや発声を繰り返す疾患のことである。
問2　ア　レット症候群は，神経系を主体とした遺伝性の発達障害で，ほとんど女児に発生する。　イ　発達障害者支援者支援法第2条には，「『発達障害』とは，自閉症，アスペルガー症候群その他の広汎性発達障害，学習障害，注意欠陥多動性障害その他これに類する脳機能の障害」と規定されている。

【8】(2)

〈解説〉ア　ブライユはフランスの点字開発者で，6個の点で一文字を表す点字を開発した。　ウ　古河太四郎は視聴覚障害者教育を志し，日本最初の盲聾学校である「京都盲唖院」を開設した。日本最初の肢体不自由児のための施設である柏学園を設立したのは，柏倉松蔵である。

【9】(3)

〈解説〉ダウン症は21番染色体が3本ある状態である。その標準的な型を21トリソミーと呼ぶ。ダウン症には，標準型，転座型，モザイク型の3つの型がある。モザイク型は，21トリソミー型の細胞と正常細胞が体内に入り混じっているものである。

【10】(3)

〈解説〉A 「準ずる」とは，原則として同一ということを意味している。原則として，小学校(中学校，高等学校)学習指導要領と同一として取り扱われるが，指導計画の作成と内容の取扱いについては，児童生徒の障害の状態や特性及び心身の発達の段階等を十分考慮しなければならない。　B～D　特別支援学校小学部・中学部学習指導要領総則にある「第1節　教育目標」の3には，「児童及び生徒の障害による学習上又は生活上の困難を改善・克服し自立を図るために必要な知識，技能，態度及び習慣を養うこと。」が明記されている。

【11】(4)

〈解説〉特別支援学校における教育の対象は，学校教育法第72条に規定する視覚障害者，聴覚障害者，知的障害者，肢体不自由者または病弱者の5つの障害種であり，同法第75条によりその障害の程度は，学校教育法施行令第22条の3に規定されている。学校教育法施行令第22条の3は，特別支援学校の入学に可能な障害の程度を示すものである。5つの障害種別に示された具体的な障害の程度は，数値やキーワードを中心に，確実に押さえておく必要がある。

【12】(3)

〈解説〉障害者基本法第2条第一号においては，障害の種類が「身体障害」，「知的障害」，「精神障害」に分けられることが示されている。障害者の条件は，それらの障害があるだけでなく，長期的(継続的)に日常生活又は社会生活に相当な制限を受けるものであることが定義されている。なお，精神障害者とは，統合失調症，精神作用物質による急性中毒又はその依存症，知的障害，精神病質その他の精神疾患を有する者をいう。

【13】問1　(4)　　問2　(2)　　問3　(1)

〈解説〉問題文は，障害者の日常生活及び社会生活を総合的に支援するための法律(障害者総合支援法)第1条の2に規定された条文で，同法の基本理念が示されている。平成25(2013)年の障害者自立支援法の一部改正において，障害者の日常生活及び社会生活を総合的に支援するための法律に名称が変更された。

【14】問1　(4)　　問2　(4)

〈解説〉問1　埼玉県の療育手帳は，知的障害者(児)に交付される手帳である。療育手帳の区分としては，Ⓐが最重度，Aが重度，Bが中度，C

が軽度の4つの区分がある。　問2　知的障害者の援助措置の例示として選択肢(1)(2)(3)以外には，「心身障害者扶養共済」，「国税，地方税の諸控除及減免税」，「旅客鉄道株式会社等の旅客運賃の割引」が示されている。「公共交通機関を優先的に利用できること」は含まれていない。

【15】(4)

〈解説〉合理的配慮についての基本的な定義についての出題である。障害者の権利に関する条約第2条の定義を受けて，文部科学省では「障害のある子どもが，他の子どもと平等に『教育を受ける権利』を享有・行使することを確保するために，学校の設置者及び学校が必要かつ適当な変更・調整を行うことであり，障害のある子どもに対し，その状況に応じて，学校教育を受ける場合に個別に必要とされるもの」と，「合理的配慮」を定義している。「特定の場合において必要とされるもの」は，学校教育を受ける場合においては，「その状況に応じて個別に必要とされるもの」である。

【16】(3)

〈解説〉2020年に開催される東京オリンピック・パラリンピックでは，オリンピック4種目，パラリンピック1種目が埼玉県で行われる。パラリンピックの競技としては，(3)の射撃が，陸上自衛隊朝霞訓練場で行われる。

【17】(2)

〈解説〉「事態を解決した上で」ではなく，「速やかに」である。学校等では，虐待が疑われる家庭への介入や医療・福祉・保健的な措置等の役割を担うことは困難であり，虐待を発見した場合に学校及び教職員に求められていることは，速やかに関係機関に報告することである。

【18】(2)

〈解説〉「必要に応じて」が誤りであり，医師の診断による「学校生活管理指導表」の提出は必須とされている。

【19】(3)

〈解説〉ア　対応を考えていく際には，担任の教員が一人で対応を考えるのではなく，同学年の教員や特別支援教育コーディネーターなどの複数の目で検討して理解を図り，校内の協力体制の下で対応することが大切である。　イ　発達障害における障害の特性は，成長に伴いそれらの特性が変容したりする場合もあることなどから，診断名や障害名による先入観にとらわれず，児童生徒一人一人の実態を的確に把握し，特性を理解することが大切である。

【20】(4)

〈解説〉障害者就業・生活支援センターの指定を行うのは，「厚生労働大臣」ではなく，「都道府県知事」である。

【21】(1)

〈解説〉日本最初の知的障害児者のための社会福祉施設である滝乃川学園を創設したのは，石井亮一である。糸賀一雄は，重症心身障害児施設のびわこ学園を創設した。柏倉松蔵は，日本最初の肢体不自由児者のための学校である柏学園を創設した。神谷美恵子は，ハンセン病患者と向き合った精神科医である。

【22】(2)

〈解説〉検査の実施を行うことができるのは，心理学の知識と専門的訓練・経験を持った人に限られるが，臨床心理士の資格を持っている者のみに限られているわけではない。企業等で行う場合は，心理学者・医師・臨床心理士等の指導の下での使用が求められる。

【23】(4)

〈解説〉12月3日は国際障害者デーで，12月3日から12月9日までの一週間を障害者週間とすることが，障害者基本法第9条第2項に規定されている。　(1)　3月21日は世界ダウン症の日である。　(2)　4月2日は世界自閉症啓発デーで，4月2日から4月8日までは発達障害啓発週間である。　(3)　11月は児童虐待防止推進月間である。

【24】(2)

〈解説〉埼玉県では，県立高等学校における通級による指導を，平成30年度からの2年間，拠点校4校でモデル的に実施した。拠点校における指導内容や支援体制の整備などの成果を生かし，他の高等学校への導入を推進している。

2019年度　実施問題

【特別支援Ⅰ】

【1】次は，「学校教育法」の一部です。［　A　］～［　C　］に入る語句を，以下の(1)～(4)の中から1つずつ選びなさい。

> 第72条　特別支援学校は，視覚障害者，聴覚障害者，知的障害者，肢体不自由者又は病弱者(身体虚弱者を含む。以下同じ。)に対して，幼稚園，小学校，中学校又は高等学校に［　A　］教育を施すとともに，障害による学習上又は生活上の困難を克服し自立を図るために必要な知識技能を授けることを目的とする。
>
> 第74条　特別支援学校においては，第72条に規定する目的を実現するための教育を行うほか，幼稚園，小学校，中学校，義務教育学校，高等学校又は中等教育学校の［　B　］，第81条第1項に規定する幼児，児童又は生徒の教育に関し必要な助言又は［　C　］を行うよう努めるものとする。

A　(1)　基づく　(2)　準ずる　(3)　相当する　(4)　応ずる

B　(1)　要請に応じて　(2)　状況を鑑み　(3)　教育に寄与し
　(4)　依頼を受諾し

C　(1)　交流　(2)　支援　(3)　指導　(4)　援助

(☆☆☆◎◎◎)

【2】次は，「障害者の権利に関する条約」(平成26年批准)の一部です。［　A　］～［　C　］に入る語句の組み合わせとして正しいものを，以下の(1)～(4)の中から1つ選びなさい。

第1条　目的

この条約は，全ての障害者によるあらゆる［　A　］及び基本的自由の完全かつ平等な享有を促進し，保護し，及び確保すること並びに障害者の［　B　］を促進することを目的とする。

障害者には，長期的な身体的，精神的，知的又は感覚的な機能障害であって，様々な障壁との相互作用により他の者との［　C　］を基礎として社会に完全かつ効果的に参加することを妨げ得るものを有する者を含む。

(1)	A	人権	B	社会参加	C	区別
(2)	A	人権	B	固有の尊厳の尊重	C	平等
(3)	A	権利	B	社会参加	C	平等
(4)	A	権利	B	固有の尊厳の尊重	C	区別

(☆☆☆◎◎◎)

【3】次は，「特別支援学校への就学奨励に関する法律」の一部です。［　A　］，［　B　］に入る語句を，以下の(1)～(4)の中から1つずつ選びなさい。

第2条　都道府県は，当該都道府県若しくは当該都道府県に包括される市町村の設置する特別支援学校又は当該都道府県の区域内の私立の特別支援学校への児童又は生徒の就学による保護者等の経済的負担を軽減するため，その負担能力の程度に応じ，特別支援学校への就学のため必要な経費のうち，小学部又は中学部の児童又は生徒に係るものにあつては第二号から第六号までに掲げるものについて，高等部の生徒に係るものにあつては第一号から第五号までに掲げるものについて，その全部又は一部を支弁しなければならない。

一　［　A　］

二　学校給食費

三　通学又は帰省に要する交通費及び付添人の付添に要する交通費
四　学校附設の寄宿舎居住に伴う経費
五　[B]
六　学用品の購入費

A　(1)　教科用図書並びに文房具の購入費
　(2)　学用書籍の購入費
　(3)　教科用図書の購入費
　(4)　教科用図書並びにICT機器の購入費
B　(1)　修学旅行費
　(2)　修学旅行費並びに校外活動費
　(3)　校外活動費
　(4)　修学旅行並びに校外活動に伴う交通費

(☆☆☆◎◎◎)

【4】次の表は「障害者の雇用の促進等に関する法律」の改正に基づき，平成30年4月1日に変更された障害者の法定雇用率をまとめたものです。[A]～[C]に入る数値の組み合わせとして正しいものを，以下の(1)～(4)の中から1つ選びなさい。

事業主区分	法定雇用率
民間企業	[A]
国、地方公共団体等	[B]
都道府県等の教育委員会	[C]

(1)　A　2.3%　　B　2.4%　　C　2.4%
(2)　A　2.2%　　B　2.5%　　C　2.4%
(3)　A　2.3%　　B　2.5%　　C　2.5%
(4)　A　2.2%　　B　2.4%　　C　2.5%

(☆☆☆◎◎◎)

【5】次の表は，ある法令に基づいて特別支援学校の対象とする障害の区分と程度をまとめたものです。表を見て，各問に答えなさい。

区分	障害の程度
視覚障害者	両眼の視力がおおむね［A］未満のもの又は視力以外の視機能障害が高度のもののうち，拡大鏡等の使用によっても通常の文字，図形等の視覚による認識が不可能又は著しく困難な程度のもの
聴覚障害者	両耳の聴力レベルがおおむね［B］デシベル以上のもののうち，補聴器等の使用によっても通常の話声を解することが不可能又は著しく困難な程度のもの
知的障害者	1　知的発達の遅滞があり，他人との意思疎通が困難で日常生活を営むのに頻繁に援助を必要とする程度のもの 2　知的発達の遅滞の程度が前号に掲げる程度に達しないもののうち，社会生活への適応が著しく困難なもの
肢体不自由者	1　肢体不自由の状態が補装具の使用によっても歩行，筆記等日常生活における基本的な動作が不可能又は困難な程度のもの 2　肢体不自由の状態が前号に掲げる程度に達しないもののうち，常時の［C］を必要とする程度のもの
病弱者	1　慢性の呼吸器疾患，腎臓疾患及び神経疾患，悪性新生物その他の疾患の状態が継続して医療又は［D］を必要とする程度のもの 2　身体虚弱の状態が継続して［D］を必要とする程度のもの

問1　この表のもとになった法令は何か，次の(1)～(4)の中から1つ選びなさい。

(1)　学校教育法第19条

(2)　学校教育法第32条

(3)　学校教育法施行令第12条の2

(4)　学校教育法施行令第22条の3

問2　表中の［A］～［D］にあてはまる語句の組み合わせとして正しいものを，次の(1)～(4)の中から1つ選びなさい。

(1)　A　0.1　　B　40　　C　医学的処置
　　D　介助者による援助

(2)　A　0.1　　B　60　　C　医学的処置
　　D　生活規制

(3)　A　0.3　　B　60　　C　医学的観察指導
　　D　生活規制

(4)　A　0.3　　B　40　　C　医学的観察指導
　　D　介助者による援助

(☆☆☆◎◎◎)

【6】次は，障害者支援区分についてまとめたものです。［ A ］～［ C ］にあてはまる語句を，以下の(1)～(4)の中から1つずつ選びなさい。

・障害者支援区分は，［ A ］第4条第4項において定義されている。
・障害の多様な特性やその他の心身の状態に応じて必要とされる標準的な支援の度合いを総合的に示すものである。
・支援が必要とされる度合いは，支援を要しない「非該当」から「［ B ］」までに分かれている。
・市町村は，障害者等から介護給付費等の支給に係る申請を受理した場合，以下の手続きによる「障害支援区分」の認定を行う。

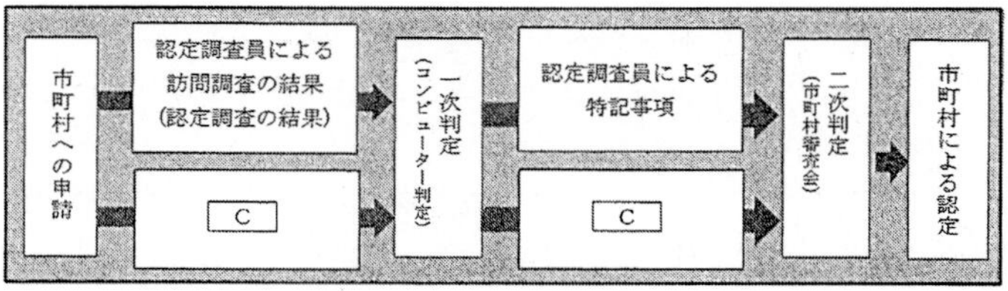

A (1) 障害者基本法
(2) 障害者総合支援法
(3) 障害者自立支援法
(4) 社会福祉法

B (1) 区分4　(2) 区分5　(3) 区分6　(4) 区分7

C (1) 支援に関する申立書
(2) 障害者手帳
(3) 主治医の意見書
(4) 障害者職業センターによる重度判定

(☆☆☆◎◎◎)

【7】次は，障害者基本計画(第3次計画　平成25年度～平成29年度)の基本理念の全文です。[A]～[C]に入る語句の組み合わせとして正しいものを，以下の(1)～(4)の中から1つ選びなさい。

> 障害者基本法第1条に規定されるように，障害者施策は，全ての国民が，障害の有無にかかわらず，等しく基本的人権を享有するかけがえのない[A]として尊重されるという理念にのっとり，全ての国民が，障害の有無によって分け隔てられることなく，相互に人格と個性を尊重し合いながら共生する社会の実現を目指して講じられる必要がある。
> この基本計画では，このような社会の実現に向け，障害者を，必要な支援を受けながら，[B]に基づき社会のあらゆる活動に参加する主体としてとらえ，障害者が自らの能力を最大限発揮し自己実現できるよう支援するとともに，障害者の活動を制限し，社会への参加を制約している社会的な[C]を除去するため，政府が取り組むべき障害者施策の基本的な方向を定めるものとする。

(1)　A　人々　　B　自らの決定　　C　障壁
(2)　A　個人　　B　パーソナリティ　　C　偏見
(3)　A　人々　　B　パーソナリティ　　C　偏見
(4)　A　個人　　B　自らの決定　　C　障壁

(☆☆☆◎◎◎)

【8】次は，「障害を理由とする差別の解消の推進に関する法律」第1条の全文です。[A]～[C]に入る語句の組み合わせとして正しいものを，以下の(1)～(4)の中から1つ選びなさい。

> この法律は，障害者基本法(昭和45年法律第84号)の基本的な理念にのっとり，全ての障害者が，障害者でない者と等しく，基本的人権を享有する個人としてその尊厳が重んぜられ，その尊

厳にふさわしい生活を保障される権利を有することを踏まえ，障害を理由とする差別の解消の推進に関する基本的な事項，行政機関等及び事業者における障害を理由とする差別を解消するための措置等を定めることにより，障害を理由とする差別の解消を推進し，もって全ての［ A ］が，障害の有無によって分け隔てられることなく，相互に［ B ］を尊重し合いながら［ C ］社会の実現に資することを目的とする。

(1)　A　児童・生徒　B　性格や品位　C　認め合う
(2)　A　国民　B　人格と個性　C　認め合う
(3)　A　児童・生徒　B　性格や品位　C　共生する
(4)　A　国民　B　人格と個性　C　共生する

(☆☆◎◎◎)

【9】次は，「特別支援学校等における医療的ケアへの今後の対応について(通知)」(平成23年12月20日　文部科学省)の一部です。下線部に関し，一定の研修を受けた教員がおこなう特定行為(実施できる行為)の説明として最も適切なものを，以下の(1)～(4)の中から1つ選びなさい。

介護サービスの基盤強化のための介護保険法等の一部を改正する法律による社会福祉士及び介護福祉士法の一部改正に伴い，平成24年4月より<u>一定の研修を受けた介護職員等は一定の条件の下にたんの吸引等の医療的ケアができるようになる</u>ことを受け，これまで実質的違法性阻却の考え方に基づいて医療的ケアを実施してきた特別支援学校の教員についても，制度上実施することが可能となる。

(1)　酸素ボンベの流量を変えることができる。
(2)　気管カニューレ内部の喀痰吸引をおこなう。
(3)　口腔内及び鼻腔内の喀痰吸引について，教員と看護師とであらかじめ挿入できるチューブの長さを決めておく。

(4)　人工呼吸器を管理する場合は，器械の動作の確認を定められた時間ごとに複数人でおこなう。

(☆☆☆◎◎◎)

【10】「特別支援教育の推進について(通知)」(平成19年4月1日　文部科学省)の，教育活動等を行う際の留意事項の説明として誤っているものを，次の(1)～(4)の中から1つ選びなさい。

(1)　障害のある幼児児童生徒への支援に当たっては，当該幼児児童生徒が示す困難への対応よりも，起因となる障害種別の判断がより重要である。

(2)　障害のある幼児児童生徒は，その障害の特性による学習上・生活上の困難を有しているため，周囲の理解と支援が重要であり，生徒指導上も十分な配慮が必要である。

(3)　障害のある幼児児童生徒の入学時や卒業時に学校間で連絡会を持つなどして，継続的な支援が実施できるようにすることが望ましい。

(4)　入学試験やその他試験などの評価を実施する際には，別室実施，出題方法の工夫，時間の延長，人的な補助など可能な限り配慮を行う。

(☆☆☆◎◎◎)

【11】次は，特別支援学校小学部・中学部学習指導要領(平成21年3月告示)の「第1章　総則　第1節　教育目標」の全文です。［A］～［C］に入る語句の組み合わせとして正しいものを，以下の(1)～(4)の中から1つ選びなさい。

> 小学部及び中学部における教育については，学校教育法第72条に定める目的を実現するために，児童及び生徒の障害の状態及び特性等を十分考慮して，次に掲げる目標の達成に努めなければならない。
>
> 1　小学部においては，学校教育法第30条第1項に規定す

る[A]

2　中学部においては，学校教育法第46条に規定する[B]

3　小学部及び中学部を通じ，児童及び生徒の障害による学習上又は生活上の困難を改善・克服し自立を図るために必要な知識，技能，態度及び[C]。

	A	B	C
(1)	小学校の目標	中学校の目標	習慣を培うこと
(2)	小学校教育の目標	中学校教育の目標	習慣を培うこと
(3)	小学校の目標	中学校の目標	習慣を養うこと
(4)	小学校教育の目標	中学校教育の目標	習慣を養うこと

(☆☆◎◎◎)

【12】特別支援学校小学部・中学部学習指導要領(平成21年3月告示)の「第1章　総則　第2節　教育課程の編成　第5　重複障害者等に関する教育課程の取扱い　1」について述べたものとして下線部が誤っているものを，次の(1)～(4)の中から1つ選びなさい。

(1)　各教科及び外国語活動の目標及び内容に関する事項の全部又は一部を取り扱わないことができること。

(2)　各教科の各学年の目標及び内容の全部又は一部を，当該学年の前各学年の目標及び内容の全部又は一部によって，替えることができること。

(3)　中学部の各教科の目標及び内容に関する事項の全部又は一部を，当該各教科に相当する小学部の各教科の目標及び内容に関する事項の全部又は一部によって，替えることができること。

(4)　幼稚部教育要領に示す各領域のねらい及び内容の一部を取り入れることができること。

(☆☆☆◎◎◎)

【13】特別支援学校小学部・中学部学習指導要領(平成21年3月告示)に次のように示されている領域名を，以下の(1)～(4)の中から1つ選びなさい。

体験活動に当たっては，安全と保健に留意するとともに，学習活動に応じて，小学校の児童又は中学校の生徒などと交流及び共同学習を行うよう配慮すること。

(1)　道徳　　(2)　総合的な学習の時間　　(3)　特別活動
(4)　自立活動

(☆☆☆◎◎◎)

【14】次は，特別支援学校高等部学習指導要領(平成21年3月告示)の「第2章　各教科　第2節　知的障害者である生徒に対する教育を行う特別支援学校　第2款　主として専門学科において開設される各教科の目標及び内容」の家政の目標として，下線部が誤っているものを，以下の(1)～(4)の中から1つ選びなさい。

<u>家庭</u>に関する基礎的・基本的な知識と<u>技能</u>の習得を図り，生活に関連する職業の意義と役割の理解を深めるとともに，<u>生活</u>に関連する職業に必要な能力と実践的な<u>態度</u>を育てる。

(1)　家庭　　(2)　技能　　(3)　生活　　(4)　態度

(☆☆☆◎◎◎)

【15】次は，特別支援学校学習指導要領解説　総則等編(幼稚部・小学部・中学部)(平成21年6月)の「第3編　第1部　第2章　第1節　教育課程編成の基本　1　教育課程編成の基本的な考え方」の一部です。［　A　］～［　D　］に入る語句の組み合わせとして正しいものを，以下の(1)～(4)の中から1つ選びなさい。

特別支援学校における教育の目的や目標の基本は，法令や小学部・中学部学習指導要領に定められているが，［　A　］の実態等は一様ではなく，各学校が取り組むべき具体的な教育課題は，学校ごとに様々である。また，学校を取り巻く状況も，社会の急激な変化やそれに伴う児童生徒の生活や意識，［　B　］の実態，［　C　］の期待など様々な局面において変化している。各学校においては，これらを十分に踏まえ，それぞれの学校としての教育理念や［　D　］を明確にすることが大切である。

	A	B	C	D
(1)	地域や児童生徒	地域社会	保護者	主たる指導内容
(2)	児童生徒や保護者	保護者	地域社会	基本的姿勢
(3)	地域や児童生徒	地域社会	保護者	基本的姿勢
(4)	児童生徒や保護者	保護者	地域社会	主たる指導内容

(☆☆☆◎◎◎)

【16】次は，特別支援学校小学部・中学部学習指導要領(平成21年3月告示)「第1章　総則　第2節　教育課程の編成　第4　指導計画の作成等に当たって配慮すべき事項」の一部です。(　　)に入る語句として正しいものを，以下の(1)～(4)の中から1つ選びなさい。

教師と児童生徒の信頼関係及び児童生徒相互の好ましい人間関係を育てるとともに児童生徒理解を深め，(　　)の充実を図ること。また，中学部においては，生徒が自らの生き方を考え主体的に進路を選択することができるよう，校内の組織体制を整備し，教師間の相互の連携を図りながら，学校の教育活動全体を通じ，計画的，組織的な進路指導を行うこと。その際，家庭及び地域や福祉，労働等の業務を行う関係機関との連携を十分に図ること。

(1)　教科指導　　(2)　生活指導　　(3)　遊びの指導
(4)　生徒指導

(☆☆☆◎◎◎)

【17】次は，特別支援学校小学部・中学部学習指導要領(平成21年3月告示)「第1章　総則　第2節　教育課程の編成　第1　一般方針」の一部です。文中の[A]，[B]に入る語句の組み合わせとして正しいものを，以下の(1)～(4)の中から1つ選びなさい。

> 各学校においては，教育基本法及び学校教育法その他の法令並びにこの章以下に示すところに従い，児童又は生徒の人間として調和のとれた育成を目指し，その[A]及び[B]等並びに地域や学校の実態を十分考慮して，適切な教育課程を編成するものとし，これらに掲げる目標を達成するよう教育を行うものとする。

(1)　A　児童生徒の実態　　B　生活上の経験
(2)　A　障害の状態　　B　発達の段階や特性
(3)　A　心身の発達　　B　学習に取り組む意欲
(4)　A　個々の課題　　B　各教科の特性

(☆☆☆◎◎◎)

【18】特別支援学校小学部・中学部学習指導要領(平成21年3月告示)「第2章　各教科　第1節　小学部　第1款　視覚障害者，聴覚障害者，肢体不自由者又は病弱者である児童に対する教育を行う特別支援学校　3　肢体不自由者である児童に対する教育を行う特別支援学校」に示されていないものを，次の(1)～(4)の中から1つ選びなさい。

(1)　体験的な活動を通して表現する意欲を高めるとともに，児童の言語発達の程度や身体の動きの状態に応じて，考えたことや感じたことを表現する力の育成に努めること。
(2)　児童の学習時の姿勢や認知の特性等に応じて，指導方法を工夫すること。

(3) 健康状態の改善等に関する内容の指導に当たっては，特に自立活動における指導と密接な関連を保ち，学習効果を一層高めるようにすること。

(4) 児童の身体の動きや意思の表出の状態等に応じて，適切な補助用具や補助的手段を工夫するとともに，コンピュータ等の情報機器などを有効に活用し，指導の効果を高めるようにすること。

(☆☆☆◎◎◎)

【19】特別支援学校小学部・中学部学習指導要領(平成21年3月告示)「第2章　各教科　第1節　小学部　第2款　知的障害者である児童に対する教育を行う特別支援学校　第2　指導計画の作成と各教科全体にわたる内容の取扱い」に示されていないものを，次の(1)～(4)の中から1つ選びなさい。

(1) 指導計画の作成に当たっては，個々の児童の知的障害の状態や経験等を考慮しながら，各教科の相当する段階の内容の中から実際に指導する内容を選定し，配列して，具体的に指導内容を設定するものとする。

(2) 個々の児童の実態に即して，生活に結び付いた効果的な指導を行うとともに，児童が見通しをもって，意欲的に学習活動に取り組むことができるよう配慮するものとする。

(3) 児童の実態に即して学習環境を整えるなど，安全に留意するものとする。

(4) 児童の障害の状況に応じて，指導内容を適切に精選するとともに，その重点の置き方等を工夫するものとする。

(☆☆☆◎◎◎)

【20】特別支援学校小学部・中学部学習指導要領(平成21年3月告示)「第2章　各教科　第2節　中学部　第2款　知的障害者である生徒に対する教育を行う特別支援学校　第1　各教科の目標及び内容　〔保健体育〕

2　内容」に示されていないものを，次の(1)～(4)の中から1つ選びなさい。

(1)　体つくり運動，簡単なスポーツ，ダンスなどの運動をする。

(2)　いろいろな機械・器具・用具を使った運動表現活動，水の中での運動などをする。

(3)　きまりや簡単なスポーツのルールなどを守り，友達と協力して安全に運動をする。

(4)　自分の発育・発達に関心をもったり，健康・安全に関する初歩的な事柄を理解したりする。

(☆☆☆◎◎◎)

【21】特別支援学校小学部・中学部学習指導要領(平成21年3月告示)「第7章　自立活動　第2　内容」に示されている内容と項目の組み合わせが誤っているものを，次の(1)～(4)の中から1つ選びなさい。

	内容	項目
(1)	心理的な安定	集団への参加の基礎に関すること。
(2)	健康の保持	身体各部の状態の理解と養護に関すること。
(3)	環境の把握	認知や行動の手掛かりとなる概念の形成に関すること。
(4)	身体の動き	作業に必要な動作と円滑な遂行に関すること。

(☆☆☆◎◎◎)

【22】『この子らを世の光に』の著者を，次の(1)～(4)の中から1つ選びなさい。

(1)　糸賀一雄　　(2)　石井亮一　　(3)　高木憲次　　(4)　古河太四郎

(☆☆☆◎◎◎)

【23】次の(a)～(e)の文の中で，障害や疾患についての説明として誤っているものの組み合わせを，以下の(1)～(4)の中から1つ選びなさい。

(a)　ダウン症候群とは，21番染色体の過剰により発症する染色体異常の代表的疾患である。知的発達の遅れのほかに，運動機能や言語機能などの何らかの障害を併せ有する場合が多い。

(b) 筋ジストロフィーとは，筋肉細胞が壊れていく病気で，細胞の数が減って全身の筋肉が萎縮し筋力が低下する病気である。進行性の病気で，四肢だけでなく全身の筋肉に影響が及ぶため，様々な内臓疾患が伴うことがある。

(c) 白内障とは，眼圧が高いために視神経繊維が障害され視力，視野に障害をおこすもので放置すれば失明に至る場合もある。

(d) ネフローゼ症候群とは，大量の蛋白尿と低蛋白血症を呈する病態に対する総称である。多くの場合，むくみ(浮腫)と高脂血症を伴う疾患である。

(e) ムコ多糖症とは，血糖をコントロールしているインスリンが何らかの原因により，分泌されなかったり，量が少なかったり，働きが悪かったりすることによりおこる病気である。

(1) (a)と(d)　(2) (b)と(c)　(3) (c)と(e)　(4) (d)と(e)

(☆☆☆◎◎◎)

【24】次の説明文があらわす障害を，以下の(1)～(4)の中から1つ選びなさい。

脳の損傷により生じる認知機能の障害であり，事故や脳血管障害など，様々な原因により生じ，失語・失認などの症状が見られ，注意障害・記憶障害・遂行機能障害・社会的行動障害などを引き起こすことがある。

(1) ADHD　(2) 高次脳機能障害　(3) 学習障害

(4) パニック障害

(☆☆☆◎◎◎)

【25】障害者手帳に関する説明として誤っているものを，次の(1)～(4)の中から1つ選びなさい。

(1) 身体障害者手帳の対象者は，肢体(上肢・下肢・体幹)，視覚，聴覚に障害がある人のみである。

(2)　身体障害者手帳を取得するための診断書(意見書)の作成は「指定医」に限られている。
(3)　療育手帳の取得にあたっては，知的障害者更生相談所の判定が必要である。また，18歳未満は児童相談所で判定する。
(4)　精神障害者保健福祉手帳の対象者は，「精神障害」のため長期にわたり日常生活，社会生活に制限がある人である。

(☆☆☆◎◎◎)

【26】次の(a)～(d)の文について，てんかんにおいて大きなけいれん発作が起こった場合の対応として誤っているものの組み合わせを，以下の(1)～(4)の中から1つ選びなさい。
(a)　火，水，高い場所，機械の側などの危険な物から遠ざける。
(b)　本人がけがをしないように気を配る。
(c)　発作が終わった直後の意識が曇っている時でも，薬や水を飲ませる。
(d)　発作中に舌をかんだ場合は，口を開け箸やハンカチを入れる必要がある。

(1)　(a)と(b)　　(2)　(b)と(c)　　(3)　(b)と(d)　　(4)　(c)と(d)

(☆☆☆◎◎◎)

【27】視覚障害のある子供にみられる行動等の特徴として誤っているものを，次の(1)～(4)の中から1つ選びなさい。
(1)　文字や形態等を視覚で認知することが難しい場合，視覚を必要とする行動には，聴覚や触覚などの視覚以外の感覚を活用する。
(2)　食事や排泄などの身辺処理は，適切な指導によって，その方法が身に付けば介助なしでできるようになる。
(3)　視野狭窄があると，中心部の視力が低いために文字を読んだり，ものを詳しく見たりすることには支障を来す。
(4)　夜盲があると，夕方になると戸外で遊ぶことができないし，雨降りの日などは行動が慎重になる傾向がみられる。

(☆☆☆◎◎◎)

【28】次は，教育支援資料(平成25年10月)の「肢体不自由のある子供に必要な指導内容」の一部です。[A]，[B]に入る語句の組み合わせとして正しいものを，以下の(1)～(4)の中から1つ選びなさい。

> 脳性まひ等の脳性疾患による肢体不自由児の場合は，発達過程上，[A]によって身体からの諸情報のフィードバックが困難になりやすい。そのため，誤学習や未学習が生じ，様々な認知の基礎となる[B]の形成などにつまずきが見られることになる。このことは，学習するための前提となる知識や技能(学習レディネス)，概念形成の面にも影響を及ぼすため，適切な内容を選択し，丁寧に指導する必要がある。

	A	B
(1)	緊張や反射	ボディイメージ
(2)	緊張や反射	見通し
(3)	感覚過敏や聴覚過敏	ボディイメージ
(4)	感覚過敏や聴覚過敏	見通し

(☆☆☆◎◎◎)

【29】次は，教育支援資料(平成25年10月)の「情緒障害のある子供の障害の状態」の一部です。[A]～[C]に入る語句の組み合わせとして正しいものを，以下の(1)～(4)の中から1つ選びなさい。

> 主として心理的な要因による情緒障害のある子供の場合，具体的には以下のような状態が生じることが多い。
> ・食事の問題(拒食，過食，異食など)
> ・睡眠の問題(不眠，不規則な睡眠障害など)
> ・排せつの問題(夜尿，失禁など)
> ・神経性習癖([A]，髪いじり，爪かみなど)
> ・対人関係の問題(引っ込み思案，孤立，不人気，いじめなど)
> ・反社会的傾向([B]，粗暴行為，攻撃傾向など)

・情緒不安定(多動，興奮傾向，[C]など)
・選択性かん黙
・無気力

これらの具体的な行動上の問題は，幾つかが組み合わさって現れることがほとんどである。例えば，日常的に失敗経験が多く，叱責を受けることが多い場合は，行動が抑制されて無気力な状況が生じやすくなり，その結果，学校内での孤立や学業不振，あるいは怠学といった問題が生じることがある。

また，子供の年齢や周囲の状況によっても，生じる問題も異なってくる。したがって，具体的に現れている状態だけでなく，環境との相互作用についても分析することが重要である。

	A	B	C
(1)	虚言癖	かんしゃく癖	チック
(2)	かんしゃく癖	虚言癖	チック
(3)	チック	かんしゃく癖	虚言癖
(4)	チック	虚言癖	かんしゃく癖

(☆☆☆◎◎◎)

【30】言語障害のある子供の話し言葉の音声的な特徴のうち，「さかな」を「たかな」，「せんせい」を「てんてい」と発音するような構音障害のタイプを，次の(1)～(4)の中から1つ選びなさい。

(1)　ひずみ　　(2)　置換　　(3)　吃音　　(4)　省略

(☆☆☆◎◎◎)

【31】次は，教育支援資料(平成25年10月)の「自閉症のある子供に必要な指導内容」の一部です。[A]，[B]に入る語句の組み合わせとして正しいものを，以下の(1)～(4)の中から1つ選びなさい。

指導方法における配慮として，自閉症のある子供が学習をしやすくするために，その特性に応じた配慮をしており，例えば，見通しをもちやすくしたり，課題を分かりやすくしたりするために，[A]したり，[B]したりするなどを行っている。

	A	B
(1)	活動の場を構造化	視覚的な情報を多く活用
(2)	コミュニケーションを活性化	視覚的な情報を多く活用
(3)	コミュニケーションを活性化	選択場面を多く設定
(4)	活動の場を構造化	選択場面を多く設定

(☆☆☆◎◎◎)

【32】次は，教育支援資料(平成25年10月)の「今日的な障害の捉え方(ICF)」の一部です。[A]～[C]に入る語句を，以下の(1)～(4)の中から1つずつ選びなさい。

WHOは従来のICIDHの改訂作業を行う中で，障害のある人だけでなく，障害のない人も含めた[A]として，平成13年に「国際[A](ICF)」を採択した。ICFでは，障害の状態は，疾病等によって規定されるだけではなく，その人の健康状態や環境因子等と相互に影響し合うものと説明されており，すなわちICFは，疾病等に基づく側面と社会的な要因による側面を考慮した，「[B]」と「[C]」を統合したモデルとされている。

A (1) 障害分類 (2) 社会機能分類 (3) 生活機能分類
(4) 技能分類

B (1) 疾病モデル (2) 医学モデル (3) 健康モデル
(4) 生活モデル

C (1) 生活モデル (2) 環境モデル (3) 社会モデル
(4) 技能モデル

(☆☆◎◎◎)

【特別支援Ⅱ】

【1】「共生社会の形成に向けたインクルーシブ教育システム構築のための特別支援教育の推進(報告)」(平成24年7月23日　中央教育審議会初等中等教育分科会)に関する次の各問に答えなさい。

問1　この報告の「2　就学相談・就学先決定の在り方について」の中で，「教育支援委員会」(仮称)の機能について述べられていないものを，次の(1)～(4)の中から1つ選びなさい。

(1)　就学移行期においては，就学前施設と連携し，本人・保護者に対する情報提供を行うこと。

(2)　個別の教育支援計画の作成について助言を行うこと。

(3)　就学先の学校に対して適切な情報提供を行うこと。

(4)　就学後についても，必要に応じ「学びの場」の変更等について助言を行うこと。

問2　次は，「4　多様な学びの場の整備と学校間連携等の推進」の一部です。□に入る共通する語句を書きなさい。

> 特別支援学校と幼・小・中・高等学校等との間，また，特別支援学級と通常の学級との間でそれぞれ行われる□は，特別支援学校や特別支援学級に在籍する障害のある児童生徒等にとっても，障害のない児童生徒等にとっても，共生社会の形成に向けて，経験を広め，社会性を養い，豊かな人間性を育てる上で，大きな意義を有するとともに，多様性を尊重する心を育むことができる。なお，特別支援学校や特別支援学級を設置している学校における□は必ず実施していくべきであるが，特別支援学級を設置していない学校においても，□以外の形であっても何らかの形で，共生社会の形成に向けた障害者理解を推進していく必要がある。

(☆☆☆◎◎◎)

【2】次は，生徒指導提要(平成22年3月　文部科学省)の一部です。以下の各問に答えなさい。

> LD，ADHD，高機能自閉症等の発達障害の特性が，直接の要因として問題行動につながることはありません。発達障害の特性により生じる学力や対人関係の問題に対して，周りがそれと気づかずに，やる気の問題や努力不足という見方で無理強いをしたり，注意や叱責が繰り返されたりすると，失敗やつまずきの経験だけが積み重なります。こうしたことがきっかけとなり，ストレスや不安感の高まり，自信や意欲の喪失，自己評価，自尊感情の低下を招くことになり，さらなる適応困難，不登校や引きこもり，反社会的行動等，[A]としての問題行動が生じることがあります。

問1　下線部LDを，漢字4文字で書きなさい。

問2　[A]に入る語句を，次の(1)～(4)の中から1つ選びなさい。

(1)　二次的な問題　(2)　障害の特性　(3)　学校生活を原因

(4)　自己中心的な態度

(☆☆☆◎◎◎)

【3】次は，「発達障害を含む障害のある幼児児童生徒に対する教育支援体制整備ガイドライン」(平成29年3月　文部科学省)の「学校内での教育支援体制」の全文です。[A]～[C]に入る語句を，以下の(1)～(10)の中から1つずつ選びなさい。

> 児童等に，障害の可能性が考えられる場合は，通常の学級の担任・教科担任は，決して一人で抱え込まないことが大切です。児童等の行動等の背景にある障害の特性について正しく理解し，[A]に応じた適切な指導や必要な支援につなげていくために，[B]やスクールカウンセラー等に相談してください。その後，必要に応じて，対象の児童等の対応について[C]で

検討し，組織的な支援を得られるようにしていくことが大切です。

(1)　学習指導要領　(2)　特別支援教育コーディネーター
(3)　医師　(4)　保護者
(5)　校内委員会やケース会議　(6)　PT・OT・ST
(7)　学校評議員会　(8)　臨床心理士
(9)　教育的ニーズ　(10)　就学相談委員会

(☆☆☆◎◎◎)

【4】「平成30年度埼玉県教育行政重点施策　基本目標Ⅰ　確かな学力と自立する力の育成」に関する次の各問に答えなさい。

問1　次は，「一人一人を確実に伸ばす教育の推進」に関する事業の一部です。[①]，[②]に入る適切な語句を書きなさい。

○　成長の記録の共有・活用・研究 (略) 障害のある幼児児童生徒については，一人一人に必要とされる教育的ニーズを正確に把握し，長期的な視点で乳幼児期から学校卒業後までを通じて一貫した支援を行う。 ・教育・福祉・医療・労働等の関係機関が連携して支援するための「個別の[①]」を作成する。 ・指導目標・内容・支援の方法を盛り込んだ学校における指導・支援のための「個別の[②]」を作成する。

問2　次は，「特別支援教育の推進」に関する重点的な取組です。[A]に入る語句を書きなさい。

特別支援教育の推進 ①[A]の充実 ②小・中学校，高等学校などにおける特別支援教育の体制整備

③障害のある子供たちの自立と社会参加を目指したキャリア教育・職業教育の充実

(☆☆☆◎◎◎)

【5】障害のある児童生徒が，必要な学習活動を行うために，在籍する学校または学級以外に置く，埼玉県独自の学籍の名称を何といいますか。その名称を書きなさい。

(☆☆☆◎◎◎)

【6】次は，ある条約の締結までの日本の取組についてまとめたものです。以下の各問に答えなさい。

締結までの日本の取組

２００６年　１２月　国連総会で［　A　］が採択される

２００７年　　９月　日本が［　A　］に署名

２００８年　　５月　［　A　］の発効

↓

条約締結に先立ち，障害当事者の意見も踏まえつつ，国内法令の整備を推進

２０１１年　　８月　［　C　］の改正

２０１２年　　６月　［　D　］の成立

２０１３年　　６月　［　E　］の成立

［　F　］の改正

↓

> ２０１３年１１月の衆議院本会議，１２月の参議院本会議にて，全会一致で締結が承認
>
> ２０１４年1月２０日，吉川元偉国連代表部大使が［　A　］の批准書を国連に寄託し，日本は［　B　］番目の締約国（ＥＵを含む）となった。

問1　［　A　］に入る，条約の名称を記入しなさい。なお，略称も可とします。

問2　［　B　］に入る数を，次の(1)～(4)の中から1つ選びなさい。

(1)　14　　(2)　86　　(3)　90　　(4)　141

問3　［　C　］～［　F　］にあてはまる法律を，次のア～クの中から1つずつ選びなさい。

ア　障害者自立支援法　　イ　障害者基本法
ウ　バリアフリー新法　　エ　発達障害者支援法
オ　障害者雇用促進法　　カ　障害者総合支援法
キ　障害者虐待防止法　　ク　障害者差別解消法

(☆☆☆◎◎◎)

【7】次は，「障害者虐待の防止，障害者の養護者に対する支援等に関する法律」で示されている「障害者虐待」を類型化したものです。［　　］に入る最も適切な語句を書きなさい。

> 障害者虐待の類型は，次の5つである。
> ①身体的虐待　②放棄・放置　③心理的虐待　④性的虐待
> ⑤［　　］

(☆☆☆◎◎◎)

【8】次は，中央教育審議会「今後の学校におけるキャリア教育・職業教育の在り方について(答申)」(平成23年1月)の「特別支援学校高等部におけるキャリア教育・職業教育の充実」の一部です。以下の各問に答えなさい。

○　特別支援学校高等部においては，個々の障害の状態に応じたきめ細かい指導・支援の下で，適切なキャリア教育・職業教育を行うことが重要である。

○　障害のある生徒の就業拡大に向けた取組は進みつつあるものの，平成22年3月の特別支援学校高等部(本科)の卒業生のうち，就職した者の割合は2割強と厳しい状況にある。このような状況を踏まえ，平成21年に改訂された特別支援学校高等部学習指導要領では，自立と社会参加に向けた職業教育の充実に関し，［　A　］や［　B　］と連携し，職業教育や進路指導の充実を図ることが規定されるとともに，特別支援学校高等部(知的障害)の専門教科として「［　C　］」が新設された。各学校においては，学習指導要領の改訂の趣旨を踏まえ，時代のニーズに合った就業につながる職業教育に関する教育課程の見直しや，就業に向けた支援方法の開発を推進することが必要である。

問1　［　A　］，［　B　］に入る語句を，次の(1)～(4)の中から1つずつ選びなさい。

A　(1)　地域　(2)　職業安定所　(3)　経済界　(4)　学校

B　(1)　企業　(2)　関係機関　(3)　産業界　(4)　家庭

問2　［　C　］に入る語句を書きなさい。

(☆☆☆◎◎◎)

【9】次の各問に答えなさい。

問1　次は，特別支援学校高等部学習指導要領(平成21年3月告示)「第1章　総則　第2節　教育課程の編成　第4款　教育課程の編成・実施に当たって配慮すべき事項　4　職業教育に関して配慮すべき事項(2)」の一部です。［　A　］～［　D　］に入る語句を書きなさい。

ア　職業に関する各教科・科目については，実験・［　A　］に配当する授業時数を十分確保するようにすること。
イ　［　B　］の実態を考慮し，職業に関する各教科・科目の履修を容易にするため特別な［　C　］が必要な場合には，各分野における基礎的又は中核的な科目を重点的に選択し，その内容については基礎的・基本的な事項が確実に［　D　］ように取り扱い，また，主として実験・［　A　］によって指導するなどの工夫をこらすようにすること。

問2　次は，特別支援学校学習指導要領解説　総則等編(幼稚部・小学部・中学部)(平成21年6月)「第3編　第2部　第3章　知的障害者である児童生徒に対する教育を行う特別支援学校の各教科」の一部です。［　E　］，［　F　］に入る語句を書きなさい。ただし，原文の順番どおりでなくてもよいものとします。

知的障害者である児童生徒に対する教育を行う特別支援学校においては，各教科等を合わせて指導を行う場合でも道徳等のいわゆる領域の内容の指導を行うことができるが，道徳，［　E　］及び［　F　］の時間を設け，それらを合わせず，あるいは，それらと各教科とも合わせないで指導する場合もあり，それは，「領域別の指導」と呼ばれている。

(☆☆☆◎◎◎)

【10】次は，特別支援学校学習指導要領解説　総則等編(幼稚部・小学部・中学部)(平成21年6月)の「第3編　第2部　第3章　第1節　2　知的障害者である児童生徒に対する教育を行う特別支援学校における指導の特徴について」の一部です。以下の各問に答えなさい。

①　児童生徒の(　a　)等に即した指導内容を選択・組織する。
②　<u>児童生徒が，自ら見通しをもって行動できるよう，日課や</u>

学習環境などを分かりやすくし，(b)でまとまりのある学校生活が送れるようにする。
③ 望ましい社会参加を目指し，日常生活や社会生活に必要な技能や習慣が身に付くよう指導する。
④ 職業教育を重視し，将来の職業生活に必要な基礎的な知識や技能及び(c)が育つよう指導する。
⑤ 生活に結び付いた具体的な活動を学習活動の中心に据え，実際的な状況下で指導する。
⑥ 生活の課題に沿った多様な生活経験を通して，日々の生活の質が高まるよう指導する。
⑦ 児童生徒の興味・関心や得意な面を考慮し，教材・教具等を工夫するとともに，目的が達成しやすいように，継続的な指導を行うなどして，児童生徒の学習活動への(d)が育つよう指導する。
⑧ できる限り児童生徒の［　　　］を豊富にするとともに，(e)・(f)な活動を大切にし，(g)活動を促すよう指導する。
⑨ 児童生徒一人一人が集団において役割が得られるよう工夫し，その活動を遂行できるよう指導する。
⑩ 児童生徒一人一人の(h)の不均衡な面や(i)の不安定さなどの(j)に応じて指導を徹底する。

問1 (a)～(j)に当てはまる語句を，次のア～スの中から1つずつ選びなさい。

ア 発達　イ 規則的　ウ 責任　エ 意欲　オ 体幹
カ 積極的　キ 自発的　ク 課題　ケ 主体的　コ 実態　サ 自主的　シ 情緒　ス 態度

問2 下線部「児童生徒が，自ら見通しをもって行動できるよう，日課や学習環境などを分かりやすくし」とありますが，具体的にはどのような工夫が考えられますか。「日課」を分かりやすくするための具体的な工夫を1つ書きなさい。

問3　[　　　]に入る語句を漢字4文字で書きなさい。
問4　下線部「継続的」を正しい語句に直しなさい。

(☆☆☆◎◎◎)

【11】次の(ア)～(オ)は，「教育支援資料」(平成25年10月)の，乳幼児期の聞く力の発達と言葉の発達について述べたものの一部です。発達の順に並べ替えなさい。ただし，(オ)は最後にくるものとします。

(ア)　聴覚と発声の結び付きが強くなり，喃語(喃語前期)を繰り返しながら次第に音韻が正確に出せるようになってくる(喃語後期)。また，音の出る玩具に興味をもち，自らその音を出して楽しむようになる。話し掛けたり，歌を歌って聞かせたりすると，じっと顔を見つめるようになり，なじみ深い事柄の理解もできるようになる。

(イ)　大きな音に対してまばたき反射が起こったり，ビクッとしたり，呼吸のリズムが変化したりする反射性の反応がみられるだけで，胎児期に聞いていた母体の心音等を除けば，周囲の音に関心を示したり，言葉を理解したりすることはみられない。

(ウ)　理解語が多くなり，簡単な指示を理解して，それに従うことができる。選択的に，気に入った言葉を模倣するようになる。話してもらったり，本を読んでもらったりすることを好み，これまでの受け身な段階から能動的な段階へと展開していく。初発語が出るのもこの時期である。

(エ)　周囲にあるいろいろな音に気付き，反応を示すようになる。生後1か月ごろは，まだ大きな音に反射的に反応することが多いが，生後2か月ごろになると身近な人の声や環境音に気付き，その方向に視線を向けるなどの行動がみられる。

(オ)　日常生活の中では，人の話を理解するのにほとんど不自由がない。周囲の物や人に対する関心が高まり，質問を連発する。具体的なことについて尋ねると，言葉でこたえるようになる。

(☆☆☆◎◎◎)

【12】次の各問に答えなさい。

問1　次の説明文があらわす障害者スポーツの種目を書きなさい。

> ヨーロッパで生まれた重度脳性麻痺者もしくは同程度の四肢重度機能障害者のために考案されたスポーツで，パラリンピックの正式種目です。
>
> ジャックボール(目標球)と呼ばれる白いボールに，赤・青のそれぞれ6球ずつのボールを投げたり，転がしたり，他のボールに当てたりして，いかに近づけるかを競います。
>
> 障害によりボールを投げることができなくても，勾配具(ランプ)を使い，自分の意思を介助者に伝えることができれば参加できます。
>
> 競技は男女の区別のないクラスに別れて行われ，個人戦と団体戦(2対2のペア戦と3対3のチーム戦)があります。

問2　文部科学省が示している特別支援学校のセンター的機能の具体例を3つ書きなさい。

問3　特別支援学校等の医療的ケアへの対応について，認定特定行為業務従事者が実施することができる特定行為を2つ書きなさい。

(☆☆☆◎◎◎)

【13】あなたが，平成31年の4月より知的障害者を教育する特別支援学校の小学部4年生の学級担任になったと仮定して，次の文を読んで以下の各問に答えなさい。

> 新年度の新学期が始まり1週間ほど経った4月のある日の放課後のことです。あなたは教頭先生に呼ばれて，次のように聞かれました。「たった今，あなたが担任しているAさんの保護者からお電話があって，Aさんの手の甲に大きなひっかき傷ができているとのことでした。何があったのか保護者からたずねられましたが，何かありましたか？」

　あなたは，保護者からの電話があったこの日，学校で指導中に，自閉症のAさんがパニックになり，それを制止するためにAさんの手を強く押さえたことを思い出しました。

問1　あなたは，このあとどのように行動する必要がありますか。考えられることを3つ書きなさい。

問2　あなたは，自閉症の児童生徒に対する指導について，どのような配慮が必要だと考えますか。障害の特性を踏まえて，配慮事項を具体的に3つ書きなさい。

(☆☆☆◎◎◎)

解答・解説

【特別支援Ⅰ】

【1】A　(2)　　B　(1)　　C　(4)

〈解説〉学校教育法第72条は，特別支援学校の目的を定めており，基本となる条文である。　A　特別支援学校小学部・中学部学習指導要領の小学部，中学部においても，「各教科の目標，各学年，各分野又は各言語の目標及び内容並びに指導計画の作成と内容の取扱いについては，小学校(中学校)学習指導要領第2章に示すものに準ずるものとする」と示されている。　B・C　同法第74条は，特別支援学校が小・中学校等の要請に応じ，特別支援教育に関する助言・援助を行うなどの特別支援教育のセンター機能を規定した条文である。

【2】(2)

〈解説〉障害者の権利に関する条約は，障害者の人権や基本的自由の享有を確保し，障害者の固有の尊厳の尊重を促進することを目的としている。人権とは，人間として認められる権利のことで，生まれながらにして誰もが与えられている権利である。Aは「権利」ではなく「人権」が適切である。Cは「平等」である。障害者の捉え方についても，社会モデルの視点が反映されている。

【3】A　(3)　　B　(1)

〈解説〉特別支援学校への就学奨励に関する法律は，特別支援学校に就学する児童生徒等の保護者等の経済的負担を軽減するために，必要な援助を行うことを目的にしている。その第2条は，国及び都道府県の行う就学奨励について規定している。必要な援助として示された6項目は，覚えておくとよい。

【4】(2)

〈解説〉平成30(2018)年4月に変更された法定雇用率は，民間企業2.2％，国及び地方公共団体2.5％，都道府県等の教育委員会2.4％であった。更に，令和3(2021)年には0.1％ずつ引き上げられることが決定された。法定雇用率は，障害者雇用促進法によって，少なくとも5年に1度は見直されることになっているので，最新の情報を確認しておく必要がある。

【5】問1　(4)　　問2　(3)

〈解説〉学校教育法施行令第22条の3には，学校教育法第72条に示された障害者が特別支援学校に就学する際の基準が定められている。この条文は頻出なので，障害種別の障害の程度に示されている内容について，数値やキーワードを中心に確実に押さえておく必要がある。

【6】A　(2)　　B　(3)　　C　(3)

〈解説〉「障害者支援区分」が創設されたのは「障害者総合支援法(障害者の日常生活及び社会生活を総合的に支援するための法律)」である。以前の障害者自立支援法では「障害者程度区分」であった。障害の程度と必要とされる支援の量は同じでないことから，必要とされる標準的な支援の度合いを総合的に示すこととなった。区分としては，非該当から区分1～区分6までに分かれている。介護給付の認定については，認定調査及び医師(主治医)の意見書が必要となる。

【7】(4)

〈解説〉Aは「個人」として尊重される。Bは「自らの決定」である。障害者個人を主体として捉え，社会参加できるよう，物的にも人的にも環境を整備することが求められている。よって，Cは「障壁」である。障害者基本計画も社会モデルに基づいている。

【8】(4)

〈解説〉障害を理由とする差別の解消の推進に関する法律(障害者差別解消法)第1条は，同法の目的を示している。基本的な内容であることから，空欄も基本的な語句である。児童・生徒だけに限らない法律であることから，Aは「国民」である。差別の解消の基本は，基本的人権の保障であることから，Bは「人格と個性」である。共生社会をめざすことから，Cは「共生する」である。

【9】(2)

〈解説〉この通知による一定の研修を受けた教員が行う特定行為(実施できる行為)とは，口腔内の喀痰吸引，鼻腔内の喀痰吸引，気管カニューレ内部の喀痰吸引，胃ろう又は腸ろうによる経管栄養，経鼻経管栄養，の5つの行為とされている。人工呼吸器の管理など特定行為以外の医行為については，看護師等の免許を持ったものが実施することとされている。

【10】(1)

〈解説〉本通知では，「障害のある幼児児童生徒への支援に当たっては，障害種別の判断も重要であるが，当該幼児児童生徒が示す困難に，より重点を置いた対応を心がけること」と記述されている。

【11】(4)

〈解説〉A・B　特別支援学校小学部・中学部学習指導要領の総則の教育目標についての基本である。学校教育法には，小学校及び中学校の目的やその教育の目標がそれぞれ示されており(第29条は小学校の目的，第30条は小学校教育の目標，第45条は中学校の目的，第46条は中学校教育の目標)，これらの規定に従って，学習指導要領などの教育課程に関する事項が定められている。　C　学習指導要領においては，「～する力」「態度」等の場合は「養う」，「基礎」「基盤」「情操」等においては「培う」の語句が用いられている。

【12】(1)

〈解説〉「全部又は一部」ではなく「一部」である。全部を取り扱わないことはできない。ただし，前の学年の目標及び内容に替えることはできるとされている。

【13】(2)

〈解説〉交流及び共同学習については，総合的な学習の時間，特別活動の領域に示されている。特別活動においては，「児童又は生徒の経験を広めて積極的な態度を養い，社会性や豊かな人間性をはぐくむために，集団活動を通して小学校の児童又は中学校の生徒などと交流及び共同学習を行ったり，地域の人々などと活動を共にしたりする機会を積極的に設ける必要がある」ことが示されている。どちらの領域にも，体験活動などによる交流及び共同学習を目指す教育が行われており，その内容を区別して覚えておきたい。

【14】(2)

〈解説〉家政の目標に関する出題である。(2)は，「技能」ではなく「技術」である。能力というよりも技術の習得を目指す。具体的な内容は，被服の製作，クリーニング，手芸，調理・製菓・食品，住居の管理・インテリア，保育・家庭看護が示されている。

【15】(3)

〈解説〉教育課程編成の基本的な考え方は，学校教育法や学習指導要領に示された目標の達成を目指して行われるが，法律等に示された目的や目標は一般的なものであり，「地域や児童生徒」の実態に応じて編成されるべきものである。その実態把握としては，「地域社会」の実態や「保護者」の期待なども含まれる。各学校において，「教育理念」や「基本的姿勢」を明確にすることが大切である。教育理念や基本的な姿勢，目的・目標を明確にしてから指導内容の検討を行う必要がある。

【16】(4)

〈解説〉生徒指導及び進路指導の充実に関する配慮事項である。問題文中に「進路指導」とあることから，「生徒指導」を選択することができるはずである。

【17】(2)

〈解説〉教育課程の編成における基本的事項である。実態把握の内容として，「障害の状態」及び「発達の段階や特性」を把握することが，特別支援学校においては特に重要である。

【18】(3)

〈解説〉「健康状態の改善等に関する内容の指導にあたっては」ではなく，「身体の動きやコミュニケーション等に関する内容の指導にあたっては」である。健康状態の改善の指導は難しく，いかに生きる力を育むかという視点での指導が大切である。

【19】(4)

〈解説〉知的障害者の教育を行う特別支援学校においては，重点の置き方等については示されていない。視覚障害者，聴覚障害者，肢体不自由者及び病弱者に対する教育を行う特別支援学校においては，それぞれに応じた重点の置き方で指導することが示されている。

【20】(2)

〈解説〉(2)は，小学部の体育の3段階に近い内容である。小学部の体育の3段階においては，「いろいろな器械・器具・用具を使った運動，表現運動，水の中での運動などをする」ことが示されている。

【21】(1)

〈解説〉自立活動の内容は，6つの区分で構成されている。(1)に示された項目は，「人間関係の形成」の区分に関するものである。

【22】(1)

〈解説〉『この子らを世の光に』の著書であり，重症心身障害児施設であるびわこ学園を設立したのは糸賀一雄である。石井亮一は，日本初の知的障害児者のための学園である滝乃川学園を創設。高木憲次は，日本初の肢体不自由児施設の整肢療護園を開設。古河太四郎は，日本初の盲唖学校である京都盲唖院を開設した。

【23】(3)

〈解説〉(c)　緑内障の説明である。白内障は水晶体が濁って見えにくくなる病気である。　(e)　糖尿病の説明である。インスリンが十分働かないために，血液中を流れるブドウ糖(血糖)が増える病気である。ムコ多糖症とは，全身にムコ多糖が蓄積する先天性の代謝異常による特定疾患である。

【24】(2)

〈解説〉注意障害，記憶障害，遂行機能障害，社会的行動障害などの症状を引き起こすのは，高次脳機能障害である。ADHD(注意欠陥・多動性障害)は，不注意と多動・衝動性を主な特徴とする発達障害の一つである。学習障害は，基本的には知的発達に遅れはないが，聞く，話す，読む，書く，計算する又は推論する能力のうち特定のものの習得と使用に著しい困難を示す障害である。パニック障害は，突然何のきっかけもなく動機，呼吸困難，吐き気などのパニック発作を起こす病気である。

【25】(1)

〈解説〉身体障害者手帳の対象者は，肢体，視覚，聴覚に障害のある人のほか，心臓や腸などの疾患や免疫疾患などの身体障害を持つ人も対象になっている。

【26】(4)

〈解説〉基本的な対応を押さえておきたい。 (c) 発作直後の意識がぼんやりしているときには，水を飲ませてはいけない。窒息や嘔吐を引き起こす恐れがある。 (d) けいれん中に箸やハンカチなど無理に硬いものを差し込むと，歯が折れたり，口の中を傷つけたりするほか，指を入れると噛まれる危険がある。ものを差し込むより，下顎を下から軽くあげ，けいれんの際に舌をかまないようにするのがよい。

【27】(3)

〈解説〉視野狭窄は，視野が狭い状況であることから，横から近づいてくるものや段差など，周囲の状況が把握しにくい特徴がある。中心の視力が残っている場合は，小さな文字が読めることもある。

【28】(1)

〈解説〉脳性まひ等により「緊張や反射」が起こるため，手足や身体からの情報を得ることが困難である。そのため，自らの身体を認知することが難しく，「ボディイメージ」の形成につまずきが見られる。認知や概念形成においてポイントとなることである。

【29】(4)

〈解説〉「チック」は，不規則で突発的な体の動きや発声が，本人の意思とは関係なく繰り返し起こる病気であり，神経性習癖に該当する。どうしても嘘をついてしまう「虚言癖」は，反社会的傾向に該当する。神経質で怒りっぽい性格の「かんしゃく癖」は，情緒不安定に該当する。

【30】(2)

〈解説〉構音障害における誤り音の種類に関する問題である。ある音が別の音に置き換わっているので，「置換」である。「省略」は主に子音が省略されて，母音部分のみになっている場合。「ひずみ」は，本来の音とは異なるが日本語の音として表せない音にひずんでいる場合である。「吃音」は構音障害とは区別され，言葉が滑らかに出てこない発話障害の一つである。

【31】(1)

〈解説〉構造化は，生活や学習の様々な場面でその意味を理解し，自分に何が期待されているのかを分かりやすく伝えたり設定したりするための方法である。自閉症教育においては，従来から重視されてきた教育方法である。アメリカで生まれたTEACCHプログラムは自閉スペクトラム症児支援の枠組みで，構造化のアイディアが紹介され，注目されている。

【32】A　(3)　　B　(2)　　C　(3)

〈解説〉ICFについての基本的な理解を問う問題である。ICFとは，国際生活機能分類のことである。ICFは，障害を疾病といった「医学モデル」のみで捉えるのではなく，環境との相互作用の中で起こるものであるという「社会モデル」とを統合したモデルである。

【特別支援Ⅱ】

【1】問1　(1)　　問2　交流及び共同学習

〈解説〉問1　「就学前施設と連携」ではなく，「教育委員会と連携」が正しい。　問2 「特別支援学校と幼・小・中・高等学校との間，また，特別支援学級と通常の学級との間で行われる」ものであり，「障害のある児童生徒等にとっても，障害のない児童生徒等にとっても，共生社会の形成に向けて，経験を広め，社会性を養い，豊かな人間性を育てる上で，大きな意義を有する」と，意義・目的が書かれていることから，空欄は「交流及び共同学習」である。

【2】問1　学習障害　　問2　(1)

〈解説〉問1　LD(学習障害)とは，文部科学省の定義によると，「基本的には全般的な知的発達に遅れはないが，聞く，話す，読む，書く，計算する又は推論する能力のうち，特定のものの習得と使用に著しい困難を示す様々な状態を指すものである」とされている。　問2　発達障害の特性に対し，適切に対応することが求められている。適切でない関わりや対応は，「二次的な問題」としての問題行動(二次的障害)を生じることになるといわれている。

【3】A　(9)　　B　(2)　　C　(5)

〈解説〉Aは特別支援教育の基本である「教育的ニーズ」に応じた適切な指導である。Bの「特別支援教育コーディネーター」は，児童生徒への適切な支援のために，校内外の関係者をつなぐ役割として指名されている。Cは支援を検討する組織のことであり，「校内委員会やケース会議」が当てはまる。

【4】問1　①　教育支援計画　　②　指導計画　　問2　共生社会を目指した「多様な学びの場」

〈解説〉問1　障害のある児童生徒に係る個別の計画のうち，教育・福祉・医療・労働等の関係機関が連携して支援するためのものは，「個別の教育支援計画」である。これは長期的な計画である。一方，指導目標・内容・支援の方法を盛り込んだ学校における指導・支援のための計画は，「個別の指導計画」である。この2つの違いを理解しておく必要がある。　問2　重点的な取組は年度ごとに更新されているが，平成30年度における特別支援教育の推進については，「共生社会を目指した『多様な学びの場』の充実」が，その一つに挙げられている。

【5】支援籍

〈解説〉障害のある児童生徒が必要な学習活動を行うために，在籍する学校または学級以外に置く埼玉県独自の学籍を「支援籍」という。例えば，特別支援学校に在籍する児童生徒が居住地の小中学校に「支援籍」を置くことにより，同じ学校のクラスメイトとして一定程度の学習活動を行うことができる。また，小中学校の通常の学級に在籍する障害のある児童生徒が，特別支援学級や特別支援学校に籍を置いて，障害の状態を改善するために必要な指導を受けるケースもある。

【6】問1　障害者の権利に関する条約(略称：障害者権利条約)

問2　(4)　　問3　C　イ　　D　カ　　E　ク　　F　オ

〈解説〉問1　2006年に国連総会で採択されたのは，「障害者の権利に関する条約(障害者権利条約)」である。　問2　日本は2014年に締結するまでに，国内法令の整備を行ってきた。日本は141番目の締約国となった。　問3　締約までに整えた法制度は，「障害者基本法」の改正が2011年，「障害者総合支援法(障害者の日常生活及び社会生活を総合的に支援するための法律)」の成立が2012年，「障害者差別解消法(障害を理由とする差別の解消の推進に関する法律)」の成立，及び「障害者雇用促進法(障害者の雇用の促進等に関する法律)」の改正が2013年である。他の法律については，「発達障害者支援法」の成立が2004年，「障害者自立支援法」の成立が2005年，「バリアフリー新法(高齢者，障害者等の移動等の円滑化の促進に関する法律」の施行が2006年，「障害者虐待防止法(障害者虐待の防止，障害者の養護者に対する支援等に関する法律」の成立が2011年である。

【7】経済的虐待

〈解説〉障害者虐待の類型の5つ目は「経済的虐待」である。経済的虐待とは，障害者の財産を不当に処分すること，その他障害者から不当に財産上の利益を得ることである。

【8】問1　A　(1)　　B　(3)　　問2　福祉

〈解説〉問1　平成21年度に改訂された特別支援学校高等部学習指導要領では，自立と社会参加に向けた職業教育の充実に関し，「地域」や「産業界」との連携を図ることが示された。産業界とは，商品の製造や流通などの業務に携わっている企業や団体から成る業界のことである。企業より広い意味を持つ。　問2　特別支援学校(知的障害)における職業教育を充実するために，高等部の専門教科として「福祉」が新設された。

【9】問1　A　実習　　B　生徒　　C　配慮　　D　身に付く
問2　E　特別活動　　F　自立活動

〈解説〉問1　A　職業教育は，各教科・科目の履修を通して一般的教養を身に付けることにとどまらず，実験・実習という実際的・体験的な学習を一層重視し，実践力を体得することに特色がある。　B～D　特別支援学校において特別な配慮が必要な場合には，専門性の基礎・基本を重視する観点から，職業に関する各教科・科目を網羅的に履修させるのではなく，生徒の実態等に応じて適切に科目を選択して履修させ，基礎・基本を確実に身に付けさせることが大切である。
問2　知的障害者である児童生徒に対する特別支援学校においては，「各教科を合わせた指導(日常生活の指導，遊びの指導，生活単元学習，作業学習)」「教科別の指導」「領域別の指導」の形態がある。領域別の指導には，道徳，特別活動，自立活動が含まれる。

【10】問1 a コ　b イ　c ス　d エ　e キ　f サ　g ケ　h ア　i シ　j ク　(e・fは順不同とする)
問2　一週間を通して，帯状に時間割を作成し，活動の見通しをもちやすくする。　問3　成功経験　問4　段階的
〈解説〉問1　知的障害である児童生徒の学習上の特徴としては，学習によって得た知識や技能が断片的になりやすく，実際の生活の場で応用されにくいことや，成功体験が少ないことなどにより，主体的に活動に取り組む意欲が十分に育っていないことなどが挙げられる。また，実際的な生活経験が不足しがちであることから，実際的・具体的な内容の指導が必要であり，抽象的な内容の指導よりも効果的である。本文はこうした特徴を踏まえて，重要となる指導上の基本的対応を列挙したものである。　問2　日課を分かりやすくする工夫としては，時間割を作成し掲示することである。更に，1週間を帯状にして示すと見通しが立ちやすくなる。　問3　成功体験の少ないこと，体験によって学びが深まることから，成功経験(体験)を豊富にすることが求められている。　問4　成功経験を得ながら，スモールステップで段階的に指導することが有効である。

【11】(イ)→(エ)→(ア)→(ウ)
〈解説〉「教育支援資料」の「第3編　2　聴覚障害」「5　聴覚障害の理解と障害の発達の把握」の項目の中で「聞く力の発達」を，発達段階ごとに述べられた内容である。まず，反射が起こる時期の(イ)が「新生児期」，音に反応し始める(エ)が「生後3か月まで」，喃語を話し出す(ア)が「生後8か月まで」，理解度が多くなり，言葉を模倣するようになる(ウ)が「生後1年まで」，そして日常生活の中では人の話を理解できるようになる(オ)が「生後2年まで」の順番で，各時期の発達の様子を表している。

【12】問1　ボッチャ　問2　・小・中学校等の教員への支援　・特別支援教育等に関する相談・情報提供　・障害のある児童生徒等への

指導・支援　問3　・経鼻経管栄養　・口腔内の喀痰吸引

〈解説〉問1　ボッチャは，障害のあるなしに関わらず，すべての人が一緒に競い合えるスポーツといわれている。障害によって手でボールを投げることができなくても，足でボールをキックしたり，「ランプ」と呼ばれる滑り台のような投球補助具を使って，「競技アシスタント」のサポートを受けてボールを転がしたりして，競技をすることができる。　問2　特別支援学校には，地域における特別支援教育を推進するための中核的な役割を果たすことが求められている。文部科学省はそうしたセンター的機能として，①小・中学校等の教員への支援，②特別支援教育等に関する相談・情報提供，③障害のある幼児児童生徒への指導・支援，④福祉，医療，労働などの関係機関等との連絡・調整，⑤小・中学校等の教員に対する研修協力，⑥障害のある幼児児童生徒への施設整備等の提供，を例示している。　問3　学校における医療的ケアのうち，認定特定行為業務従事者が実施できる「特定行為」は，口腔内の喀痰吸引，鼻腔内の喀痰吸引，気管カニューレ内の喀痰吸引，胃ろう又は腸ろうによる経管栄養，経鼻経管栄養，の5つである。それら以外の医行為については，看護師等の免許を持った者が実施することとされている。

【13】問1　・管理職に状況を報告する。　・保護者に状況を説明する。
・担任同士で話しあい，再発しないよう対策を検討する。
問2　・活動予定表などを利用し，学習活動の順序を分かりやすく提示する。　・実際の生活に必要な言葉を適切に使用できるよう指導する。・友達や教師と一緒に活動する喜びや楽しさを味わうことで，集団の雰囲気に慣れさせる。

〈解説〉問1　保護者からの問い合わせ(苦情)があったとき，どうするかを問う問題である。まずは状況の報告である。組織として管理職に報告すること，保護者に状況を伝えることである。そして，再発防止のために担任同士で話しあい，対策を検討することが必要である。また，保護者から問い合わせが来る前に対処できるよう，子どもの状況を保護者と共有するための工夫を行うことや，信頼関係の構築を行うことが大切である。　問2　自閉症の児童生徒の特徴から，次のような配慮が考えられる。①見通しの立たない状況では不安になる傾向があることから，見通しが立つように，予定表や学習活動の順序を分かりやすく示すことが大切である。②コミュニケーションの障害による適切な言葉の使用の困難さがあるため，生活に必要な言葉を状況に合わせて使用できるよう指導するとよい。③社会性や対人面での困難さを持つため，場の雰囲気に慣れること，友達や教師と一緒に活動する喜びや楽しさを味わえるよう工夫することが求められる。

第３部

チェックテスト

過去の全国各県の教員採用試験において出題された問題を分析し作成しています。実力診断のためのチェックテストとしてご使用ください。

特別支援学校教諭

／100点

【1】平成19年4月1日付けの文部科学省初等中等教育局長通知「特別支援教育の推進について」から一部分を抜粋したものである。文中の各空欄に適する語句を答えよ。

(各1点　計8点)

1　特別支援教育の理念

特別支援教育は，障害のある幼児児童生徒の自立や社会参加に向けた(　①　)な取組を支援するという視点に立ち，幼児児童生徒一人一人の(　②　)を把握し，その持てる力を高め，生活や学習上の困難を(　③　)又は(　④　)するため，適切な指導及び必要な支援を行うものである。

また，特別支援教育は，これまでの特殊教育の対象の障害だけでなく，知的な遅れのない(　⑤　)も含めて，特別な支援を必要とする幼児児童生徒が在籍する全ての(　⑥　)において実施されるものである。

さらに，特別支援教育は，障害のある幼児児童生徒への教育にとどまらず，(　⑦　)の有無やその他の個々の違いを認識しつつ様々な人々が生き生きと活躍できる(　⑧　)の形成の基礎となるものであり，我が国の現在及び将来の社会にとって重要な意味を持っている。

【2】次の(1)～(9)について，文中の各空欄に適する語句を答えよ。

(各2点　計20点)

(1)　教育基本法第4条では，「国及び地方公共団体は，障害のある者が，その障害の状態に応じ，十分な教育を受けられるよう，(　　)を講じなければならない。」と定められている。

(2)　障害者基本法では，第4条に差別の禁止条項として「何人も，障害者に対して，障害を理由として，差別することその他の(　　)を侵害する行為をしてはならない。」と定められている。

(3)　学校教育法第80条には,「(　　)は，その区域内にある学齢児童及び学齢生徒のうち，視覚障害者，聴覚障害者，知的障害者，肢体不自由者又は病弱者で，その障害が第75条の政令で定める程度のものを就学させるに必要な特別支援学校を設置しなければならない。」と定められている。

(4)　障害のある者に対して交付される手帳には，身体障害者手帳，療育手帳，(　　)がある。

(5)　角膜，水晶体，硝子体のうち，光を最も大きく屈折させるのは(　　)である。

(6)　国際音声学協会が提案した国際音声字母表では，子音の分類基準は，調音方法，調音点，(　　)である。

(7)　平成20年6月に「障害のある児童及び生徒のための教科用特定図書等の普及の促進等に関する法律」が成立した。この法律において教科用特定図書等とは，教科用(　　)，教科用点字図書，その他障害のある児童及び生徒のために作成した教材であって，検定教科用図書等に代えて使用できるものである。

(8)　学習指導要領では,「各教科等の指導に当たっては，個々の児童又は生徒の実態を的確に把握し，(　　)を作成すること。」と定められている。

(9)　知的障害者に対する教育を行う特別支援学校中学部の職業・家庭科に示す「産業現場等における実習」(一般に「現場実習」や「職場実習」とも呼ばれている。)を，他の教科等と合わせて実施する場合は，(　　)として位置付けられる。

【3】次の各問いに答えよ。

((2)イ 3点，他 各2点　計21点)

(1)　次の文は,「幼稚園，小学校，中学校，高等学校及び特別支援学校の学習指導要領等の改善及び必要な方策等について(平成28年12月21日　中央教育審議会)で示されている「知的障害者である児童生徒に対する教育課程」について抜粋したものである。文中の各空欄に適する語句を答えよ。ただし，同じ問いの空欄には，同じ解答が入るものとする。

○　小学校等の学習指導要領等の改訂において，各学校段階の全ての教科等において育成を目指す資質・能力の三つの柱に基づき，各教科等の目標や内容が整理されたことを踏まえ，知的障害者である児童生徒のための各教科の目標や内容について小学校等の各教科の目標や内容の(　①　)・関連性を整理することが必要である。
○　各部の各段階において育成を目指す資質・能力を明確にすることで計画的な指導が行われるよう，各段階共通に示している目標を，段階ごとに示すことが必要である。
○　各部間での円滑な接続を図るため，小学部，中学部及び高等部の各部や各段階の内容のつながりを整理し，小学部と中学部，中学部と高等部間や段階間で(　②　)のある内容を設定することが必要であり，特に，現行では一段階のみで示されている中学部については，新たに第二段階を設けることが適当である。
○　小学校における(　③　)教育の充実を踏まえ，小学部において，児童の実態等を考慮の上，(　③　)に親しんだり，外国の言語や文化について体験的に理解や関心を深めたりするため，教育課程に(　③　)活動の内容を加えることができるようにすることが適当である。
○　各教科については，小学校等の各教科の内容の改善を参考に，社会の変化に対応した各教科の内容や構成の充実を図ることが必要である。
○　障害の程度や学習状況等の個人差が大きいことを踏まえ，既に当該各部の各教科における段階の目標を達成しているなど，特に必要がある場合には，個別の(　④　)に基づき，当該各部に相当する学校段階までの小学校等の学習指導要領の各教科の目標・内容等を参考に指導できるようにすることが適当である。
○　教科別や領域別に指導を行う場合の基本的な考え方を十分に理解した上で，各教科等を合わせた指導が行われるよう，学習指導要領等における示し方を工夫することが重要である。

○　児童生徒一人一人の学習状況を(　⑤　)に評価するため，各教科の目標に準拠した評価の観点による学習評価を導入し，学習評価を基に授業評価や指導評価を行い，教育課程編成の改善・充実に生かすことのできるPDCAサイクルを確立することが必要である。

(2)　次の文は，特別支援学校小学部・中学部新学習指導要領(平成29年3月告示)の 第2章　各教科　第1節　小学部の「第2款　知的障害者である児童に対する教育を行う特別支援学校」の「第1　各教科の目標及び内容」の〔生活〕の目標である。下の各問いに答えよ。

> 具体的な活動や体験を通して，生活に関わる見方・考え方を生かし，自立し生活を豊かにしていくための資質・能力を次のとおり育成することを目指す。
> (1)　活動や体験の過程において，自分自身，身近な人々，社会及び自然の特徴やよさ，それらの(　①　)等に気付くとともに，生活に必要な習慣や技能を身に付けるようにする。
> (2)　自分自身や身の回りの生活のことや，身近な人々，社会及び自然と自分との関わりについて理解し，考えたことを(　②　)することができるようにする。
> (3)　自分のことに取り組んだり，身近な人々，社会及び自然に自ら(　③　)，意欲や(　④　)をもって学んだり，生活を豊かにしようとしたりする態度を養う。

ア　文中の各空欄に適する語句を答えよ。

イ　下線部の「具体的な活動や体験」とはどういうことか，述べよ。

【4】次の文は，知的障害をともなう自閉症の子どもの特性を踏まえた対応について述べたものである。文中の各空欄に適する語句を答えよ。

(各1点　計9点)

(1)　子どもにとって活動場所や活動内容がわかりやすい教室や校内の環境づくり，活動の(　①　)と(　②　)がわかりやすい学習課題の設定等に留意すること。

(2) (　③　)の急な変化を少なくし，活動の時間帯や活動の内容等を同一のパターンで繰り返す等，子どもが(　④　)して活動できるようにすること。

(3) 様々な活動場面で混乱しやすいことへの対応として，積極的に(　⑤　)な手がかりを活用して学習活動やその展開を伝え，理解を促すこと。

(4) 感覚刺激への(　⑥　)，食生活の偏り等，一人一人の課題に応じた接し方や指導方法が必要であることを(　⑦　)全てが理解し，実践すること。

(5) 子ども自らが判断して行動することを促す等，周囲の適切なかかわりによって(　⑧　)を少しずつ育てること。また，行動のモデルとなるような子どもとの関係を育て，周囲の子どもとの安定したかかわりや(　⑨　)への参加等を促す等社会生活スキルを育てるようにすること。

【5】次の(1)～(5)と最も関連のあるものを下のア～コから1つずつ選び，記号で答えよ。

(各1点　計5点)

(1) 筋ジストロフィー　(2) マカトン法　(3) ITPA

(4) 点字　(5) ICD-10

ア　サイン言語　　イ　国際疾病分類

ウ　音声言語　　エ　アテトーゼ型

オ　ヴィゴツキー　　カ　デュシェンヌ型

キ　ルイ・ブライユ　　ク　国際生活機能分類

ケ　インリアル・アプローチ　　コ　イリノイ式言語学習能力検査

【6】次の文は，ある法令の条文の一部を示したものである。あとの各問いに答えよ。

(各2点　計12点)

第22条の3　法第75条の政令で定める視覚障害者，聴覚障害者，知的障害者，肢体不自由者又は病弱者の障害の程度は，次の表に掲げるとおりとする。

区分	障害の程度
視覚障害者	両眼の視力がおおむね(　①　)のもの又は視力以外の視機能障害が高度のもののうち，拡大鏡等の使用によつても通常の文字，図形等の視覚による認識が不可能又は著しく困難な程度のもの
聴覚障害者	両耳の聴力レベルがおおむね(　②　)以上のもののうち，補聴器等の使用によつても通常の話声を解することが不可能又は著しく困難な程度のもの
知的障害者	1　知的発達の遅滞があり，他人との意思疎通が困難で日常生活を営むのに頻繁に援助を必要とする程度のもの 2　知的発達の遅滞の程度が前号に掲げる程度に達しないもののうち，(　③　)への適応が著しく困難なもの
肢体不自由者	1　肢体不自由の状態が補装具の使用によつても歩行，筆記等日常生活における基本的な動作が不可能又は困難な程度のもの 2　肢体不自由の状態が前号に掲げる程度に達しないもののうち，常時の(　④　)観察指導を必要とする程度のもの
病弱者	1　慢性の呼吸器疾患，腎臓疾患及び神経疾患，悪性新生物その他の疾患の状態が継続して医療又は(　⑤　)を必要とする程度のもの 2　身体虚弱の状態が継続して(　⑤　)を必要とする程度のもの

(1)　この条文が定められている法令名を答えよ。

(2)　(　①　)～(　⑤　)に当てはまる語句を答えよ。

【7】次の(1)～(6)の文は，心理アセスメントについて説明したものである。各文中の(　　)に入る語句として最も適切なものを，以下のa～eの中から一つ選びなさい。ただし，(5)・(6)の(　　)にはそれぞれ同じ語句が入るものとする。

(各2点　計12点)

(1)　(　　)は2歳から成人までの知能を測定することを目的とした個別式の知能検査である。2歳から13歳までは精神年齢および知能指数を算出し，14歳以上は原則として偏差知能指数を算出する。14歳以上においては「結晶性領域」「流動性領域」「記憶領域」「論理推理領域」に分け，領域ごとの評価点や領域別偏差知能指数・総合偏差知能指数を算出し，プロフィール等で対象者の特徴を示す。

a　新版K式発達検査2020　　b　田中ビネー知能検査Ｖ

c　WAIS－Ⅳ　　d　KABC－Ⅱ

e　MIM－PM

(2)　(　　)は基本的な語い理解力を幼児から児童まで簡便に測定できる言語検査である。聞いた単語の意味するものを4つの図版から選ぶことで，おおよその発達段階を推定することができる。検査の対象年齢は3歳0か月から12歳3か月で，個人の語い理解力がどのくらいの年齢水準にあるかを推定する語い年齢と，同一年齢水準で個人がどのあたりに位置するのかを表す評価点を算出できる。

a　PVT－R　　b　ADOS－2　　c　LCスケール　　d　MMPI

e　KIDS

(3)　(　　)はPASS理論によって示される認知機能を測定するために開発された。プランニング，注意，同時処理，継次処理の4つの機能を測定することができる。5歳0か月から17歳11か月が対象。

a　S－M社会生活能力検査　　b　ITPA　　c　DN－CAS

d　WISC－Ｖ　　e　WPPSI知能診断検査

(4)　(　　)はスイスの精神医学者によって作り出された代表的な投影法の一つである。インクのしみが印刷された10枚の図版を被検査者に提示して，それがどのように見えるかを答えてもらうことで，被検査者の自我機能の働き具合，世界の体験の仕方，コミュニケーションの特徴を明らかにする。

a　TAT　　b　SCT　　c　P－Fスタディ　　d　ロールシャッハ法
e　バウムテスト

(5)　(　　)法は心理アセスメントの一つである。心の働きは行動に現れるとの前提に立ち，対象の(　　)を通して現象を理解しようとする方法である。行動には，身体運動や姿勢，広くは表情や発語なども含まれる。アセスメントに際して，対象者への拘束や制約が少なく，自然な行動を対象にできること，行動そのものを対象とするため言語能力の十分でない者を対象とできる等の利点がある。

a　観察　　b　構造化面接　　c　半構造化面接
d　非構造化面接　　e　心理検査

(6)　心理テストとは，あらかじめ定められた問題や作業を課し，それに対する被検査者の反応等を記録し，記録を分析することで対象者の特徴を明らかにしようというものである。この際，心理テストが計測しようとしている目標を確実に計測できているかどうかを表すのが(　　)であり，(　　)があることが心理テストの重要な要件である。(　　)は表面的(　　)，内容的(　　)，基準関連(　　)，構成概念(　　)に大別できる。

a　信頼性　　b　α係数　　c　内的整合性　　d　妥当性
e　再現性

【8】次の各文は障害児教育に携わった人物について述べたものである。(1)～(7)の文で説明している人物を下のア～タから1つずつ選び，記号で答えよ。

(各1点　計7点)

(1)　佐賀市生まれ。わが国最初の知的障害児施設「滝乃川学園」の創始者。知的障害児の教育と福祉を本格的に開始した。

(2) 1919年デンマークに生まれる。1950年代より，行政官としての立場からノーマライゼーション理念を行政サービスに具体的に展開し，世界に初めて法にノーマライゼーション理念が明記された1959年の精神遅滞者法の成立に力を注いだ。

(3) 世界最初の聾唖教育施設の創設者。手話の記号をフランス語を表すものとして方法的手話を考案した。

(4) アメリカ合衆国の心理学者。知覚の発達から概念形成に至る過程における運動の要素を重視し，知覚と運動の統合訓練法を研究した。

(5) 浜松市生まれ。最大の功績は，日本点字翻案の完成であり，「わが国将来幾千万人の盲人をして文化の恵沢に浴せしむる源泉」と讃えられた。

(6) アメリカ合衆国の心理学者。1967年，自閉症研究室を開設し，コンピュータを駆使して自閉症に関する世界中の文献を網羅し，データの交換などを精力的に行ってきた。

(7) 高崎藩士の長男として江戸に生まれる。1878年受洗し，終生無教会主義に基づく信仰生活を続けた。1884年に渡米，翌年1月から7カ月間，ペンシルベニア知的障害児訓練学校で看護人として働いた。

ア　ハビィガースト	イ　三木安正	ウ　石川倉次
エ　石井亮一	オ　ケファート	カ　エアーズ
キ　城戸幡太郎	ク　リムランド	ケ　榊保三郎
コ　内村鑑三	サ　ブラーユ	シ　ド・レペ
ス　シュトラウス	セ　ミケルセン	ソ　ハイニッケ
タ　ドクロリー		

【9】次の文中の各空欄に適する語句を答えよ。

(各1点　計6点)

(1) ダウン症候群は，染色体異常症であり，(　①　)番染色体が1個過剰に存在する状態の標準型(　①　)トリソミー，過剰な染色体が他の染色体に付着するタイプの(　②　)型，同一個体内で正常核型細胞と異常核型細胞とが混在している状態の(　③　)型の3つの型がある。

(2)　(　④　)は自閉症教育のキーワードの一つである。細かく分類すると，場所の一対一対応などの「物理的(　④　)」，活動の流れなどの「スケジュールの(　④　)」，自立課題の数をはじめから提示しておくなどの「視覚的(　④　)」が挙げられる。

(3)　フェニルケトン尿症は先天性(　⑤　)異常症である。

(4)　てんかん発作はその始まりの違いから，部分発作と(　⑥　)発作の2つに分けられる。

解答・解説

【1】 ①　主体的　②　教育的ニーズ　③　改善　④　克服　⑤　発達障害　⑥　学校　⑦　障害　⑧　共生社会

解説　「特別支援教育の推進について(通知)」に関する問題は頻出事項であるので，全文に目を通しておく必要がある。本通知は，中教審答申「特別支援教育を推進するための制度の在り方について」とともに，特別支援教育に関して出題の柱を形成しているものである。近年では，報告書や答申に加えて，本通知からの出題や，特別支援教育に関わる部分の法改正に関する複合問題が出されるなど，出題の多様化が進んでいる。この報告書では「1. 特別支援教育の理念」，「7. 教育活動等を行う際の留意事項等」が頻出箇所である。法改正などとあわせて学習しておこう。

【2】 (1)　教育上必要な支援　(2)　権利利益　(3)　都道府県　(4)　精神障害者保健福祉手帳　(5)　角膜　(6)　無声有声　(7)　拡大図書　(8)　個別の指導計画　(9)　作業学習

解説 (1) 教育基本法第4条第2項の規定である。昭和22年に公布された教育基本法では,「障害」という用語は全く用いられていなかったが,平成18年の改正で問題文の規定が加えられた。障害のある者に対して教育上必要な支援を講じなければならない点を明示した意義は極めて大きい。 (2) 障害者基本法は第1条や第4条などが頻出条文である。必ずおさえておこう。 (4) 身体障害者手帳については身体障害者福祉法に,精神障害者保健福祉手帳については精神保健及び精神障害者福祉に関する法律に,それぞれ手帳発行に関する記述があるが,療育手帳に関しては知的障害者福祉法にその記述はなく,1973年9月27日に当時の厚生省が出した通知「療育手帳制度について」(厚生省発児第156号厚生事務次官通知)に基づいている。つまり,都道府県の独自発行であるため,名称や障害の程度区分が地域によって異なっている。(7) 障害のある児童及び生徒のための教科用特定図書等の普及の促進等に関する法律は,平成20年に成立。今後は出題増加が予想される法律なので,全条文に目を通しておきたい。 (8) 個別の指導計画は平成11年度の盲・聾・養護学校学習指導要領で作成が義務づけられた文書である。これまで「個別の指導計画」は自立活動と重複障害者を指導する場合に作成されていたが,新特別支援学校学習指導要領では,すべての幼児・児童・生徒について,各教科等にわたって作成することが義務づけられた。また,小・中学校の新学習指導要領においても作成することが求められている。 (9) ここでいう「産業現場等」とは,実際の産業にかかわっている企業,商店,農場などの事務所のほか,作業所などの福祉施設,市役所などの公的機関を指している。

【3】(1) ① 連続性 ② 系統性 ③ 外国語 ④ 指導計画 ⑤ 多角的 (2) ア ① 関わり ② 表現 ③ 働きかけ ④ 自信 イ 児童が,健康で安全な生活をするために,日々の生活において,見る,聞く,触れる,作る,探す,育てる,遊ぶなど対象に直接働きかける学習活動であり,そうした活動の楽しさやそこで気付いたことなどを自分なりに表現する学習活動

解説 (1) この答申に基づき，平成29年3月に「特別支援学校幼稚部教育要領　小学部・中学部学習指導要領」が告示された。 (2) 生活科の目標は小学部の終わりまでに身に付ける資質・能力を示している。しかしながら，児童の実態によっては，途中の段階で終了することもある。

【4】① はじめ　② 終わり　③ 環境　④ 安心　⑤ 視覚的　⑥ 過敏性　⑦ 指導者　⑧ 対人関係　⑨ 集団活動

解説 知的障害特別支援学校では，自閉症もしくは疑いのある児童生徒の割合が40％を超えるといわれている。現在の知的障害特別支援学校は，自閉症教育を中心に展開しているといえる。自閉症児の7～8割は，知的障害も併せ持つことから，授業場面や日々の教育的支援では，知的障害にも応じた，彼らが理解しやすく，参加しやすい視覚手がかりや環境設定などが求められる。また，自閉症児の多くは何らかの行動上の問題を示し，行動問題への対応は課題であり，個々の特性を理解しながら，個に応じた支援が必要となる。

【5】(1) カ　(2) ア　(3) コ　(4) キ　(5) イ

解説 正解とならなかった選択肢についても重要であるので，理解を深めておきたい。特にクのICFは，教員採用試験でも頻出事項であるので要注意。国際生活機能分類(ICF)は，人間の生活機能と障害の分類法として，2001年5月，世界保健機関(WHO)総会において採択された。ICFは，人間の生活機能と障害に関して，アルファベットと数字を組合せた方式で分類するものであり，人間の生活機能と障害について「心身機能・身体構造」「活動」「参加」の3つの次元及び「環境因子」等の影響を及ぼす因子で構成されており，約1500項目に分類されている。これまでの「ICIDH」が身体機能の障害による生活機能の障害(社会的不利)を分類するという考え方が中心であったのに対し，ICFはこれらの環境因子という観点を加え，例えば，バリアフリー等の環境を評価できるように構成されている。このような考え方は，今後，障害者はもとより，全国民の保健・医療・福祉サービス，社会システムや技術のあり方の方向性を示唆しているものと考えられる。

【6】(1)　学校教育法施行令　(2)　①　0.3未満　②　60デシベル　③　社会生活　④　医学的　⑤　生活規制

解説 平成14年の学校教育法施行令の改正により，問題文の通りとなった。背景としては平成13年1月15日に「21世紀の特殊教育の在り方に関する調査研究協力者会議」が「21世紀の特殊教育の在り方について(最終報告)」を出し，その中で以下の通り見直しを提言したことによる。「特別な教育的ニーズに応じた教育を行うため，学校教育法施行令第22条の3に規定する盲・聾・養護学校に就学すべき児童生徒の障害の程度に関する基準を医学，科学技術等の進歩を踏まえ，教育的，心理学的，医学的な観点から見直すこと」。本条文は頻出事項であるのでしっかりと覚えておく必要がある。

【7】(1)　b　(2)　a　(3)　c　(4)　d　(5)　a　(6)　d

解説 心理アセスメントの方法には観察法，面接法，心理検査，調査法(関係機関からの情報収集)がある。心理検査については，大きく知能検査と性格検査がある。　(1)　適用範囲を2歳から成人までとしている田中ビネー知能検査Ⅴは，14歳以上の成人級の問題については，「結晶性領域」「流動性領域」「記憶領域」「論理推理領域」の領域別DIQ(偏差知能指数)，総合DIQ(偏差知能指数)も算出し，プロフィール等で各人の特徴もわかる。　(2)　言語関係の検査には，適用年齢が0歳～6歳の乳幼児の言語コミュニケーション発達を基盤にしてつくられた検査法である「LCスケール(言語・コミュニケーション発達スケール)」や，適用年齢が3歳0か月～9歳11か月の全体的な発達のレベルだけでなく個人内差も測定できる「ITPA言語学習能力診断検査」，本問の「PVT－R(絵画語い発達検査)」などがある。「ADOS－2」は，行動観察と面接で自閉スペクトラム症の評価を行う検査。「MMPI」は人格検査で，「KIDS」は乳幼児発達検査。　(3)　DN－CASは，ヴィゴツキーらとともに文化歴史心理学を創設したルリヤの神経心理学モデルから導き出されたPASSモデル(4つの認知機能領域)を理論的基礎とする心理検査である。「S－M社会生活能力検査」は，自立と社会参加に必要な生活への適応能力を測定する検査。「ITPA」は言語学習能力診断検査。「WISC－V」や「WPPSI知能診断検査」は，ウェクスラー式知能検査で，適用する年代別に，成人用のWAIS(ウェイス)，児童用のWISC(ウィスク)，幼児用のWPPSI(ウィプシー)の3つがある。
(4) 人格検査の中で，ロールシャッハによって作り出された代表的な投影法による検査を「ロールシャッハ法(ロールシャッハ・テスト)」という。投影法には，この他に，同じ視覚刺激法による「TAT」が，表現活動による検査には「P－Fスタディ」がある。また，性格検査として，描かれた木の特徴から描き手のパーソナリティを把握する描画による投影法検査に「バウムテスト」が，受検者に自由に文章を記述させる検査として「SCT」がある。 (5) 心理アセスメントの手法には，観察法，面接法，心理検査，調査法がある。言語能力の十分でない者を対象とできる検査は「観察法」である。観察法には，人間の行動をあるがままに観察する自然観察法や行動観察法，ある一定の条件を設定して観察を行う条件観察法・実験観察法等がある。面接法はフレームを設けないでする自由面接や相談室で時間などを決めて行う直接面接などがある。 (6) 標準化された心理テストには，「妥当性」と「信頼性」が備わっている。「妥当性」とは，その検査が測定しようとしているものをどれくらい的確に測定できているかということであり，「信頼性」とは，結果が一貫して安定しているということである。

【8】(1) エ (2) セ (3) シ (4) オ (5) ウ (6) ク (7) コ

解説 障害児(者)の教育・福祉の発展に寄与した人物と業績を関連づける問題は頻出である。 (1) 石井亮一は明治から昭和初期にかけての社会事業家である。知的障害児に強い関心を示し，アメリカに2度にわたり渡米し，知的障害者教育を学んだ。帰国後，日本初の知的障害者施設である「滝乃川学園」を創始した。 (3) 聾児に対する教育方法として，手話と口話があり，いずれが適切かという議論がなされてきた。口話による指導を体型化したのが，選択肢ソのハイニッケであるのであわせて覚えておきたい。

【9】① 21　② 転座　③ モザイク　④ 構造化　⑤ 代謝　⑥ 全般

解説 障害の原因となる疾患やてんかんは頻出事項であるので深く理解しておく必要がある。

第4部

特別支援教育マスター

特別支援教育マスター

歴史・原理

障害児の教育・福祉の歴史的展開やその発展に貢献した人物は頻出事項であるので，その業績と合わせて学習しておく必要がある。内容は広範に及んでいるが，特別支援教育の概論書の末尾に，資料として年表が記してあったり，内外の著名な人物とその業績をコンパクトにまとめてあるものも見られるので参考にするとよい。また，概論書の索引に挙げられている人物名などの事項について，正確に説明できるかどうかを自己評価し，自分の弱点を押さえながら学習を進めると効果的であろう。

さらに，特殊教育から特別支援教育への転換の経緯や，その過程で文部科学省から出された諸文書については必ず目を通しておく必要がある。

その他，2001年に世界保健機関(WHO)で採択された国際生活機能分類(ICF)についてもよく出題されるので，歴史的経緯や内容をよく理解しておきたい。

問題演習

【1】次の文は，我が国の特殊教育の制度等について述べたものである。この文を読んであとの問いに答えよ。

① 大正12年 (Ⅰ)が公布される。

② 昭和16年 (Ⅱ) が公布され，同施行規則で養護学級・養護学校の編成について規定される。

③ 昭和(Ⅲ)年 盲学校，聾(ろう)学校の義務制が学年進行により実施される。

④ 昭和(Ⅳ)年 「盲学校・聾(ろう)学校学習指導要領小・中学部一般編」が通達される。

⑤　昭和(　Ⅴ　)年　「養護学校小学部・中学部学習指導要領精神薄弱編」が文部事務次官通達として示され，同年4月から実施される。

⑥　昭和45年　教育課程審議会の答申を受けて，a「養護学校(精神薄弱教育)小学部・中学部学習指導要領」の改訂が行われ，同46年に告示される。

⑦　昭和54年　(　Ⅵ　)が実施される。

⑧　平成元年　「盲学校，聾学校及び養護学校幼稚部(　Ⅶ　)」，「盲学校，聾学校及び養護学校小学部・中学部学習指導要領」及び「盲学校，聾学校及び養護学校高等部学習指導要領」が告示される。

⑨　平成5年　(　Ⅷ　)が制度化される。

(1)　文中の(　Ⅰ　)～(　Ⅷ　)に，当てはまる語句について，ア～トから1つずつ選び，記号で答えよ。

ア	盲学校及聾唖学校令	イ	盲唖教育令	ウ	国民学校令
エ	小学校令	オ	学校教育法	カ	22
キ	23	ク	24	ケ	28
コ	32	サ	36	シ	38
ス	保育要領	セ	教育要領	ソ	学習指導要領
タ	障害者プラン	チ	盲・聾・養護学校高等部の訪問教育		
ツ	養護学校教育の義務制	テ	通級による指導		
ト	国連障害者の十年				

(2)　下線部aについて，この学習指導要領の特色として，正しいものには○，誤っているものには×を付けよ。

ア　重複障害者の指導に当たっては，個別の指導計画を作成し，それに基づいて指導することとされた。

イ　盲学校，聾学校，養護学校小学部・中学部に共通の領域として「養護・訓練」が新たに設けられた。

ウ　小学部・中学部に訪問教育に関する規定が新たに設けられた。

エ　交流教育に関する規定が新たに設けられた。

オ　各教科等の全部または一部を合わせる指導に道徳が加えられた。

【2】文中の(A)〜(G)に当てはまる語句について下のア〜チから1つずつ選び，記号で答えよ。

(1) 1760年，フランスのパリにおいて，ド・レペにより(A)が創設され，ついで1784年，アユイにより盲学校が創設された。

(2) 1799年，(B)は，アヴェロンの森で発見された「野生児」に対する教育を行った。同氏の指導を受けた(C)は，パリのビセートル院などで知的障害者への教育を続け，「生理学的方法」を開発した。渡米後，1879年，ニューヨークに知的障害者のための通学制の私立学校を設立した。後に，この学校へは，日本で最初の知的障害児施設である(D)の創設者石井亮一が訪れることになる。

(3) 1916年，アメリカのターマンが，精神年齢と生活年齢の比から，(E)を算出することを考え，年齢ごとに正規分布することを示した。

(4) 1943年，(F)が，後に「早期幼児自閉症」と命名された11名の症例について最初の報告を行った。翌年，オーストリアの(G)は，独自の立場から，この報告に酷似する症例を報告し，「子どもの自閉性精神病質」と名付けた。

ア　アスペルガー	イ　ラター	ウ　カナー
エ　ピアジェ	オ　セガン	カ　クレペリン
キ　イタール	ク　ビネー	ケ　養護学校
コ　聾(ろう)唖学校	サ　特殊学級	シ　滝乃川学園
ス　白川学園	セ　柏学園	ソ　知能指数
タ　社会生活指数	チ　発達指数	

【3】聴覚障害児のコミュニケーション手段の活用に関する歴史的な記述として適切なものを次の①〜④から1つ選べ。

① 大正13年には，「盲学校及聾(ろう)唖学校令」が施行され，書き言葉の組織的研究，普及活動が進み，書き言葉の積極的な導入が図られた。

② 昭和20年以降は，手話法が導入され，それまでの聴力利用と読話，発音・話し方の一体化指導法の開発と併せ，手話法の体制に向かう

ようになった。

③　昭和46年度から実施された聾学校の学習指導要領においては，教育課程の領域に職能訓練を設け，口話法を基本としながら，聴力の活用も初めて考えるようになった。

④　平成元年に改訂された盲学校，聾学校及び養護学校学習指導要領においては，各種の言語メディアの活用が明確に位置付けられた。

【4】新しい障害観について，次の各問いに答えよ。

(1)　2001年に世界保健機関(WHO)の総会で採択された新しい障害モデルを何というか答えよ。

(2)　次の図の(　①　)，(　②　)に当てはまる適切な語句を答えよ。

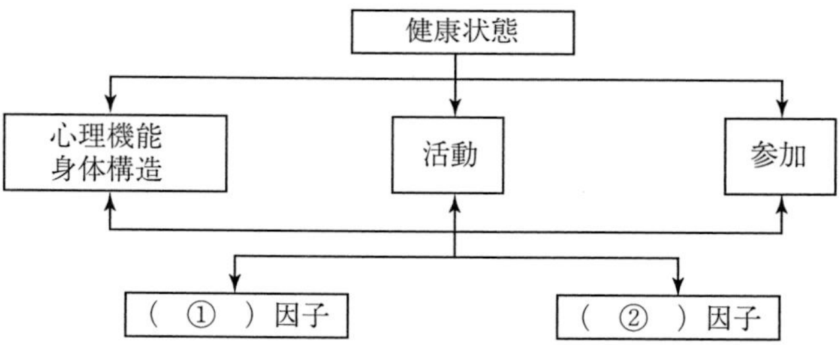

【5】平成28年12月21日に中央教育審議会から出された「幼稚園，小学校，中学校，高等学校及び特別支援学校の学習指導要領等の改善及び必要な方策等について」の答申における，特別支援教育に関する次の文を読み，あとの各問いに答えよ。

> 障害者の権利に関する条約に掲げられた(　A　)の構築を目指し，子供たちの自立と社会参加を一層推進していくためには，通常の学級，(　B　)，特別支援学級，特別支援学校において，子供たちの十分な学びを確保し，一人一人の子供の障害の状態や発達の段階に応じた指導や支援を一層充実させていく必要がある。

(1)　文中の(　A　)・(　B　)にあてはまる語句をそれぞれ答えよ。

(2)　下線部について，一人一人の教育的ニーズに応じた指導や支援が組織的・継続的に行われるよう，「個別の教育支援計画」や「個別の指導計画」を作成することが求められています。「個別の教育支援計画」とはどのようなものか。簡潔に書け。

【6】次の①から⑤の説明文にあてはまる人名を下のア～ケから1つずつ選び，記号で答えよ。

①　大正10年に我が国最初の肢体不自由児を対象とした施設を東京市小石川区に設立した。その後，東京市において大正末から公立の肢体不自由児の教育施設開設の機運が盛り上がった。

②　東京盲唖学校，東京聾唖学校の教師として盲唖教育に専念した。日本点字翻案を完成させた。

③　自閉症という用語を，最初に用いた，アメリカの児童精神科医である。1943年いくつかの特徴的な行動を示した11人の子どもたちについて報告し，翌年の論文で「早期幼児自閉症」と命名した。

④　1903年に「楽石社」を創設して，そのなかに言語研究部を設け，視話法の伝習，外国語の教授研究をおこなうとともに付帯事業として方言・吃音・聾唖者の矯正をおこなった。特に視話法を原理とした吃音矯正事業は成果をあげた。

⑤　小学校の教員としておもに活動し，生活綴方教育を実践し，名著「子どもと生きる」で全国に注目された。1953年「のぎく寮」を創設し，1962年に成人施設「なずな寮」を開設した。

ア　アスペルガー　　イ　柏倉松藏　　ウ　脇田良吉
エ　伊沢修二　　オ　カナー　　カ　石井亮一
キ　石川倉次　　ク　田村一二　　ケ　近藤益雄

【7】次の(1)～(10)の文は，障害児教育に携わった人物について述べたものである。説明している人物をあとのア～ツから1つずつ選び，記号で答えよ。

(1) 精神薄弱児施設である日本心育園(1916年)，藤倉学園(1919年)，多摩藤倉学園(1958年)の創設者であり，「心錬（しんれん）」に代表される教育的治療学の確立にとりくんだ，わが国の精神薄弱児教育・保護事業草創期の代表的実践家。

(2) 近江学園の創立者。鳥取市に生まれ，1938年京都帝国大学文学部卒。卒後1年間小学校代用教員を経験する。この間，池田太郎，田村一二（いちじ）と知りあう。1939～1946年滋賀県庁に務め，1946年，池田，田村とともに戦災孤児，精神薄弱児を対象とした滋賀県立近江学園の設立に力を注ぎ，園長となる。

(3) 視覚障害児教育の創始者といわれるフランス人。彼は初期の教育を修道僧から受け，その後パリに出て学業をつづけ，当時の啓蒙思想に強い影響を受けた。さらに聴覚障害児教育に成功し名声を博したド・レペに深く感銘し，このことが後に視覚障害児教育を手がけるきっかけとなったという。

(4) スイスの障害児教育家で児童心理学においても優れた業績を持つ。新教育運動にかかわり，「機能主義教育論」で著名なクラパラードと知能検査研究にもとりくんだ。1909年より発達に遅れのある子どもの教育に携わるが，その経験をもとにまとめた『異常児の教育』は，戦前のわが国でも邦訳がある。

(5) フランスの心理学者・精神医学者。1904年フランス公教育省の知的障害児のための教育制度の審議に際し，パリの小学校での知的障害児の判別を行うため，1905年友人の医師シモン(Simon, T.)とともに，30問の難度の異なる問題からなる「異常児の知能水準を診断する新しい方法」を発表した。

(6) 電話の発明者として広く世の中に知られている。しかし，彼の活動範囲は驚くほど広く，航空，海洋，機械，電気，医学，優生学，音声学とあらゆる分野に関心を持った。彼は「自分は聾唖者の教師である」といっている。

(7) 1935年(昭和10年)3月に慶應義塾大学医学部を卒業し，同年4月同大学小児科助手を経て，1946年(昭和21年)4月より日本赤十字社産院小児科部長となり，1948年(昭和23年)には同院の乳児院が開設されると院長に就任した。

日赤時代における重度の障害児の治療の経験を生かし，日本で最初の重症心身障害児施設島田療育園(現島田療育センター)の設立(1961年)に尽力するとともに，初代の園長に就任した。

(8) スイスの心理学者。ニューシャッテル大学から，心理学を学ぶため，1918年チューリッヒに移り，その後，パリへ。フランスでは，シモン(Simon, J.)のあっせんでグランジュ・オー・ベルの小学校の実験室を与えられ，そこで子どもの推理過程を研究するための臨床法をつくった。同時に，サルペトリエール精神病院で知的障害児の数について研究を行っている。

(9) アメリカ合衆国の学習障害研究の創始者の1人。ノースウェスタン大学教授時代(1948～1969年)聾(ろう)の研究から心理神経学的な基盤に立つ理論と鑑別診断の重要性を説く。学習障害児の治療教育の先駆となる臨床研究に従事し，1960年代学習障害概念の成立過程においては，終始指導的な立場をとる。

(10) 「アヴェロンの野生児」の教育で知られるフランス人医師。フランス南部オートプロヴァンス県に生まれる。軍医として務めたあと，パリの国立聾学校の専任医師となり聴覚障害の研究と教育にかかわった。

ア 脇田良吉	イ ピアジェ	ウ 辻村泰男
エ マイクルバスト	オ イタール	カ ハンゼルマン
キ 石井亮一	ク 宮城道雄	ケ 糸賀一雄
コ アユイ	サ デクードル	シ 小林提樹
ス 川田貞治郎	セ ベル	ソ ドクロリー
タ デューイ	チ アドラー	ツ ビネー

【8】次の文は，「学制百年史(文部省　昭和56年9月5日)」からの抜粋である。特殊教育の発展(明治期)の説明について，空欄[　ア　]～[　エ　]に当てはまるものの組合せとして最も適切なものを，あとの

①〜④から選べ。

わが国の近代盲・聾教育は，十一年五月京都の上京区に開業した[　ア　]をもって創始されたといってよい。これに続いて設けられたものは，十三年一月事務を開始した東京築地の[　イ　]である。前者の設立は，上京区第一九組の熊谷伝兵衛，山田平兵衛，第一九番校(のちの待賢小学校)の教員，古河太四郎等の運動と，京都府の学校整備を推進した当時の府知事，槇村正直の力によったものであり，翌年府の施設として本校舎をつくった。東京においては七年来朝した英人医師・宣教師，[　ウ　]の発意で，当時の先導的開明の士，中村正直，津田仙，古川正雄，岸田吟香等が加わって，[　エ　]を組織し，[　イ　]設置運動を興した。後に[　エ　]に加わった山尾庸三等の働きで，九年三月東京府権知事楠本正隆を経て，内務郷大久保利通の裁可を得，設立の運びとなったものである。

① ア　訓盲院　　イ　楽善会
　ウ　ヘンリー・フォールズ　　エ　盲唖院
② ア　盲唖院　　イ　訓盲院
　ウ　ヘンリー・フォールズ　　エ　楽善会
③ ア　楽善会　　イ　盲唖院
　ウ　トーマス・ホプキンズ・ギャローデット　　エ　訓盲院
④ ア　訓盲院　　イ　盲唖院
　ウ　トーマス・ホプキンズ・ギャローデット　　エ　楽善会

【9】次の1〜10の文に最も関係の深いものを，それぞれの文の下にあるアからエのうちから1つ選び，記号で答えよ。

1　日本訓盲点字を翻案した人物。
　ア　石川倉次　　イ　糸賀一雄　　ウ　近藤益雄　　エ　高木憲次
2　世界保健機関が公表している国際疾病分類。
　ア　DSM　　イ　ICF　　ウ　CAI　　エ　ICD
3　文部科学大臣の認定・指定を受けている特別支援学校の保健理療科を修業することで受験資格を取得できる国家資格。

ア　理学療法士　　イ　はり師　　ウ　きゅう師

エ　あん摩マッサージ指圧師

4　学校教育法第81条第2項により，特別支援学級の対象として定められていない者。

ア　知的障害者　　　　　　　イ　肢体不自由者

ウ　注意欠陥多動性障害者　　エ　弱視者

5　五十音の仮名文字に対応した手指の形態であり，拗音，促音，濁音および長音なども表現することができる記号。

ア　手話　　イ　読話　　ウ　キュード・スピーチ　　エ　指文字

6　インスリンという膵臓から分泌されるホルモンの不足のため，ブドウ糖をカロリーとして細胞内に取り込むことのできない代謝異常が見られる疾患。

ア　高脂血症　　イ　血友病　　ウ　糖尿病

エ　フェニルケトン尿症

7　話し言葉を使う中で「さかな」を「たかな」，「はなび」を「あなび」などと，一定の音を習慣的に誤って発音する状態。

ア　吃音　　イ　自閉症　　ウ　緘黙　　エ　構音障害

8　学校教育法において，特別支援学校の設置義務があるとされるところ。

ア　国　　イ　都道府県　　ウ　都道府県及び政令指定都市

エ　市町村

9「障害者の雇用の促進等に関する法律」第27条の規定に基づき都道府県知事が指定した社会福祉法人やNPO法人等が運営し，障害者の身近な地域において，雇用，保健福祉，教育等の関係機関の連携拠点として，相談支援を実施する機関。

ア　障害者職業センター

イ　ハローワーク

ウ　障害者雇用支援センター

エ　障害者就業・生活支援センター

10　平成29年度学校基本調査結果(文部科学省)において，特別支援学校に在籍する児童生徒のうち，在籍児童生徒数が最も多い障害種。
ア　知的障害　　イ　肢体不自由　　ウ　病弱　　エ　聴覚障害

【10】次の文は，「合理的配慮」について述べたものである。文を読み，下の各問いに答えよ。

「合理的配慮」は，［ A ］において提唱された新たな概念であり，平成24年7月には，中央教育審議会初等中等教育分科会において，「(a)の形成に向けた［ B ］構築のための特別支援教育の推進(報告)」がまとめられた。この報告では，「合理的配慮」を「障害のある子供が，他の子供と(b)に「教育を受ける権利」を(c)・行使することを確保するために，学校の設置者及び学校が必要かつ適当な変更・(d)を行うことであり，障害のある子供に対し，その状況に応じて，学校教育を受ける場合に(e)に必要とされるもの」であり，「学校の設置者及び学校に対して，(f)面，財政面において，均衡を失した又は　(g)の負担を課さないもの」と定義している。なお，［ A ］において，「合理的配慮」の否定は，［ C ］に含まれるとされていることに留意する必要がある。

(1)　文中の(a)～(g)にあてはまる語句を書け。
(2)　文中の［ A ］にあてはまる条約は何か，その名称を書け。また，日本がその条約を締結した年月を書け。
(3)　文中の［ B ］，［ C ］にあてはまる語句を書け。ただし，［ B ］には13文字で，［ C ］には10文字で書くこと。

【11】次の①～⑤について，(ア)～(ク)にあてはまる最も適切な語句をそれぞれ答えよ。

①　学校教育法施行令第22条の3に規定されている病弱者の障害の程度は，「一　慢性の呼吸器疾患，腎臓疾患及び神経疾患，悪性新生物その他の疾患の状態が継続して(ア)又は生活規制を必要とする程度のもの」とされている。
②「共生社会の形成に向けたインクルーシブ教育システム構築のための特別支援教育の推進(報告)」によると，「インクルーシブ教育シ

ステムにおいては，同じ場で共に学ぶことを追求するとともに，個別の教育的ニーズのある幼児児童生徒に対して，自立と(　イ　)を見据えて，その時点で教育的ニーズに最も的確に応える指導を提供できる，多様で柔軟な仕組みを整備することが重要である。小・中学校における通常の学級，通級による指導，特別支援学級，特別支援学校といった，連続性のある「(　ウ　)」を用意しておくことが必要である。」と示されている。

③　小学部・中学部学習指導要領第1章　総則　第2節　教育課程の編成　第4　指導計画の作成等に当たって配慮すべき事項では，「各教科等の指導に当たっては，個々の児童又は生徒の(　エ　)を的確に把握し，個別の指導計画を作成すること。また，個別の指導計画に基づいて行われた学習の状況や結果を適切に評価し，指導の(　オ　)に努めること。」と示されている。

④　高等部学習指導要領第1章　総則　第2節　教育課程の編成　第1款　一般方針では，「学校においては，生徒の障害の状態，地域や学校の実態等に応じて，就業やボランティアにかかわる体験的な学習の指導を適切に行うようにし，勤労の尊さや創造することの喜びを体得させ，望ましい勤労観，(　カ　)観の育成や社会奉仕の精神の涵養に資するものとする。」と示されている。

⑤　発達障害者支援法第2条第1項において，「この法律において「発達障害」とは，自閉症，(　キ　)症候群その他の広汎性発達障害，学習障害，(　ク　)多動性障害その他これに類する脳機能の障害であってその症状が通常低年齢において発現するものとして政令で定めるものをいう。」と示されている。

【12】次の(1)から(6)の文は特別支援教育に関する語句について述べたものである。(1)から(6)の文が説明している語句を答えよ。

(1)　人間の多様性の尊重等の強化，障害者が精神的及び身体的な能力等を可能な最大限度まで発達させ，自由な社会に効果的に参加することを可能とするとの目的の下，障害のある者と障害のない者が共に学ぶ仕組み。

(2) 調整又は特別な設計を必要とすることなく，最大限可能な範囲で全ての人が使用することのできる製品，環境，計画及びサービスの設計。

(3) 障害者が他の者との平等を基礎として全ての人権及び基本的自由を享有し，又は行使することを確保するための必要かつ適当な変更及び調整であって，特定の場合において必要とされるものであり，かつ，均衡を失した又は過度の負担を課さないもの。

(4) 学校における教育課程や指導計画，幼児児童生徒個々の教育的ニーズをふまえ，指導目標や指導内容・方法等を盛り込んだ計画。

(5) 障害のある幼児児童生徒の一人一人のニーズを正確に把握し，教育の視点から適切に対応していくという考えの下，長期的な視点で乳幼児期から学校卒業後までを通じて一貫して的確な支援を行うことを目的として策定する計画。

(6) 各学校における特別支援教育の推進のため，主に，校内委員会・校内研修の企画・運営，関係諸機関・学校との連絡・調整，保護者からの相談窓口などの役割を担う者。

【13】次のa～fのうち2つを選び，選択した語句の説明をそれぞれ簡潔に書け。なお，選択したa～fの記号を記入せよ。

a タイポスコープ　　b スピーチバナナ

c 日常生活の指導　　d 非対称性緊張性頸反射

e ターミナル期　　f 高機能自閉症

【14】次の各問いに答えよ。

問1 国際生活機能分類(ICF：International Classification of Functioning, Disability and Health)の説明について，[ア]～[エ]にあてはまる語句を図1を参考にして答えよ。

> ICFでは，人間の生活機能は「心身機能・身体構造」「[　ア　]」「[　イ　]」の三つの要素で構成されており，それらの生活機能に支障がある状態を[　ウ　]ととらえている。そして，生活機能と[　ウ　]の状態は，健康状態や[　エ　]等と相互に影響し合うものとされ，構成要素間の相互関係については図1のように示される。

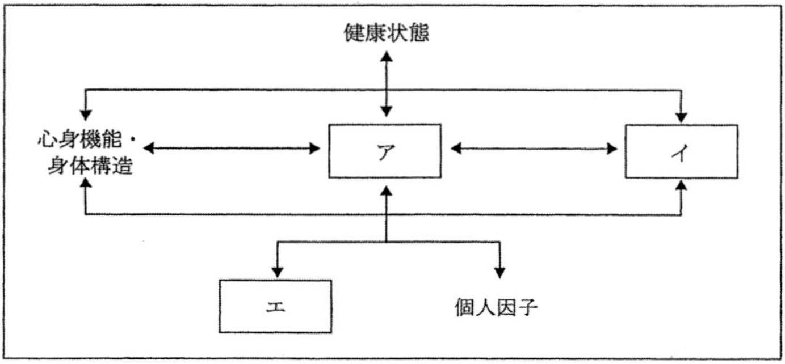

図1

問2　ICFを採択した国際機関を答えよ。また，採択されたのは何年か，西暦で答えよ。

【15】次の(1)～(5)はそれぞれ何について説明したものか，答えよ。

(1)　骨格筋の壊死・再生を主病変とする遺伝性筋疾患の総称で，筋肉の機能に不可欠なタンパク質の設計図となる遺伝子に変異が生じたために起きる病気。

(2)　厚生労働大臣の免許を受けて，医師の指示の下，身体に障がいのある者に対し，主としてその基本的動作能力の回復を図るため，治療体操その他の運動を行わせ，及び電気刺激，マッサージ，温熱その他の物理的手段を加えることを業とする者。

(3)　肢体不自由により日常生活に著しい支障がある身体障がい者のために，物の拾い上げ及び運搬，着脱衣の補助，体位の変更，起立及び歩行の際の支持，扉の開閉，スイッチの操作，緊急の場合における救助の要請その他の肢体不自由を補う補助を行う犬。

(4) 自分で話したい内容が明確にあるのにもかかわらず，また構音器官のまひ等がないにもかかわらず，話そうとするときに，同じ音の繰り返しや，引き伸ばし，声が出ないなど，いわゆる流暢さに欠ける話し方をする状態。

(5) 日本点字の考案者。ブライユ式点字の日本点字への翻訳に着手し，1890年に6点点字を考案した人物。

解答・解説

【1】(1) Ⅰ：ア　Ⅱ：ウ　Ⅲ：キ　Ⅳ：コ　Ⅴ：シ　Ⅵ：ツ　Ⅶ：セ　Ⅷ：テ　(2) ア：×　イ：○　ウ：×　エ：○　オ：○

解説 (2) ア 「個別の指導計画」を作成することとされたのは平成元年の学習指導要領においてであるので誤り。　イ 現在は「養護・訓練」ではなく「自立活動」と呼ばれている。　ウ 昭和40年代より訪問教育の進展はみられたが，学習指導要領に位置づけられるのは昭和54年の学習指導要領の改訂の折であるので誤り。　エ 第4章特別活動の5において示された。

【2】A：コ　B：キ　C：オ　D：シ　E：ソ　F：ウ　G：ア

【3】④

解説 ① 「盲学校及聾唖学校令」の施行により，道府県に盲学校と聾唖学校を別々に設置する義務が課せられたが，書き言葉の普及・導入とは関係がない。　② 手話法ではなく口話法　③ 昭和46年の学習指導要領で新設されたのは職能訓練ではなく養護・訓練である。

【4】(1) ICF(モデル)，国際生活機能分類　※どちらでも可

(2) ①環境　② 個人　※①と②は順不同

解説 学習のポイントで記したICFの問題であり，図の矢印の意味を理解しておきたい。

【5】1　A　インクルーシブ教育システム　　B　通級による指導

2　学校生活だけでなく家庭生活や地域での生活を含め，長期的な視点に立って幼児期から学校卒業後まで一貫した支援を行うため，家庭や医療機関，福祉施設などの関係機関と連携し，様々な側面からの取組を示した計画。

解説 1　いわゆる障害者権利条約の内容を踏まえ，文部科学省は「共生社会の形成に向けたインクルーシブ教育システム構築のための特別支援教育の推進」を報告し，特別支援教育における基本的方針を示している。重要資料の一つといえるので，特別支援教育を学習する際はぜひ読んでほしい。また，通級による指導の法的根拠は学校教育法施行規則第140条になる。こちらも頻出なので，対象となる障害などを確認してほしい。　2　一方，個別の指導計画は「幼児児童生徒一人一人の教育的ニーズに対応して，指導目標や指導内容・方法を盛り込んだ指導計画」(文部科学省ホームページより)であり，個別の教育支援計画は長期計画，個別の指導計画は短期計画とみることもできる。各計画について関わる人も異なるので，相異点を中心にまとめるとよい。

【6】① イ　② キ　③ オ　④ エ　⑤ ケ

解説 ア　アスペルガーはオーストリアの小児科医で，アスペルガー症候群の研究で知られる。　ウ　脇田良吉は白川学園(知的障害児施設)の創設者として知られる。　カ　石井亮一は滝乃川学園(知的障害者施設)の創設者として知られる。　ク　田村一二は京都市滋野小学校の特別教室を担任し，その後滋賀の近江学園にも関わった人物である。

【7】(1) ス　(2) ケ　(3) コ　(4) サ　(5) ツ　(6) セ
(7) シ　(8) イ　(9) エ　(10) オ

解説 障害児・者の教育・福祉の発展に寄与した人物と業績を関連づける問題は頻出している。学習を進めるに際しては，『理解と支援の特別支援教育(2訂版)』(コレール社)を参考にするとよい。

【8】 ②

解説 ウの選択肢にある「トーマス・ホプキンズ・ギャローデット」はアメリカで聾教育の基礎を打ち立てた人物で，彼の名を冠した聴覚障害者のための大学「ギャローデット大学」がワシントンD.C.にある。本問は，アで京都に設立されたことや古河太四郎などが関与していることから，盲啞院とわかれば正答できるはずである。

【9】 1 ア　2 エ　3 エ　4 ウ　5 エ　6 ウ　7 エ　8 イ　9 エ　10 ア

解説 全体的に非常に基礎的な問題であるため，確実に内容を理解し，得点を取りたい問題である。　1 石川倉次は「日本点字の父」と呼ばれ，盲啞教育を推進した。ルイ・ブライユの考案した6点式点字を基に，日本語点字を考案した。イの糸賀一雄は「社会福祉の父」と呼ばれ，日本の障害者福祉を切り開いた第一人者である。ウの近藤益雄は昭和期の教育者で，後世は「のんき・こんき・げんき」をモットーに障害児教育を推進した。エの高木憲次は「肢体不自由児の父」と呼ばれ，肢体不自由児教育の創始者であり，日本初の肢体不自由児療育施設である整肢療護園の初代理事長を務めた。　2 ICDの正式名称は「疾病及び関連保健問題の国際統計分類(International Statistical Classification of Diseases and Related Health Problems)」で，世界保健機構(WHO)が病因や死因のデータを集計することや，統一的な診断基準を提供することを目的として作成した。身体疾患を含むすべての疾患を分類してそれぞれにICDコードを付与している。現在は第10版のICD-10である。アのDSM(Diagnostic and Statistical Manual of Mental Disorders)は，アメリカ精神医学会が作成した精神疾患の分類と診断の手引きである。現在は第5版のDSM-5である。イのICF(International

Classification of Functioning，Disability and Health)は国際生活機能分類と呼ばれており，2001年にWHOによって採択された。人間の「生活機能」と「障害」を判断するための「分類」を示したものである。ウのCAI(Computer-Assisted Instruction)はコンピュータ支援教育であり，コンピュータを最大限活用し教育を行う考え方である。　3　視覚障害者である生徒に対する教育を行う特別支援学校高等部においては，保健理療科を設置することが可能である。保健理療科では，高等部卒業の資格とあん摩マッサージ指圧師試験の受験資格の両方を取得できるように教育課程を編成することが，文部科学省により求められている。　4　学校教育法第81条第2項において定められる特別支援学級の対象は，「知的障害者，肢体不自由者，身体虚弱者，弱視者，難聴者，その他障害のある者で，特別支援学級において教育を行うことが適当なもの」とされている。　5　エの指文字は，手の形を書記言語の文字に対応させた視覚言語の一つである。アの手話は聴覚障害者を中心に手指動作(手・指・腕等)と非手指動作(顔の部位の動き等)を同時に使う視覚言語である。イの読話は聴覚障害者のコミュニケーション手段の一つであり，相手の口の動きや表情から音声言語を読み取り理解することである。ウのキュード・スピーチは話し言葉を視覚化する方法であり，手の形で子音を，口の形で母音を表す。　6　ウの糖尿病はインスリンの不足により血糖値が上がる疾病であり，4つのタイプに分類されている。小児の発症も増えているため，教育上の配慮等も理解しておく必要がある。アの高脂血症は，血中のコレステロールやトリグリセリドが増加する状態であり，動脈硬化の原因の一つである。イの血友病は先天性止血異常であり，血が止まりにくい，固まりにくい疾病である。エのフェニルケトン尿症は，フェニルアラニンを代謝する酵素の働きが生まれつき十分でないためフェニルアラニンが体内に蓄積し，尿中に多量のフェニルケトン体が排泄され，脳の発育に障害を起こす疾病である。　7　エの構音障害とは言語障害の一つであり，語音を作る過程に障害があり正確な構音ができない状態である。原因により器質性構音障害，運動障害性構音障害，聴覚性構音障害，機能性構音障害に分けられる。アの吃音は言語障害の一つであり，器質的異常はない言葉のリズムや流暢性の障害である。難発型，連続型，伸発型の3つのタイプがある。イの自閉症は，社会性の障害，コミュニケーションの障害，行動や興味の偏りを主な3つの症状としている脳機能障害である。ウの緘黙は発声器官や言語能力に問題はないものの，特定の場面や状況で話すことができなくなってしまう疾患である。場面(選択性)緘黙と全緘黙の2つのタイプがある。　8　学校教育法第80条において，特別支援学校の設置義務は都道府県に課されている。条文を確認しておくこと。　9　エの障害者就業・生活支援センターとは，障害者の職業生活における自立を図るため，雇用，保健福祉，教育等の地域の関係機関との連携の下，障害者の身近な地域において就業面及び生活面における一体的な支援を行う機関である。アの障害者職業センターは，独立行政法人高齢・障害・求職者雇用支援機構の事業の一つであり，障害者に対する専門的な職業リハビリテーションサービス，事業主に対する障害者の雇用管理に関する相談・援助，地域の関係機関に関する助言・援助を実施している機関である。イのハローワークとは，失業手当の給付と，職業紹介を行っている行政機関である。ウの障害者雇用支援センターとは，職業生活における自立を図るために継続的な支援を必要とする障害者に対し，職業準備訓練から就業・職業定着に至るまでの相談，援助を一貫して行い，就職が特に困難な障害者の雇用の促進を図る機関である。　10　在籍児童生徒数では知的障害が圧倒的に多く，次いで聴覚障害，肢体不自由，病弱の順となっている。在籍児童生徒数に併せて学校数についても確認しておくとよい。

【10】(1)　a　共生社会　b　平等　c　享有　d　調整　e　個別　f　体制　g　過度　(2)　名称…障害者の権利に関する条約(障害者権利条約)　年月…平成26年1月　(3)　B　インクルーシブ教育システム　C　障害を理由とする差別

解 説 障害者権利条約は，2006(平成18)年，国連総会で採択された国際人権法に基づく人権条約である。障害者の人権や基本的自由の享有を確保し，障害者の固有の尊厳の尊重を促進することを目的とし，障害者の権利を実現するための措置などを規定している。日本は，2007(平成19)年に署名，2014(平成26)年批准した。また，日本では，障害者権利条約の批准に向けた国内法制度の整備の一環として，中央教育審議会初等中等教育分科会において，「共生社会の形成に向けたインクルーシブ教育システムの構築のための特別支援教育の推進(報告)」が検討され，「合理的配慮」と「基礎的環境整備」の定義が示された。

【11】ア　医療　　イ　社会参加　　ウ　多様な学びの場　　エ　実態
オ　改善　　カ　職業　　キ　アスペルガー　　ク　注意欠陥

解説 ①　本施行令の第22条の3は，特別支援学校の対象とする障害の程度について示している。5区部にわけられており，本問以外には，視覚障害者，聴覚障害者，知的障害者，肢体不自由者についてである。視覚障害者は，「両眼の視力がおおむね0.3未満のもの又は視力以外の視機能障害が高度のもののうち，拡大鏡等の使用によつても通常の文字，図形等の視覚による認識が不可能又は著しく困難な程度のもの」，聴覚障害者は「両耳の聴力レベルがおおむね60デシベル以上のもののうち，補聴器等の使用によつても通常の話声を解することが不可能又は著しく困難な程度のもの」となっている。　②　インクルーシブ教育システムとは，障害者の権利に関する条約の第24条では，人間の多様性の尊重等の強化，障害者が精神的及び身体的な能力等を可能な最大限度まで発達させ，自由な社会に効果的に参加することを可能とするとの目的の下，障害のある者と障害のない者が共に学ぶ仕組，と説明されている。　③　個々の児童生徒の障害の状態や発達の段階などの実態に即して，指導方法を工夫して指導を行うことが重要である。
④　本資料当該部分は，職業やボランティアにかかわる体験的な学習の指導について，それらの学習の教育的効果を高めるためのねらいを示し，社会の構成員として共に生きる心を養い育てていく(涵養していく)ことが大切だと示されている。　⑤　本法律は，発達障害者の適正

な発達・円滑な社会生活の促進のために，発達障害の症状の発現後，早期に発達支援を行うことを重要とし，発達支援を行う，国・地方公共団体等の責務を明らかにしている。また，第2条では，発達障害についての定義が示されている。

【12】(1)　インクルーシブ教育システム　(2)　ユニバーサルデザイン　(3)　合理的配慮　(4)　個別の指導計画　(5)　個別の教育支援計画　(6)　特別支援教育コーディネーター

解説 (1)　文章前半は共生社会についてであり，後半で「共に学ぶ仕組み」とあるので，インクルーシブ教育システムが連想される。「共生社会の形成に向けたインクルーシブ教育システム構築のための特別支援教育の推進(報告)」によると，インクルーシブ教育システムとは「同じ場で共に学ぶことを追求するとともに，個別の教育的ニーズのある幼児児童生徒に対して，自立と社会参加を見据えて，その時点で教育的ニーズに最も的確に応える指導を提供できる，多様で柔軟な仕組みを整備することが重要」としている。　(2)　ユニバーサルデザインは製品だけでなく，サービス等にも該当することに注意したい。近年では「授業のユニバーサルデザイン化」として，障害の有無などに関係なく，すべての児童生徒が理解しやすい授業形式が一部で提唱されている。　(3)　合理的配慮については，定義だけでなく，具体的事例も文部科学省ホームページ等で確認しておきたい。　(4)，(5)　個別の指導計画や個別の教育支援計画の作成については，学習指導要領などで示されてきた。さらに，2016年5月の発達障害者支援法の改正で第8条に内容が明示された。　(6)　特別支援教育コーディネーターに求められる役割としては，①校内の教員の相談窓口，②校内外の関係者との連絡・調整，③地域の関係機関とのネットワーク作り，④保護者の相談窓口，⑤教育的な支援などがあげられる。

【13】a　黒または濃い色の紙に一行から数行あるいは数文字を見ることができるように穴をあけたもので，視線の誘導，視対象の限定，対象のコントラストの改善などの効果がある　b　オージオグラム上に

示されたバナナの形状をした日常会話音声範囲　c　知的障害者である児童生徒に対し，各教科等を合わせて指導を行う場合の指導形態の一つであり，児童生徒の日常生活が充実し，高まるように日常生活の諸活動を適切に指導するもの　d　乳幼児を仰向けに寝かせ，首を右(左)に向けると右(左)の手足は伸び，左(右)の手足は曲がる反射　e　病気を治癒に導く有効な治療法がなくなり，近い将来に死が近づいている時期。　f　3歳くらいまでに現れ，①他人との社会的関係の形成の困難さ，②言葉の発達の遅れ，③興味や関心が狭く特定のものにこだわることを特徴とする行動の障害である自閉症のうち，知的発達の遅れを伴わないもの

解説 a　タイポスコープは，拡大読書器などと同様，弱視者や加齢黄斑変性患者が使用する道具で，文章を読み書きする際に，読むべき行を焦点化して読みやすくするためのものである。　b　スピーチバナナは，人の話し声の音素を聴力図上に母音(a，i，u，e，o)と子音(k，s，t，nなど)別で表現した際にできるバナナ状の範囲であり，語音了解度検査によってスピーチバナナと個人の可聴音域が適合しているかどうかを測ることができる。　c　日常生活の指導は，知的障害特別支援学校で行われている領域・教科を合わせた指導の一形態であり，その他には，「遊びの指導」「生活単元学習」「作業学習」がある。日常生活の指導は生活単元学習と混同されがちであるが，前者は食事・排泄・衣服の着脱など基本的生活習慣や集団生活で必要となる技能を指導するものであるのに対し，後者は行事や買い物，お出かけなど児童生徒の生活に身近な活動を単元として扱い，児童生徒が自立して社会参加するために必要となる知識や技能を，具体的・実践的に学ぶことを目的としているものであって，両者の目的は大きく異なっている。　d　非対称性緊張性頸反射は，乳児の原始反射の1つであり，発達に異常がなければ生後4，5か月頃に消失する反射である。　e　ターミナル期は，「終末期」とも呼ばれ，病気の進行により余命が半年以下と推測される時期で，適切な治療法がないことから，身体的・精神的な苦痛を和らげてQOL(生活の質)を向上させる「ターミナルケア(終末期医療)」が提供される。　f　高機能自閉症は，知的発達に遅れがないこと(IQ71以上)以外は自閉症の特徴があてはまり，3歳以前に出現することにも変わりはない。

【14】1　ア　活動　　イ　参加　　ウ　障がい(障害)　　エ　環境因子
2　WHO(世界保健機関)　　2001年

解説 国際生活機能分類(ICF)は，国際障害分類(ICIDH)に代わるものとして，2001年に世界保健機関によって採択された。ICIDHは，これまで漠然としていた障害について概念的に明らかにし，障害と病気を区別したことに意義があったが，障害の状態像を機能障害→能力障害→社会的不利という一方向の作用で捉えており，社会側の拒否や否定的態度などによって生じる障害の状況が考慮されていなかった。そこでICFにおいては，障害の状態像を，3つの生活機能の活動レベルが相互に作用しているものとして示すことで，障害とは，活動する際の活動制限であり，参加する際の参加制約であると示した。すなわち，障害児者の生活機能を考え，様々な活動に参加することができるようになるためには，社会側が環境を整えていくことが重要であるとした。また，そのような生活機能と障害は，環境因子や個人因子といった背景因子と互いに関連し合うものとして示されていることも，ICFの大きな特徴である。

【15】(1)　筋ジストロフィー　　(2)　理学療法士　　(3)　介助犬
(4)　吃音　　(5)　石川倉次

解説 (1)　筋ジストロフィーには，筋細胞膜のジストロフィンタンパクが全欠損するデュシェンヌ型の他に，部分欠損するベッカー型，先天性筋ジストロフィー型などがあり，知的障害や自閉症の特性がみられることも少なくないため子どもの状態を総合的に把握し支援することが大切である。　(2)　理学療法士は，ケガや病気などで身体に障害のある人や障害の発生が予測される人に対して，基本動作の回復や維持，障害の悪化の予防を目的に，運動療法や物理療法(温熱，電気等の物理的手段を治療目的に利用するもの)などを用いて，自立した日常生活が送れるよう支援する医学的リハビリテーションの専門職。
(3) 介助犬は，手や足に障害のある方の日常生活を手助けするために特別な訓練を積んだ犬のこと。 (4) 吃音は，言語障害の中に含まれる。言語障害は，器質的言語障害と機能的言語障害に大別される。器質的言語障害は，構音障害，聴覚障害や言語に関する脳内部位・中枢神経の損傷による言語障害がある。それに対して，機能的言語障害は，それ以外の吃音や言語発達遅滞環境要因などによる機能的構音障害も含む。 (5) 石川倉次は，1890年に日本訓盲点字を翻案し，日本点字の父とも言われる。点字は縦3点・横2列，6つの凸点の組合せで構成されており，この単位を「マス」と言う。マスの6つの点には名称があり，凸面から見て，左の3点を上から「1の点」「2の点」「3の点」，右の3点を上から「4の点」「5の点」「6の点」と呼ぶ。

特別支援教育マスター

教育制度

平成19年の学校教育法の改正で変更された規定や，新たに盛り込まれた規定については理解を深めておきたい。また，学習に際しては，「日本国憲法」→「教育基本法」→「学校教育法」→「学校教育法施行令，学校教育法施行規則」→「通知，通達，告示等」という法令の階層性・関係性を踏まえた上で，個々の法律等の内容をおさえておくと効果的である。

特別支援学校の対象となる障害種と就学基準を示した学校教育法施行令第22条の3については頻出事項であるので正確に覚えておきたい。また，特別支援学級及び通級による指導の対象についても理解しておく必要がある。特に，自閉症者，学習障害者，注意欠陥多動性障害者の取り扱いについての新たな動向については注意しなければならない。

その他，近年「発達障害者支援法」などの厚生労働省関係の法令についても出題される傾向にあるので学習の範囲を広げておく必要があろう。

問題演習

【1】特別支援教育に関係する法令等にかかわって，次の空欄に当てはまる語句や数字を書け。

(1)　学校教育法第72条では，特別支援学校は「幼稚園，小学校，中学校又は高等学校に準ずる教育を施すとともに，障害による(　ア　)上又は(　イ　)上の困難を克服し自立を図るために必要な知識技能を授けることを目的とする」と記されている。

(2)　学校教育法第81条に記されている特別支援学級を設置する対象となる障害種は，知的障害者，(　ウ　)者，身体虚弱者，(　エ　)者，

(　オ　)者とその他障害のある者で，特別支援学級において教育を行うことが適当なものである。

(3)　学校教育法施行令第22条の3には，障害者と定めることのできる障害の程度が記されている。例えば視覚障害者の場合は，両眼の視力がおおむね(　カ　)未満のもの又は視力以外の視機能障害が高度のもののうち，(　キ　)等の使用によっても通常の文字，図形等の視覚による認識が不可能または著しく困難な程度のものと規定されている。

【2】特別支援教育に関する法令の説明として適切なものを，次の①～④から1つ選べ。

① 教育基本法には，国及び地方公共団体は，発達障害児がその障害の状態に応じ，十分な教育を受けられるようにするため，適切な教育的支援，支援体制の整備等を講じるものとすることが示されている。

② 学校教育法には，特別支援学校は，幼稚園，小学校，中学校または高等学校に準ずる教育を施すとともに，障害による学習上または生活上の困難を克服し自立を図るために必要な知識技能を授けることを目的とすると示されている。

③ 学校教育法施行令には，小学校，中学校，高等学校及び中等教育学校には，知的障害者，肢体不自由者，身体虚弱者，弱視者，難聴者等に該当する児童及び生徒のために，特別支援学級を置くことができると示されている。

④ 学校教育法施行規則には，通級による指導の対象となるか否かの判断及び障害の程度，指導の留意事項については，医学，科学技術の進歩等を踏まえ，医学的な診断を重視して判断することと示されている。

【3】障害のある児童生徒のうち，特別支援学校に就学すべき児童生徒は，この障害の区分と程度を政令により規定されている。このことをふまえ，次の各問いに答えよ。

(1)　この政令の名称は何か，答えよ。

(2)　この政令に掲げられている次の表の(　①　)～(　⑮　)に当てはまる数や語句を書け。

区　分	障害の程度
(　①　)	両眼の視力がおおむね（　②　）未満のもの又は視力以外の視機能障害が高度のもののうち，拡大鏡等の使用によつても通常の文字，図形等の視覚による認識が不可能又は著しく困難な程度のもの
(　③　)	両耳の聴力レベルがおおむね（　④　）デシベル以上のもののうち，補聴器等の使用によつても通常の話声を解することが不可能又は著しく困難な程度のもの
(　⑤　)	1　知的発達の遅滞があり，他人との（　⑥　）が困難で日常生活を営むのに頻繁に（　⑦　）を必要とする程度のもの 2　知的発達の遅滞の程度が前号に掲げる程度に達しないもののうち，（　⑧　）への適応が著しく困難なもの
(　⑨　)	1　肢体不自由の状態が（　⑩　）の使用によつても歩行，（　⑪　）等日常生活における基本的な動作が不可能又は困難な程度のもの 2　肢体不自由の状態が前号に掲げる程度に達しないもののうち，常時の（　⑫　）観察指導を必要とする程度のもの
(　⑬　)	1　慢性の呼吸器疾患，（　⑭　）及び神経疾患，悪性新生物その他の疾患の状態が継続して（　⑮　）又は生活規制を必要とする程度のもの 2　身体虚弱の状態が継続して生活規制を必要とする程度のもの

【4】次の表は，障害のある子どもに対する教育制度に関することがらをまとめたものである。あとの問いに答えよ。

a	障害者基本法　改正 第16条 3　国及び地方公共団体は，障害者である児童及び生徒と障害者でない児童及び生徒との（　①　）を積極的に進めることによつて，その（　②　）を促進しなければならない。
b	発達障害者支援法　施行 第8条　国及び地方公共団体は，発達障害児がその（　③　）に応じ，十分な教育を受けられるようにするため，適切な（　④　），支援体制の整備その他必要な措置を講じるものとする。
c	特別支援教育の在り方に関する調査研究協力者会議「今後の特別支援教育の在り方について（最終報告）」答申 概要 障害の程度等に応じ特別な場で指導を行う「特殊教育」から障害のある児童生徒一人一人の（　⑤　）に応じて適切な（　⑥　）を行う「特別支援教育」への転換を図る。
d	教育振興基本計画「今後5年間に総合的かつ計画的に取り組むべき施策」閣議決定 幼児教育，義務教育である小学校・中学校段階，高等学校段階，さらに，特別な支援を必要とするすべての子どもの可能性を最大限に伸ばし，自立し，（　⑦　）するために必要な力を培うことを目的とする特別支援教育を通じて，改正教育基本法や改正学校教育法の理念を踏まえ，一人一人の「（　⑧　）」をはぐくむことを目指さなければならない。
e	中央教育審議会「特別支援教育を推進するための制度の在り方について」答申 「特別支援教育」とは，障害のある幼児児童生徒の（　⑨　）に向けた（　⑩　）な取組を支援するという視点に立ち，幼児児童生徒一人一人の教育的ニーズを把握し，その持てる力を高め，生活や学習上の（　⑪　）を改善又は克服するため，適切な指導及び必要な支援を行うものである。

(1) b～eのことがらについて，時系列の古いものから順に並べ換えよ。

(2) ①～⑪に当てはまる適当な語句を次のア～ソから1つずつ選び，記号で答えよ。(重複解答可)

ア	教育的ニーズ	イ	相互理解	ウ	生きる力
エ	主体的	オ	発達の段階	カ	課題
キ	障害の状態	ク	困難	ケ	自立や社会参加
コ	助言	サ	社会参加	シ	社会性
ス	交流及び共同学習	セ	教育的	ソ	教育的支援

【5】障害者福祉に関係する法律に関する記述として適切なものを，次の①～④から1つ選べ。

① 身体障害者福祉法は，昭和24年に制定され，当初の目的は職業リハビリテーションであったが，昭和42年の改正によるホームヘルパー，デイサービス，ショートステイ制度などを端緒として自立援助や保護へと目的が拡大した。

② 障害者自立支援法は，平成18年に制定され，教育，福祉，医療，保健，労働関係機関等が緊密な連携の下，一人一人のニーズに応じた適切な支援を一貫して行うため，学校において，個別の就学支援計画，個別の移行支援計画の策定・活用を義務付けている。

③ 知的障害者福祉法は，平成5年に国際障害者年の理念の具体化として成立し，さらに平成16年には，基本理念に，差別その他の権利利益を侵害する行為の禁止が明記されるなどの大幅な改正がなされた。

④ 障害者の雇用の促進等に関する法律は，平成元年に制定され，前文と54条からなり，「生きる権利」，「育つ権利」，「保護される権利」，「主体性が尊重される権利」が掲げられている。

【6】「障害者基本計画(第4次)」(平成30年3月)について，次の(1)～(3)の問いに答えよ。

(1) 次の文は，「Ⅲ　9. (1)インクルーシブ教育システムの推進」に関する記述の抜粋である。文中の(　A　)～(　D　)に入る正しいものを，それぞれ下の1～9のうちから一つずつ選べ。

○　障害のある児童生徒の(　A　)決定に当たっては，本人・保護者に対する十分な情報提供の下，本人・保護者の意見を最大限尊重しつつ，本人・保護者と市町村教育委員会，学校等が，教育的ニーズと必要な支援について合意形成を行うことを原則とするとともに，発達の程度や適応の状況等に応じて，柔軟に「学びの場」を変更できることについて，引き続き，関係者への周知を行う。

○　(　B　)のリーダーシップの下，(　C　)を中心とした校内支援体制を構築するとともに，スクールカウンセラー，スクールソーシャルワーカー，看護師，言語聴覚士，作業療法士，理学療法士等の専門家及び特別支援教育支援員の活用を図ることで，学校が組織として，障害のある幼児児童生徒の多様なニーズに応じた支援を提供できるよう促す。

○　早期のうちに障害に気付き，適切な支援につなげるため，医療，保健，福祉等との連携の下，乳幼児に対する健康診査や(　D　)の健康診断の結果，入学後の児童生徒の状態等を踏まえ，本人や保護者に対する早期からの教育相談・支援体制の充実を図る。

1　支援の　　　2　校長
3　教育委員会　4　特別支援教育コーディネーター
5　就学先　　　6　養護教諭
7　保健所等　　8　教育長
9　就学時

(2)　次の文は，「Ⅲ　9．(2)教育環境の整備」に関する記述の抜粋である。文中の(　A　)～(　D　)に入る正しいものを，それぞれあとの1～9のうちから一つずつ選べ。

○　障害により特別な支援を必要とする幼児児童生徒は，全ての学校，全ての学級に在籍することを前提に，全ての学校における特別支援教育の体制の整備を促すとともに，(　A　)も踏まえながら，管理職を含む全ての教職員が障害に対する理解や特別支援教育に係る(　B　)を深める取組を推進する。
○　幼稚園，小・中学校，高等学校等における特別支援教育の体制整備や地域における障害のある幼児児童生徒の支援強化に資するよう，特別支援学校の地域における特別支援教育の(　C　)としての機能を充実する。
○　幼稚園，小・中学校，高等学校等に在籍する障害のある幼児児童生徒の支援における(　D　)の役割の重要性に鑑み，各地方公共団体における(　D　)の配置の促進を図る。

1　専門性	2　特別支援教育支援員	3　研修
4　相談窓口	5　地域の実情	6　専門相談員
7　センター	8　最新の知見	9　知識

(3)　次の文は，「Ⅲ　9．(2)教育環境の整備」に関する記述の抜粋である。文中の(　A　)～(　D　)に入る正しいものを，それぞれあとの1～9のうちから一つずつ選べ。

○　障害のある児童生徒の(　A　)の確保や自立と社会参加の推進に当たってのコミュニケーションの重要性に鑑み，デジタル教科書等の円滑な制作・供給やコミュニケーションに関する(　B　)の活用も含め，障害のある児童生徒一人一人の教育的ニーズに応じた教科書，教材，支援機器等の活用を促進する。
○　学校施設の(　C　)や特別支援学校の教室不足解消に向けた取組等を推進する。特に，災害発生時の避難所として活用されることもある公立小・中学校施設の(　C　)やトイレの洋式化については，学校設置者の要望を踏まえて，必要な支援に努める。
○　障害のある幼児児童生徒の学校教育活動に伴う移動に係る支援の充実に努めるとともに，各地域における教育と福祉部局との連携を促す。
○　特別支援学校，特別支援学級，通級による指導を担当する教師については，特別支援教育に関する専門性が特に求められることに鑑み，特別支援学校教諭等免許状(　D　)の向上の推進を含め，専門性向上のための施策を進める。

1　教育機会	2　バリアフリー化	3　AAC
4　学習機会	5　ICT	6　支援方法
7　取得率	8　ユニバーサルデザイン化	9　保有率

【7】通級による指導について，次の(1)，(2)の問いに答えなさい。

(1)　次の文章は，「障害に応じた通級による指導の手引　解説とQ&A(改訂第3版)」(文部科学省　編著)に示された通級による指導について述べたものである。適当でないものを次の①～④のうちから一つ選びなさい。

①　小中学校の通級による指導を行う際の授業時数は，週当たりに換算すると，1単位時間から8単位時間程度までとなる。

②　特に必要があるときは，障害の状態に応じて各教科の内容を取り扱いながら行うことができることとされている。ただし，この場合も，あくまで障害による学習上又は生活上の困難を改善し，又は克服することを目的として行われることが必要であり，単なる各教科の遅れを補充するための指導とはならないようにしなければならない。

③　通級による指導を受ける児童生徒の成長の状況を総合的に捉えるため，指導要録において，通級による指導を受ける学校名，通級による指導の授業時数，指導期間，指導内容や結果等を記入す

ることが必要である。

④　高等学校又は中等教育学校の後期課程における障害に応じた特別の指導に係る修得単位数は，年間8単位を超えない範囲で当該高等学校又は中等教育学校が定めた全課程の修了を認めるに必要な単位数のうちに加えることができるものとする。

(2)　「学校教育法施行規則の一部を改正する省令等の公布について(通知)」(平成28年12月9日付け　28文科初第1038号)に示された高等学校における通級による指導の制度化について述べたものである。[　1　]～[　5　]にあてはまる最も適当な語句を，以下の解答群からそれぞれ一つずつ選びなさい。

・　高等学校又は中等教育学校の後期課程において，([　1　])，自閉症者，情緒障害者，弱視者，難聴者，学習障害者，注意欠陥多動性障害者又はその他障害のある生徒のうち，当該障害に応じた特別の指導を行う必要があるものを教育する場合には，([　2　])が別に定めるところにより，規則第83条及び第84条(第108条第2項において準用する場合を含む。)の規定にかかわらず，([　3　])の教育課程によることができること。

・　規則第140条の規定により([　3　])の教育課程による場合においては，([　4　])は，生徒が，当該高等学校又は中等教育学校の設置者の定めるところにより他の高等学校，中等教育学校の後期課程又は特別支援学校の([　5　])において受けた授業を，当該高等学校又は中等教育学校の後期課程において受けた当該([　3　])の教育課程に係る授業とみなすことができること。(いわゆる「他校通級」)(規則第141条関係)

＜解答群＞

①　知的障害者	②　言語障害者	③　肢体不自由者
④　校長	⑤　文部科学大臣	⑥　教育委員会
⑦　追加	⑧　特別	⑨　中学部
⑩　高等部		

【8】次の文の(　ア　)〜(　エ　)に当てはまる語句の最も適切な組合せを，あとの①〜⑤から1つ選べ。ただし，同じ問いの空欄には，同じ解答が入るものとする。

障害のある児童及び生徒のための教科用特定図書等の普及の促進等に関する法律「(　ア　)」は，教育の機会均等の趣旨に則り，障害のある児童及び生徒のための教科用特定図書等の発行と普及の促進を図り，障害その他の特性の有無にかかわらず，児童及び生徒が十分な教育を受けることができる学校教育の推進に資することを目的としています。教科用特定図書等とは，以下の3つの教科書，教材のことをいいます。

1. 拡大教科書
2. 点字教科書
3. (　イ　)

拡大教科書とは視覚障害のある児童及び生徒の学習の用に供するため文字，図形等を拡大して(　ウ　)を複製した図書，点字教科書とは点字により(　ウ　)を複製した図書，(　イ　)とは音声読み上げソフトを利用し，文字等を認識できる教材のことをいいます。これらを活用することにより，視覚障害や発達障害，またその他の障害のある児童生徒が十分な教育を受けることのできる環境整備が可能となります。

アクセシブルな情報システムの中で，近年特に注目されている(　イ　)として(　エ　)があります。(　エ　)では，音声にテキストおよび画像を同期させ，学習者は音声を聞きながらハイライトされたテキストを読み，同じ画面上の絵もみることが可能となります。これらの特徴から，(　エ　)は普通の印刷物を読むことが困難な学習障害，知的障害，精神障害の方にとっても読書経験を飛躍的に広げるものとして有効であることが国際的に広く認められています。

	ア	イ	ウ	エ
①	教科書バリアフリー法	音声教材	検定教科用図書等	アクセスリーディング
②	デジタル教科書法	録音教材	市販の参考書等	URAWSS
③	デジタル教科書法	音声教材	教科用特定図書等	アクセスリーディング
④	教科書バリアフリー法	録音教材	市販の参考書等	URAWSS
⑤	教科書バリアフリー法	音声教材	検定教科用図書等	URAWSS

【9】次の(1)から(6)は全て，学校教育法の条文である。＿＿部の内容が正しいものには○を記し，誤っているものは正しい語句を答えよ。

(1) 特別支援学校は，視覚障害者，聴覚障害者，知的障害者，肢体不自由者又は病弱者(身体虚弱者を含む。以下同じ。)に対して，幼稚園，小学校，中学校又は高等学校に準ずる教育を施すとともに，障害による学習上又は生活上の困難を克服し自立を図るために必要な<u>知識技能</u>を授けることを目的とする。(第72条)

(2) 特別支援学校においては，第72条に規定する目的を実現するための教育を行うほか，幼稚園，小学校，中学校，義務教育学校，高等学校又は中等教育学校の要請に応じて，第81条第1項に規定する幼児，児童又は生徒の教育に関し必要な<u>指導</u>を行うよう努めるものとする。(第74条)

(3) 特別支援学校には，小学部及び中学部のほか，幼稚部又は高等部を置くことができ，また，特別の必要のある場合においては，前項の規定にかかわらず，<u>小学部及び中学部</u>を置かないで幼稚部又は高等部のみを置くことができる。(第76条②)

(4) 特別支援学校の幼稚部の教育課程その他の保育内容，小学部及び中学部の教育課程又は高等部の学科及び教育課程に関する事項は，幼稚園，小学校，中学校又は高等学校に準じて，<u>校長</u>が定める。(第77条)

(5) 特別支援学校には，訪問教育部を設けなければならない。ただし，特別の事情のあるときは，これを設けないことができる。(第78条)

(6) 市町村は，その区域内にある学齢児童及び学齢生徒のうち，視覚障害者，聴覚障害者，知的障害者，肢体不自由者又は病弱者で，その障害が第75条の政令で定める程度のものを就学させるに必要な特別支援学校を設置しなければならない。(第80条)

【10】次の文は，教科用図書と小・中学校等における同時双方向型授業配信について述べたものである。間違っているものを，次の①～⑤の中から一つ選べ。

① 教科用図書に掲載された著作物は，視覚障害，発達障害その他の障害により教科用図書に掲載された著作物を使用することが困難な児童又は生徒の学習の用に供するため，当該教科用図書に用いられている文字，図形等の拡大その他の当該児童又は生徒が当該著作物を使用するために必要な方式により複製することができる。

② 小・中学校等において，当該学校に在籍する病院や自宅等で療養中の病気療養児に対し，受信側に教科等に応じた相当の免許状を有する教師を配置せずに同時双方向型授業配信を行った場合，校長は，指導要録上出席扱いとすることはできないが，その成果を当該教科等の評価に反映することができることとする。

③ 学校その他の教育機関(営利を目的として設置されているものを除く。)において教育を担任する者及び授業を受ける者は，その授業の過程における使用に供することを目的とする場合には，必要と認められる限度において，公表された著作物を複製することができる。ただし，当該著作物の種類及び用途並びにその複製の部数及び態様に照らし著作権者の利益を不当に害することとなる場合は，この限りでない。

④ 小・中学校等では，病院や自宅等で療養中の病気療養児に対する学習支援として同時双方向型授業配信やそれを通じた他の児童生徒との交流を行っている場合があり，それにより病気療養児の教育機

会の確保や学習意欲の維持・向上，学習や学校生活に関する不安感が解消されることによる円滑な復学につながるなどの効果が見られている。

⑤ 障害のある児童及び生徒のための教科用特定図書等の普及の促進等に関する法律の規定により教科用図書に掲載された著作物に係る電磁的記録の提供を行う者は，その提供のために必要と認められる限度において，当該著作物を利用することができる。

【11】特別支援学校の小学部，中学部の教科書について述べたものとして<u>誤っているもの</u>を，次の①～⑤から1つ選べ。

① 小学校，中学校は，教科書を使用することが義務付けられている。この規定は，特別支援学校の小学部，中学部にも準用されている。

② 特別支援学校(知的障害)用の教科書として，小学部及び中学部の国語，算数・数学，音楽の文部科学省著作教科書があり，各教科書は学習指導要領における特別支援学校(知的障害)の各教科に示している具体的内容の各段階に対応するように作成されている。

③ 全児童・生徒に，使用する全教科の教科書が無償給与されている。

④ 当該学年の文部科学省検定済教科書及び文部科学省著作教科書を使用することが適当でない場合は，学校教育法附則第九条の規定により選定した教科用図書を使用することができる。

⑤ 文部科学省検定済教科書又は文部科学省著作教科書と学校教育法附則第9条の規定により選定した教科用図書を併せて無償給与することができる。

【12】発達障害者支援法について，次の各問いに答えよ。

(1) 第1章　総則に関する①，②の問いに答えよ。

① 次の文は，第1条の条文である。文中の(　A　)～(　D　)に入る正しいものを，それぞれあとの1～8のうちから1つずつ選べ。

(目的)

第1条　この法律は，発達障害者の心理機能の適正な発達及び円滑な社会生活の促進のために発達障害の症状の発現後できるだけ早期に発達支援を行うとともに，切れ目なく発達障害者の支援を行うことが特に重要であることに鑑み，(A)(昭和四十五年法律第八十四号)の基本的な理念にのっとり，発達障害者が基本的人権を享有する個人としての尊厳にふさわしい日常生活又は社会生活を営むことができるよう，発達障害を早期に発見し，発達支援を行うことに関する国及び地方公共団体の責務を明らかにするとともに，(B)における発達障害者への支援，発達障害者の(C)の支援，発達障害者支援センターの指定等について定めることにより，発達障害者の自立及び社会参加のためのその生活全般にわたる支援を図り，もって全ての国民が，障害の有無によって分け隔てられることなく，相互に(D)を尊重し合いながら共生する社会の実現に資することを目的とする。

1 就労　　2 基本的人権　　3 生活上
4 学校教育　　5 地域社会　　6 人格と個性
7 障害者基本法　　8 障害者総合支援法

② 次の文は，第2条の条文である。文中の(A)～(D)に入る正しいものを，それぞれあとの1～8のうちから1つずつ選べ。

(定義)

第2条　この法律において「発達障害」とは，自閉症，アスペルガー症候群その他の広汎性発達障害，学習障害，注意欠陥多動性障害その他これに類する(A)の障害であってその症状が(B)において発現するものとして政令で定めるものをいう。

2 この法律において「発達障害者」とは，発達障害がある者であって発達障害及び社会的障壁により日常生活又は社会生活に制限を受けるものをいい，「発達障害児」とは，発達障害者のうち18歳未満のものをいう。

3 この法律において「社会的障壁」とは，発達障害がある者にとって日常生活又は社会生活を営む上で障壁となるような社会における事物，制度，慣行，観念(　C　)ものをいう。

4　この法律において「発達支援」とは，発達障害者に対し，その(　D　)の適正な発達を支援し，及び円滑な社会生活を促進するため行う個々の発達障害者の特性に対応した医療的，福祉的及び教育的援助をいう。

1　学校生活　　2　通常低年齢　　3　心理機能
4　知的機能　　5　これら全ての　　6　脳機能
7　言語機能　　8　その他一切の

(2)　第2章　児童の発達障害の早期発見及び発達障害者の支援のための施策に関する問いに答えよ。

次の文は，第8条の条文である。文中の(　A　)〜(　D　)に入る正しいものを，それぞれ下の1〜8のうちから1つずつ選べ。

(教育)

第8条　国及び地方公共団体は，発達障害児(十八歳以上の発達障害者であって高等学校，中等教育学校及び特別支援学校並びに専修学校の高等課程に在学する者を含む。以下この項において同じ。)が，その年齢及び能力に応じ，かつ，その特性を踏まえた十分な教育を受けられるようにするため，可能な限り発達障害児が発達障害児でない児童と共に教育を受けられるよう配慮しつつ，適切な(　A　)を行うこと，個別の(　B　)の作成(教育に関する業務を行う関係機関と医療，保健，福祉，労働等に関する業務を行う関係機関及び民間団体との連携の下に行う個別の(　C　)に関する計画の作成をいう。)及び個別の指導に関する計画の作成の推進，いじめの防止等のための対策の推進その他の(　D　)の整備を行うことその他必要な措置を講じるものとする。

1　専門的な支援　　2　教育的支援　　3　組織的な支援
4　教育支援計画　　5　指導計画　　6　長期的な支援
7　支援体制　　8　合理的配慮の提供

【13】次の文は，「障害を理由とする差別の解消の推進に関する法律」第7条第2項の条文である。文中の［　A　］及び［　B　］に当てはまる適切な語句を答えよ。ただし，同じ記号には同じ語句が入るものとする。

行政機関等は，その事務又は事業を行うに当たり，障害者から現に［　A　］障壁の除去を必要としている旨の意思の表明があった場合において，その実施に伴う負担が過重でないときは，障害者の権利利益を侵害することとならないよう，当該障害者の性別，年齢及び障害の状態に応じて，［　A　］障壁の除去の実施について必要かつ［　B　］な配慮をしなければならない。

【14】次の文は，ある法令の条文を一部抜粋したものである。あとの各問いに答えよ。

第2条　この法律において「発達障害」とは，[　A　]，アスペルガー症候群その他の広汎性発達障害，(　①　)障害，注意欠陥多動性障害その他これに類する[　B　]機能の障害であってその症状が通常低年齢において発現するものとして政令で定めるものをいう。

第3条　国及び地方公共団体は，発達障害者の(　②　)機能の適正な発達及び円滑な社会生活の促進のために発達障害の症状の発現後できるだけ[　C　]に発達支援を行うことが特に重要であることに鑑み，前条の基本理念(次項及び次条において「基本理念」という。)にのっとり，発達障害の[　C　]発見のため必要な措置を講じるものとする。

2　国及び地方公共団体は，基本理念にのっとり，発達障害児に対し，発達障害の症状の発現後できるだけ[　C　]に，その者の状況に応じて適切に，就学前の発達支援，学校における発達支援その他の発達支援が行われるとともに，発達障害者に対する[　D　]，地域における生活等に関する支援及び発達障害者の家族その他の関係者に対する支援が行われるよう，必要な措置を講じるものとする。

第8条　国及び地方公共団体は，発達障害児(18歳以上の発達障害者であって高等学校，中等教育学校及び特別支援学校並びに専修学校の高等課程に在学する者を含む。以下この項において同じ。)が，その年齢及び(　③　)に応じ，かつ，その[　E　]を踏まえた十分な教育を受けられるようにするため，可能な限り発達障害児が発達障害児でない児童と共に教育を受けられるよう配慮しつつ，適切な教育的支援を行うこと，個別の教育支援計画の作成(教育に関する業務を行う関係機関と医療，保健，福祉，労働等に関する業務を行う関係機関及び民間団体との連携の下に行う個別の(　④　)的な支援に関する計画の作成をいう。)及び個別の指導に関する計画の作成の推進，[　F　]の防止等のための対策の推進その他の支援体制の整備を行うことその他必要な措置を講じるものとする。

(1)　この法令の名称を記せ。

(2)　(　①　)～(　④　)に当てはまる語句を下のア～クから1つずつ選び，記号で記せ。

ア　環境　　イ　心理　　ウ　適応　　エ　短期

オ　能力　　カ　長期　　キ　身体　　ク　学習

(3)　[　A　]～[　F　]に当てはまる語句を記せ。

【15】次のA，B，Cは，ある法律や条約の一部である。あとの各問いに答えよ。

A

「合理的配慮」とは，障害者が他の者との平等を基礎として全ての人権及び(　①　)を享有し，又は行使することを確保するための必要かつ適当な変更及び調整であって，特定の場合において必要とされるものであり，かつ，均衡を失した又は過度の(　②　)を課さないものをいう。

B

この法律は，発達障害者の(　③　)の適正な発達及び円滑な社会生活の促進のために発達障害の症状の発現後できるだけ早期に発達支援を行うとともに，切れ目なく発達障害者の支援を行うことが特に重要であることに鑑み，発達障害者が(　④　)を享有する個人としての(　⑤　)にふさわしい日常生活又は社会生活を営むことができるよう，発達障害を早期に発見し，発達支援を行うことに関する国及び地方公共団体の責務を明らかにするとともに，学校教育における発達障害者への支援，発達障害者の(　⑥　)，発達障害者支援センターの指定等について定めることにより，発達障害者の自立及び社会参加のためのその生活全般にわたる支援を図り，もって全ての国民が，障害の有無によって分け隔てられることなく，相互に人格と個性を尊重し合いながら共生する社会の実現に資することを目的とする。

C

第16条　国及び地方公共団体は，障害者が，その年齢及び能力に応じ，かつ，その(　⑦　)を踏まえた十分な教育が受けられるようにするため，可能な限り障害者である児童及び生徒が障害者でない児童及び生徒と共に教育を受けられるよう配慮しつつ，教育の内容及び方法の改善及び充実を図る等必要な施策を講じなければならない。

第18条　国及び地方公共団体は，障害者の(　⑧　)を尊重しつつ，障害者がその能力に応じて適切な職業に従事することができるようにするため，障害者の多様な(　⑨　)を確保するよう努めるとともに，個々の障害者の特性に配慮した職業相談，職業指導，職業訓練及び職業紹介の実施その他必要な施策を講じなければならない。

(1)　A，B，Cそれぞれの法律名や条約名を答えよ。

(2)　A，B，Cを制定又は締結された年代の古いものから順に並べよ。

(3)　文中の(　①　)～(　⑨　)に適する語句を次からそれぞれ1つ選び，記号で答えよ。

ア　バリアフリー	イ　基本的自由	ウ　整備
エ　身体機能	オ　基本的人権	カ　生命

キ	就労の支援	ク	特徴	ケ	特性
コ	工夫	サ	職業選択の自由	シ	合理的配慮
ス	負担	セ	心理機能	ソ	尊厳
タ	就職のあっせん	チ	就業の機会	ツ	生活
テ	充実	ト	就労に対する意欲		

解答・解説

【1】ア：学習(生活)　イ：生活(学習)　ウ：肢体不自由　エ：弱視　オ：難聴　カ：0.3　キ：拡大鏡　※ウ，エ，オは順不同

【2】②

解説 ①は発達障害者支援法の内容であるので誤り。　③は学校教育法の規定であるので誤り。　④は医学的な診断を重視してではなく，教育，心理学等も含めて総合的に判断しなければならないので誤り。

【3】(1)　学校教育法施行令　(2)　①　視覚障害者　②　0.3　③　聴覚障害者　④　60　⑤　知的障害者　⑥　意思疎通　⑦　援助　⑧　社会生活　⑨　肢体不自由者　⑩　補装具　⑪　筆記　⑫　医学的　⑬　病弱者　⑭　腎臓疾患　⑮　医療

解説 本問が「学習のポイント」で記した学校教育法施行令第22条の3である。

【4】(1)　c→b→e→d　(2)　①　ス　②　イ　③　キ　④　ソ　⑤　ア　⑥　ソ　⑦　サ　⑧　ウ　⑨　ケ　⑩　エ　⑪　ク

解説 (1)　bは平成17年4月1日(公布されたのは平成16年12月10日)，cは平成15年3月28日，dは平成20年7月1日，eは平成17年12月8日である。

【5】①

解説 ② 障害者自立支援法は学校において個別の計画を作成することは義務付けていない。 ③ 知的障害者福祉法は1960(昭和35)年に制定されている。 ④ 障害者の雇用の促進等に関する法律は，1960(昭和35)年に身体障害者雇用促進法という名称で制定され，1987(昭和62)年に現行の名称に改められた。文章の内容は，「子どもの権利条約」に関するものである。

【6】(1) A 5 B 2 C 4 D 9 (2) A 8 B 1 C 7 D 2 (3) A 1 B 5 C 2 D 9

解説 (1) 障害者基本計画(第4次)は，障害者の自立及び社会参加の支援等のための施策の総合的かつ計画的な推進を図るために策定されるものである。 A 障害のある子供の就学先については，本人・保護者の意見を可能な限り尊重し，教育的ニーズと必要な支援について合意形成を行うことを原則としている。 B・C 発達障害を含む障害のある幼児児童生徒の実態把握や支援方策の検討等を行うため，特別支援教育のコーディネーター的な役割を担う教員を「特別支援教育コーディネーター」に指名し，校務分掌に明確に位置付けることとされている。 D 就学時の健康診断は，その実施が市町村教育委員会に義務付けられている。治療の勧告，保健上必要な助言を行うとともに，適正な就学を図ることを目的としている。 (2) A・B 小・中学校等の通常の学級担任に求められる専門性については，一つ目に特別支援教育に関する基礎的知識(障害特性，障害に配慮した指導，個別の指導計画・個別の教育支援計画の作成・活用等)，二つ目に教育基礎理論の一環として，障害種ごとの専門性(障害のある幼児児童生徒の心理・生理・病理，教育課程，指導法)に係る基礎的知識として整理されている(文部科学省HPより)。 C 特別支援学校小学部・中学部学習指導要領(平成29年告示)の総則には，特別支援学校は特別支援教育のセンターとしての役割を果たすよう努めることが示されている。 D 平成19(2007)年から特別支援学校の制度が設けられたことに伴い，授業における個別支援，生活面・安全面に関する支援等のサポートを行ったりする「特別支援教育支援員」の活用が，障害に応じた適切な教育を実施する上で一層重要となってきた。 (3) A・B 特別支援学校等においては，今後はICTを活用した教材をこれまで以上に活用することにより，より効果的な学習支援につなげていくことが求められている。 C 文部科学省においては，「学校施設におけるバリアフリー化の加速に向けた緊急提言」(令和2年)をまとめた。その中では学校施設のバリアフリー化に対する支援策の充実，学校施設のバリアフリー化推進のための普及啓発や技術的支援，学校施設の周辺も含め多面的，一体的なバリアフリー化の推進などが提言されている。 D 特別支援学校教諭免許状については，当分の間，幼・小・中・高等学校の免許状のみで特別支援学校の教員となることが可能とされているが，専門性確保の観点から特別支援学校教諭等免許状保有率を向上させることが必要であるとされている。

【7】 (1) ④　(2) 1 ②　2 ⑤　3 ⑧　4 ④　5 ⑩

解説 (1) 「8 単位」ではなく「7単位」が正しい。 (2) 通級による指導は問題にもある学校教育法施行規則第140条が根拠となる。教育法規分野でも頻出であるため，対象となる障害を含めて全文暗記しておくことが望ましい。 高等学校における通級による指導を制度した背景として，小・中学校において通級による指導を受けている児童生徒の増加，高等学校における通級による指導の制度が未整備だったこと等があげられる。

【8】 ①

解説 イについて，「教科書バリアフリー法」によると，教科用特定図書等とは拡大教科書，点字教科書のほかに「その他障害のある児童及び生徒の学習の用に供するため作成した教材であって検定教科用図書等に代えて使用し得るもの」としており，具体的な名称は示されていない。ただし，文部科学省では教科用特定図書等の一つとして「音声教材」の普及を図っていることから，ここでは「音声教材」が適切と考える。

【9】(1)　○　　(2)　助言又は援助　　(3)　○　　(4)　文部科学大臣
(5)　寄宿舎　　(6)　都道府県

解説 学校教育法の第8章(第72～82条)は特別支援教育についての条文であるため，理解が不可欠である。 (2) 特別支援学校は地域の特別支援教育におけるセンター的機能を果たすことを求められており，地域の学校等や保護者に対し，障害のある児童生徒等の教育についての助言や援助を行うとしている。 (4) 日本の学校における教育課程は，文部科学大臣が「教育課程の基準」として公示する教育要領・学習指導要領に基づいて定められる。 (5) なお，訪問教育部とは，一般的に病気で入院している児童生徒の学習空白を解消するため，教員の派遣・授業の実施を行う部署を指す。 (6) 特別支援学校の設置義務は都道府県にある。

【10】②

解説 小・中学校等における同時双方向型授業配信については，文部科学省通知「小・中学校等における病気療養児に対する同時双方向型授業配信を行った場合の指導要録上の出欠の取扱い等について」(平成30年9月20日)を参照するとよい。②について，指導要録上の取扱い等上，「校長は，指導要録上出席扱いとすること及びその成果を当該教科等の評価に反映することができる」としている。

【11】⑤

解説 ⑤「障害のある児童及び生徒のための教科用特定図書等の普及の促進等に関する法律」によると，教科用図書等とは，視覚障害のある児童及び生徒の学習の用に供するための文字，図形などを拡大して検定教科用図書等を複製した図書，点字により検定教科用図書等を複製した図書，その他障害のある児童及び生徒の学習の用に供するため作成した教材であり，検定教科用図書等に代えて使用する。したがって，検定済教科書等と教科用著書をあわせて給与することはできないと考える。

【12】(1) ① A 7　B 4　C 1　D 6　② A 6　B 2　C 8　D 3　(2) A 2　B 4　C 6　D 7

解説 特別支援教育では，障害に関する法律が頻出なので十分な学習を必要とする。一般的に法の目的，その法律で使われている用語の定義が前(第1条など)にきている。あわせて，特別支援教育，または学校に関係する条文が頻出なので，少なくとも，それら3点の条文は暗誦できるぐらい学習することが望ましい。

【13】A 社会的　B 合理的

解説 障害を理由とする差別の解消の推進に関する法律は，国連の「障害者の権利に関する条約」の締結に向けた国内法制度の整備の一環として制定された。合理的配慮の具体例については文部科学省のホームページ等で学習しておきたい。

【14】(1) 発達障害者支援法　(2) ① ク　② イ　③ オ　④ カ　(3) A 自閉症　B 脳　C 早期　D 就労　E 特性　F いじめ

解説 法律は一般的に第1条で目的，第2条で用語の定義，第3条でその大まかな内容が示されていることが多い。また，前文があれば前文で，その法律の施行目的や成立背景が述べられているので，法律の大意を把握するには前文，および第1～3条ぐらいを見ればよい。本問では条文の空欄補充形式問題となっているので，条文内容を憶える必要があるが，出題されるのは本問のように前出の条文，および(障害者)教育に関する条文が一般的なので，過去問などで頻出の条文をチェックしておこう。なお，発達障害者支援法は「発達障害の早期発見」「発達支援を行うことに関する国及び地方公共団体の責務」「発達障害者の自立及び社会参加に資する支援」を主として，2005年に施行された法律である。

【15】(1) A 障害者の権利に関する条約(障害者権利条約) B 発達障害者支援法 C 障害者基本法 (2) 古 C → B → A 新 (3) ① イ ② ス ③ セ ④ オ ⑤ ソ ⑥ キ ⑦ ケ ⑧ サ ⑨ チ

解説 (1) ある法律や条約の一部から，それぞれの法律名や条約名を答えるには，何度も出てくる言葉に注目するとわかりやすい。この問題では，それぞれのキーワードとなる言葉として，A…合理的配慮，B…発達障害，支援，C…障害者，教育，職業，施策が挙げられる。Aの「障害者の権利に関する条約(障害者権利条約)」は，障害者の人権及び基本的自由の享有を確保し，障害者の固有の尊厳の尊重を促進することを目的として，障害者の権利の実現のための措置等について定める条約である。これは，平成25(2013)年に成立した「障害者差別解消法」の基となる条約である。「障害者差別解消法」は，障害を理由とする差別の解消を推進することを目的として制定された。Bは「発達障害者支援法」である。これは，それまで支援の対象外であった知的障害や，身体障害を伴わない注意欠陥多動性障害，学習障害，高機能自閉症，アスペルガー症候群などを支援の対象として定義した，画期的な法律である。発達障害の早期発見体制と学校や職場での支援体制に関わる施策について，都道府県市町村が責任を持って施行することを義務付け，「発達障害」の認知を広めた。Cは「障害者基本法」である。これは，国としての理念を示し，障害者の自立及び社会参加の支援等のための施策について，国と地方公共団体等の責務を定めた法律である。 (2) Aの「障害者権利条約」は，障害者の権利保護のための初の国際条約であり， 平成18(2006)年に国連総会において採択された。関連する法律である「障害者差別解消法」は，平成25(2013)年の成立である。併せて覚えておくこと。Bの「発達障害者支援法」は，平成17(2005)年に施行された。その後は，平成28(2016)年に改正されている。①発達障害者の支援は，社会的障壁を除去するために行うこと ②乳幼児期から高齢期まで切れ目のない支援を行うため，教育・福祉・医療・労働などが緊密に連携すること ③司法手続きで意思疎通の手段

を確保すること　④国及び都道府県は就労の定着を支援すること　⑤教育現場において個別支援計画，指導計画の作成を推進すること　⑥支援センターの増設を行うこと　⑦都道府県及び政令市に関係機関による協議会を設置すること　などがポイントとして改正された。Cの「障害者基本法」は，昭和45(1970)年に制定された心身障害者対策基本法が改定され，平成5(1993)年に施行された法律である。従って，古い順に並べるとC，B，Aとなる。　(3)　法律や条約は，教員採用試験において頻出問題である。そのため，基本となる法律や条約の特徴や内容をまとめておき，それぞれの関連付けも含めて，把握しておくとよい。

特別支援教育マスター

医学・生理学・病理学

教員採用試験においても，医学的・生理学的・病理学的知識を問う問題は毎年出題されているので，基本的事項はしっかりと学習しておく必要がある。まず，目や耳の構造，脳のしくみ，体の動きの基本となる骨や筋肉の構造，などはおさえておきたい。加えて，それぞれの障害の原因となる病名や疾患名，およびそれぞれの症状についても覚えておかなければならない。ただし，医学・生理学・病理学の細部にまでわたって学習することは困難であろう。そこで，まず第一に，障害別に各章が構成されている特別支援教育の概論書に目を通すと，各章には必ずそれぞれの障害に関する医学・生理学・病理学の基本的な事項について記されているので，その内容を覚えることが先決である。そのあとで，障害ごとに細かな内容の理解を深めていくと効果的であろう。

問題演習

【1】運動発達の過程でみられるモロー反射の記述として適切なものを，次の①～④から1つ選べ。

① 仰向けになると，体幹が反りぎみになり手足が伸びる傾向となり，うつ伏せにすると，体幹が丸くなり手足が曲がる傾向になる反射である。

② 仰向けに寝た状態で頭を持って，顔を左右のどちらかに回すと，顔の向いた側の手足が伸び，反対側の手足が曲がる反射である。

③ 大きな音などで驚いたときに，全身を反らせて，抱きつくように両腕を広げ，大きく口を開く反射である。

④ 抱き上げて体を支え，前方に落下させると，両手を伸ばし，手を開いて体を支えようとする反射である。

【2】平均聴力レベルが40～60dBの聴覚障害の特徴の記述として最も適切なものを，次の①～④から1つ選べ。

① 話声語を4～5m，ささやき語を50cm以内で聞き取れるが，日常生活面では聞き返しが多くなる。

② 通常の話し声を1.5～4.5mで聞き取れるので，言語習得前に障害が生じた場合でも，生活上の支障はそれほど大きくないが，学習上では，言語力不足が問題になる。

③ 通常の話し声を0.2～1.5mで聞き取れるので，補聴器の装用が適正であれば，耳だけでの会話聴取が可能である場合もある。

④ 耳元30cmの大きな声は聞こえ，補聴器の装用によって会話を聴取できるが，聴覚のみでは理解できないことが多く，重要な内容の伝達ではメモの併用などが必要になる。

【3】知的障害とは，「発達期に起こり，知的機能の発達に明らかな遅れがあり，適応行動の困難性を伴う状態」をいうが，その内容の記述として適切なものを，次の①～④から1つ選べ。

①「発達期」とは，知的障害の多くが胎児期，出生時及び出生後の比較的早期に起こることから，3歳以下と規定されることが一般的である。

②「知的機能の発達に明らかな遅れがある」とは，情緒面に同年齢の児童・生徒と比較して平均水準より明らかに遅れが有意にあるということである。

③「適応行動の困難性」とは，日常生活や社会生活，安全，仕事，余暇利用などについて，その年齢段階に標準的に要求されるまでには至っていないことである。

④「適応行動の困難性を伴う状態」は，環境的・社会的条件との関係で変わるものではなく，不変で固定的なものである。

【4】次の文は，脳と人体の構造や運動機能とその障害について述べたものである。文中の(　①　)～(　⑤　)に入る語句の組み合わせとして最

も適切なものを，それぞれ下のa～eの中から一つずつ選びなさい。

脳性まひのうち，頸部と上肢に(　①　)がよく見られるものを(　②　)と呼ぶ。また，平衡機能の障害と運動の(　③　)なコントロールのための調節機能の障害を特徴とするものを(　④　)と呼ぶ。さらに，上肢や下肢を屈伸する場合に，鉛の管を屈伸するような抵抗感があるものを(　⑤　)と呼ぶ。

a　①　不随意運動　②　アテトーゼ型　③　微細　④　失調型　⑤　固縮型

b　①　脊髄反射　②　失調型　③　粗大　④　固縮型　⑤　アテトーゼ型

c　①　不随意運動　②　固縮型　③　粗大　④　アテトーゼ型　⑤　失調型

d　①　不随意運動　②　アテトーゼ型　③　微細　④　固縮型　⑤　失調型

e　①　脊髄反射　②　固縮型　③　微細　④　失調型　⑤　アテトーゼ型

【5】次のような聴覚障害のある児童に関して，あとの問いに答えよ。

平均聴力レベルは，右90dB，左101dBで，左右とも高音漸傾型である。右耳は，8000Hzで，左耳は，4000Hz以上が測定不能であった。聴覚障害以外の障害はない。

(1)　この児童のオージオグラムとして適切なものを，次の①～④から1つ選べ。

①
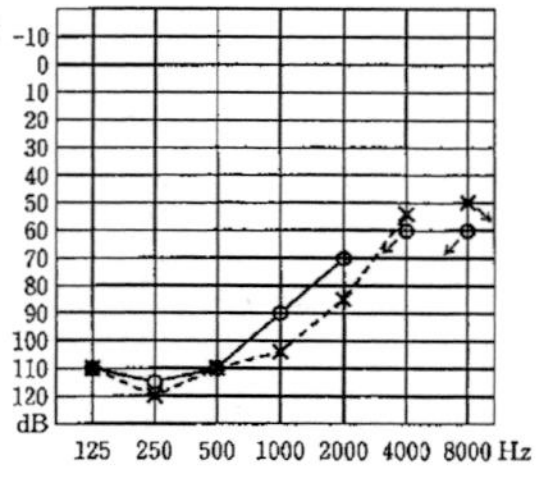

②
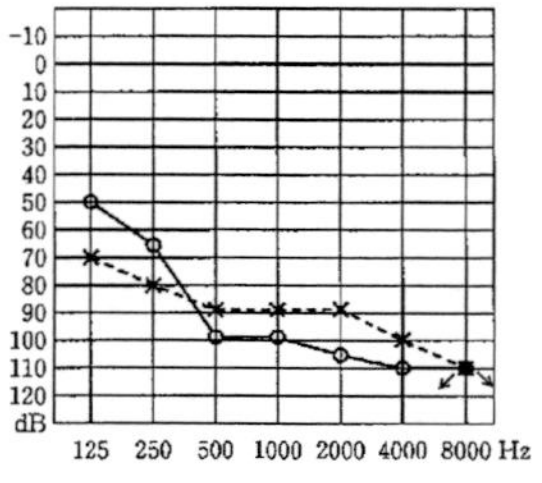

③
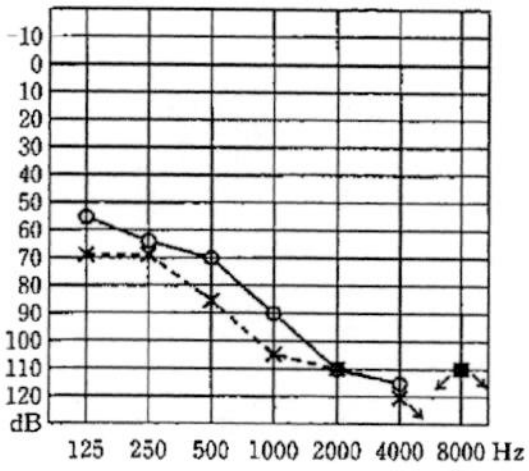

④
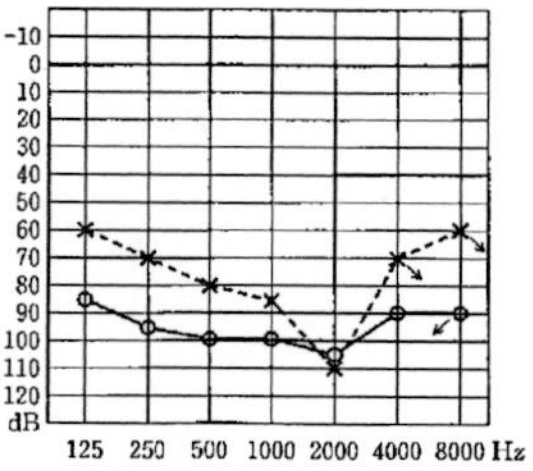

(2)　この児童が有することができる身体障害者手帳の障害程度の等級として適切なものを，次の①～④から1つ選べ。

①　1級　　②　3級　　③　4級　　④　7級

(3)　この児童の聴力の程度に合わせた聴覚活用に関する指導の記述として適切なものを，次の①～④から1つ選べ。

①　補聴器を活用して聞くことには困難があるので，必要な時以外は，補聴器を装用させずに指導する。

②　口話による指導は難しいので，音声言語は用いず，指文字やキュード・スピーチ，手話のみで指導する。

③　補聴器の活用効果が大きいので，耳への負担を考えると，音楽は聞かせず，必要な音だけを聞かせる。

④　補聴器を活用して聞くことが可能なので，補聴器の適切な調整の下，指文字やキュード・スピーチ，手話なども併用する。

【6】眼疾患の特性とその配慮に関する記述として適切なものを，次の①～④から1つ選べ。

①　視神経萎縮は，暗順応に問題が見られ，夜盲を訴えるものが多いので，暗いところでの活動では，夜間歩行用強力ライトの使用などの配慮が必要である。

②　網膜色素変性症は，虹彩や眼底の低色素により，眼内に入った光がハレーションを起こすため，虹彩付きコンタクトレンズの装用等の配慮が必要である。

③　白内障は，水晶体が混濁した状態となり，光の散乱により網膜像

が不鮮明になるので，コントラストの良い教材を準備するなどの配慮が必要である。

④　小眼球は，ぶどう膜欠損を伴い，視野の下半分の広い部分が見えないことが多いので，足下をよく見て歩くよう指導するなどの配慮が必要である。

【7】障害の状態に関する記述として適切なものを，次の①～④から1つ選べ。

①　プラダー・ウィリー症候群は，発達の退行が明瞭な障害で，行動の特徴として，常同行動があり，手もみや手を口に入れる，歯ぎしり，息止めや過呼吸などが目立つ。

②　レット症候群は，高機能の広汎性発達障害であり，早期の言語・認知発達に遅れはないが，年齢が上がっても，対人関係の乏しい傾向や執着的傾向などは残る例が多い。

③　ターナー症候群は，性染色体異常の疾患で，女性のみに限られ，通常，幼児期以降から低身長が目だちはじめるとともに，思春期では，二次性徴の遅れがある。

④　アンジェルマン症候群は，男児のみに起こる遺伝病であり，首がすわらず，1歳頃になると，興奮したり，緊張した時に体をひねったり，手足を突っ張ったりする動きが目立つ。

【8】次の記述ア～エは，脳性まひの病型別の随伴障害についての説明である。その内容の正誤の組合せとして最も適切なものを，あとの①～④のうちから選びなさい。

ア　痙直型：この型は知的障害，てんかん，視覚障害，言語障害などが随伴することもある。身体的には，成長につれて関節拘縮や脱臼・変形を来すことがよく知られている。

イ　アテトーゼ型：この型はしばしば色覚異常を伴う。身体的には，年齢が高くなると，けい髄症による頸部痛の他，上肢のしびれ感や筋力低下を訴えることがある。

ウ　失調型：この型は知的発達の遅れ，視覚障害を伴い，話し言葉が同じ調子になる等の特徴が見られることがある。

エ　固縮型：この型は知的発達の遅れ，皮膚症状を伴うことがよく見られる。

①　アー正　　イー正　　ウー誤　　エー誤
②　アー正　　イー誤　　ウー正　　エー誤
③　アー誤　　イー正　　ウー誤　　エー正
④　アー誤　　イー誤　　ウー正　　エー正

【9】聴覚器官についての記述として最も適切なものを，次の①～④から選べ。

①　耳小骨はキヌタ骨，ツチ骨，アブミ骨からなり，鼓膜の振動をテコの原理でさらに増幅して蝸牛に伝えている。

②　耳小骨と蝸牛は中耳に存在している。

③　中耳や内耳に何らかの原因があって難聴になった場合は伝音難聴となるが，伝音難聴と感音難聴が併存する混合性難聴もある。

④　耳管はのどに通じている管で中耳腔と外耳道の気圧に差が生じるように空気圧の調整をしている。

【10】次のオージオグラムで表された右耳，左耳それぞれの平均聴力レベルを求め，[A]及び[B]に記入せよ。また，[　ア　]に当てはまる適切な語句をあとの語群から選び，記号で答えよ。ただし，平均聴力レベルの算出方法は，国内で一般的に用いられている四分法によるものとする。(単位も記入すること。)

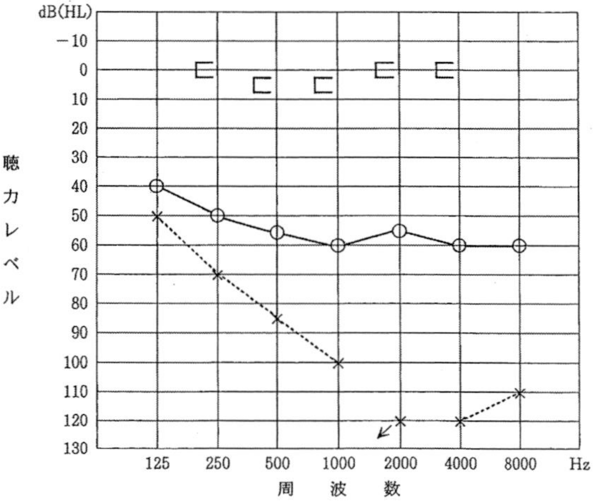

(1)　右耳(気導)の平均聴力レベル　A

(2)　左耳(気導)の平均聴力レベル　B

(3)　このオージオグラムから，被検者の右耳は[　ア　]であると考えられる。

《語群》

a　感音難聴　　b　伝音難聴　　c　混合性難聴

【11】てんかん発作の対応の記述ア～エについて，その内容の正誤の組合せとして最も適切なものを，あとの①～④から選べ。

ア　発作中は呼吸がしにくくなるため，衣服を緩めて呼吸がしやすい体位を取らせる。

イ　発作中は歯を食いしばることにより，口の中に入れた物を噛(か)みちぎったり，歯を折ったりすることがあるので，口の中にタオルなどを入れる。

ウ　発作が収束した後は，いびきをかいて深く眠ることが多いため，名前等を呼び掛けて意識をはっきりさせるようにする。

エ　意識なく動き回る(自動症)ときは，顔色などが良好であれば，刺激せずに安全面に配慮して見守る。

① ア－誤　イ－正　ウ－正　エ－誤
② ア－誤　イ－誤　ウ－正　エ－正
③ ア－正　イ－正　ウ－誤　エ－誤
④ ア－正　イ－誤　ウ－誤　エ－正

【12】次の文はある疾患について述べたものである。その疾患名を，下の①～⑤から1つ選べ。

筋肉が壊れていく遺伝性の疾患の総称で，症状は進行性の筋萎縮と筋力低下である。遺伝形式，症状，経過により幾つもの「型」に分類されている。代表的な型が男子にだけ症状が出るデュシェンヌ型である。デュシェンヌ型は3歳前後より，主に腰や臀部(でんぶ)の筋(腰帯筋)の筋力低下が現れ，歩き方がぎごちないとか，倒れやすいとか，階段上がりができないとか，運動能力の低下で気付かれることが多い。

① ウィリアムズ症候群
② 筋萎縮性側索硬化症
③ 脊髄性筋萎縮症
④ 筋ジストロフィー
⑤ アンジェルマン症候群

【13】肢体不自由について，次の(1)，(2)の問いに答えなさい。

(1) 次の表は，「障害のある子供の教育支援の手引」に示された，脳性まひの病型について，神経症状と随伴障害を述べたものである。[1]～[4]にあてはまる最も適当な語句を，以下の解答群からそれぞれ一つずつ選びなさい。

病型	特徴
[1]	上肢や下肢を屈伸する場合に，鉛の管を屈伸するような抵抗感があるもので，四肢まひに多い。この型は知的発達の遅れ，てんかんを伴うことがよく見られる。
[2]	手や足，特に足のふくらはぎの筋肉等に伸張反射が異常に亢進した状態が見られ，円滑な運動が妨げられていることを主な症状とする脳性まひの一群である。この病型に属する者には，知的障害，視覚障害，言語障害などが随伴することもあり，てんかんを伴うことがある。
[3]	バランスをとるための平衡機能の障害と運動の微細なコントロールのための調節機能の障害を特徴とする。この型は知的発達の遅れ，視覚障害を伴い，話し言葉が同じ調子になる等の特徴が見られることがある。
[4]	不随意運動を主な特徴とするサブタイプと筋緊張変動を主な特徴とするサブタイプの二つがある。この型には知能が高い者がしばしば見られる。意思疎通の面では，他者の話すことは理解できるが構音障害があるために，他者には聞き取りにくい。しばしば難聴を伴う。

＜解答群＞

① 失調型　② 固縮型　③ ベッカー型
④ 肢帯型　⑤ アテトーゼ型　⑥ 痙直型
⑦ 積極奇異型

(2) 次の文章は，「食に関する指導の手引－第二次改訂版－(平成31年3月)」に示された，肢体不自由のある児童生徒についての指導上の留意点について述べたものである。文章中の(ア)～(オ)にあてはまる最も適当な語句の組合せを，以下の解答群から一つ選びなさい。

自分に合った自助食器を使って食べることで，(ア)や意欲が高まります。そのためには，可能な限りその児童生徒に合った(イ)の工夫をした給食が提供できるよう，検討することが必要です。また，咀嚼や(ウ)がしやすくなる事前の(エ)など，とても有効です。(オ)など，専門家の診断や助言に基づき，食形態や指導方法について，保護者と学校の関係者間で十分な検討を行うことが重要です。

＜解答群＞

① ア 手指の操作性　イ 食事量
　ウ 嚥下　エ ガムラビング
　オ 言語聴覚士
② ア 見る機能　イ 栄養バランス
　ウ 発音　エ コミュニケーション
　オ 栄養士
③ ア 食べる機能　イ 食事量
　ウ 滑らかな舌の動き　エ 口腔マッサージ
　オ 栄養士
④ ア 見る機能　イ 食形態
　ウ 発音　エ コミュニケーション
　オ 歯科医
⑤ ア 手指の操作性　イ 栄養バランス

ウ　滑らかな舌の動き　エ　ガムラビング
オ　歯科医
⑥　ア　食べる機能　イ　食形態
ウ　嚥下　エ　口腔マッサージ
オ　言語聴覚士

【14】病弱・身体虚弱について，次の(1)，(2)の問いに答えなさい。

(1)「病弱・身体虚弱教育」について述べたものとして，適当なものを次の①～④のうちから全て選びなさい。

① 病気等により，継続して医療や生活上の管理が必要な子供に対して，必要な配慮を行いながら教育を行っており，病院に隣接又は併設されている学校が多くあります。

② 学校と離れた病院においては，病院内に教室となる場所や職員室等を確保して，分校又は分教室として設置したり，病院・施設，自宅への訪問教育を行ったりしています。

③ 治療等で学習空白のある場合は，グループ学習や個別指導による授業を行ったり，病気との関係で長時間の学習が困難な子供については，学習時間を短くしたりするなどして柔軟に学習できるように配慮しています。

④ 入院中は，身体面の健康維持とともに，病気に対する不安感や自信の喪失などに対するメンタル面の健康維持のための学習が必要なため，自立活動のみで教育課程を編成します。

(2) 次の表は，「障害のある子供の教育支援の手引」に示された，病弱教育の対象となる病気等の説明についてまとめたものである。［　1　］～［　5　］にあてはまる最も適当な語句を，以下の解答群からそれぞれ一つずつ選びなさい。

病名	症状
1	療養中の子供には，入院という生活上の大きな変化・長期間の療養のほか，副作用として脱毛等の外見の変化などを伴うことが多い。発達段階に応じた指導を展開することにより，子供の晩期合併症等への不安を軽減させ，QOL の向上につながるものにすることが大切である。
2	筋肉が壊死と部分的な再生を繰り返すことにより萎縮を生ずる遺伝性疾患の総称で，主症状は進行性の筋萎縮と筋力低下である。筋肉の機能低下により摂食・嚥下障害も起こるので，食べ物にとろみを付ける・細かく刻むなど調理方法を工夫することも必要である。学校生活では，残存機能を最大限に活かし，個性を伸ばすことが重要である。
3	非常に早い周期で気分の波が現れたり，そうかと思うと完全に症状が無くなる間欠期が，見られたりする場面もある。子供が情動不安定になっても，病気の症状のために自己制御が困難であるとの認識に基づいて，教員が子供の行動に振り回されずに，いつも変わらず落ち着いた態度で接することが求められる。
4	大量の蛋白尿により血清蛋白が減少する疾患で，むくみを認めることが多い。ステロイド薬の副作用として，ムーンフェイス，多毛，にきびなどの薬をやめれば治るものと，感染やショック，骨がもろくなる，緑内障や白内障などの目の障害，身長の伸びが抑制されるなどの，重大な合併症も存在する。過労やストレスも再発の誘因になることがあるため，合併症や副作用が存在する場合の配慮と同様に生活指導にも配慮が必要である。
5	発作を起こさないようにするには，発作を誘発する危険性の高い刺激を減らすことである。次に長期管理薬を毎日定期的に使用する。吸入ステロイド薬や抗アレルギー薬が中心で，発作がなくなっても継続する必要がある。運動などを継続することも重要である。夜間睡眠の障害や運動の制限，学校欠席などを余儀なくされている子供が多い。適切な医療的管理を継続できるようにするため，適宜教員等が指導するなどして，子供を支援する必要がある。

＜解答群＞

① 精神疾患　　② 糖尿病
③ ネフローゼ症候群　　④ 肥満
⑤ 悪性新生物　　⑥ 気管支喘息
⑦ 筋ジストロフィー　　⑧ 川崎病

【15】視覚障害は，眼球及び視路(視神経から大脳視覚中枢までを含む。)で構成されている視覚機構のいずれかの部分の障害によって起こる。次の図は眼球の水平断面図である。下の(1)から(2)の問いに答えよ。

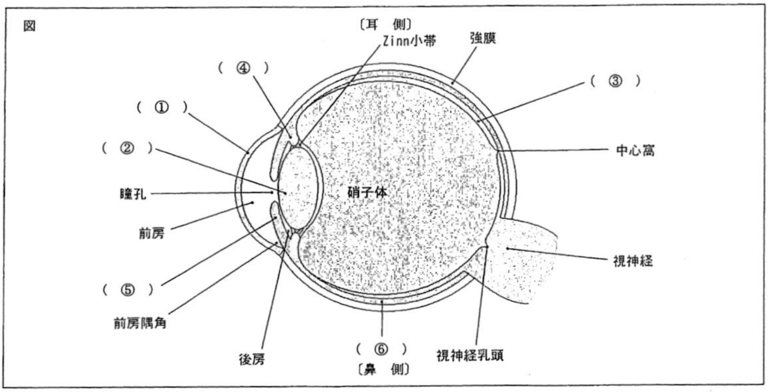

(1) 次のaからeの文は，図にある視覚器官の役割を述べたものである。図の(①)から(⑥)と，文aからeの(①)から(⑥)には

同じ語句が入る。(①)から(⑥)に当てはまる語句を下のア～シからそれぞれ1つ選び，記号で答えよ。ただし，同じ番号には同じ語句が入るものとする。

a (①)と(②)は透明で光線を屈折し，カメラのレンズの役割を果たす。

b (③)はフィルムに相当し，(③)にある視細胞のうち色や形を主として感じる錐体細胞は黄斑中心窩付近で，暗所で光を主として感じる杆体細胞は(③)中間部で密に配列している。

c ピント合わせは，(④)筋やZinn小帯の働きで，(②)の弾性により屈折力が変化して行われる。

d (⑤)，(④)，(⑥)は色素に富んでいて，眼球内部を暗箱にしている。

e (⑤)の働きで瞳孔径が大きくなったり小さくなったりするが，これはカメラの絞りに相当する。

ア	視索	イ	黄斑部	ウ	角膜	エ	涙点
オ	脈絡膜	カ	虹彩	キ	毛様体	ク	水晶体
ケ	外眼筋	コ	内直筋	サ	眼輪筋	シ	網膜

(2) 次のAからCの文は視覚に関する疾患について述べたものである。AからCに当てはまる語句をあとのア～ケからそれぞれ1つ選び，記号で答えよ。

A 高度の夜盲症と進行性の視野狭窄を主症状とする遺伝性の病気である。進行の程度には個人差があり，高齢になるまで視力の良いものから，非常に早期に視覚障害となってしまうものまである。

B 先天性で子どもの生命にかかわることがある重篤な眼病である。出生直後から3歳ぐらいに両眼性または片眼性に発生し，瞳孔が猫の眼のように白く光ることから気づくことが多く，「猫眼」といわれる。

C 眼圧が高いために視神経繊維が障害され，視力，視野に障害をおこしたもので，放置すれば失明にいたる疾患である。先天性と後天性がある。

ア	緑内障	イ	網膜色素変性症	ウ	強度近視
エ	網膜芽細胞腫	オ	視神経萎縮	カ	網膜黄斑変性症

解答・解説

【1】③

解説 ①は緊張性迷路反射の説明である。 ②は(非対称性)緊張性頸反射の説明である。 ④はパラシュート反射の説明である。

【2】②

解説 ①と③は平均聴力レベルが40dB以下の場合の説明である。 ④は平均聴力レベルが60dB以上の場合の説明である。

【3】③

解説 ①にある発達期とは，18歳以前の時期である。 ②の知的機能の発達の遅れとは，一般的な知能検査によって測定された知能が平均的な水準よりも明らかに低いと考えられる状態にあることをさす。 ④の適応行動の困難性を伴う状態については，不変で固定的なものとは考えられていない。

【4】a

〈解説〉(1) 脳性まひはアテトーゼ型，痙直型，固縮型，失調型，混合型に分類される。頻度が高いのがアテトーゼ型と痙直型で，アテトーゼ型では四肢の不随意運動，筋緊張の変動などが見られ，知的発達は比較的保たれる。痙直型と固縮型では，四肢の動きが少なく，筋緊張が全体的に高く，知的発達の障害の程度は様々である。混合型は，アテトーゼ型と痙直型の症状をあわせ持つなど，2つ以上のタイプが同時に混在している場合を指す。

【5】(1) ③　(2) ②　(3) ④

解説 (3) ①は，補聴器を活用して聞くことが可能であり，常に補聴器を装用させる必要がある。 ②は，口話による指導が可能なので，音声言語を用いないのは間違い。 ③は「音楽は聞かせず，必要な音だけを聞かせる」が間違い。補聴器の効果が大きいので，むしろ様々な音を聞かせるようにする。

【6】③

解説 ① 網膜色素変性症の説明。 ② 白子症の説明。 ④ 小眼球では，視野の上半分の広い範囲が見えない。

【7】③

解説 ①の説明はレット症候群の症状である。プラダー・ウィリー症候群は低身長，乳幼児期の筋緊張の低さ，軽度から中度の知的障害，認知・情緒面の発達障害，過食と肥満といった点を特徴とする。 ②のレット症候群は広汎性発達障害の一つではあるが，乳児期に退行を生じ，症状は重く，高機能ではない。レット症候群の特徴は上述の通り①の記述にあるものだが，加えて女児のみにみられるという点も特徴的である。高機能の広汎性発達障害で，記述内容に該当するのはアスペルガー症候群である。 ④の記述はレッシュ・ナイハン症候群のものである。アンジェルマン症候群は重度の知的障害，言語発達の遅れ，動作や平衡の異常を特徴とする。腕を上げながら歩くことがあり，操り人形様歩行と言われる。多幸感があり，何もないときでも笑うことがある。

【8】②

解説 脳性まひは，筋緊張や姿勢の違いからいくつかの病型に分けられる。アテトーゼ型の大きな特徴は，筋緊張の制御が難しいことにより，不随意運動が生じることであり，「色覚異常を伴う」は誤りである。固縮型は，関節の多動運動に対する抵抗が鉛を曲げるように強いという特徴をもつ。問題文では「皮膚症状を伴う」という部分が誤りとなる。

【9】①

解説 ② 耳小骨は中耳に存在しているが，蝸牛は内耳に存在している。
③ 伝音難聴は外耳や中耳で構成される伝音器の障害が原因であり，感音難聴は内耳や聴神経などで構成される感音器の障害が原因である。そして，伝音難聴と感音難聴が混合したものを混合性難聴という。
④ 耳管は中耳腔と上咽頭をつなぐ管であり，中耳腔内と外気の気圧を調整するはたらきがある。

【10】(1) A 58dB (2) 103dB以上 (3) b

解説 (1)～(2) オージオグラムの「○(右)・×(左)」は気導聴力検査の結果，上にある長方形の横一辺をとったような形は骨導聴力検査の結果である。また，平均聴力の算出では四分法が一般的であり，算式は$\frac{500\text{Hz}+(1000\text{Hz}\times2)+2000\text{Hz}}{4}$である。したがって，右耳の平均聴力レベルは，$\frac{55+60\times2+55}{4}=57.5$〔dB〕となる。一方，左耳では2000Hzでスケールアウトがみられる。この場合，その値(120dB)に5Hzを加えて平均聴力を算出し，結果の数値の最後に「以上」と記載する。したがって，$\frac{85+100\times2+125}{4}=102.5$〔dB〕以上，となる。
(3) 骨導聴力検査結果で聴力の低下はみられないことから，伝音系の異常による伝音性難聴であることがわかる。感音性難聴の場合，骨導・気導ともに聴力の低下がみられ，その値はおおむね一致する。混合性難聴でも，骨導での聴力の低下がみられる。

【11】④

解説 イ てんかん発作時には，呼吸をするため気道の確保を優先しなければならないが，口の中にタオルを入れると，そのタオルで窒息してしまう可能性があるので入れないほうがよい。 ウ てんかん発作後，いびきをかいて眠った場合は，そのままにしてもよい。ただし，眠りが2～3時間を超える場合は救急車を要請するといった対処が必要になる。

【12】④

解説 筋ジストロフィーはデュシェンヌ型のほかに，ベッカー型，福山型，筋強直性型などがある。なお，ウィリアムズ症候群は7番染色体の一部欠損が原因であり，視空間に関連する課題の遂行に支障が生じることがある。筋萎縮性側索硬化症(ALS)とは，手足・のど・舌の筋肉や呼吸に必要な筋肉がだんだんやせて力がなくなっていく病気である。脊髄性筋萎縮症(SMA)とは，脊髄の運動神経細胞(脊髄前角細胞)の病変によって起こる神経原性の筋萎縮症で，ALSと同じ運動ニューロン病の範疇に入る病気であり，体幹や四肢の筋力低下，筋萎縮を進行性に示す。アンジェルマン症候群は15番染色体が原因であり，知的発達の遅れのほか，言語障害，歩行失調，笑い発作などが伴う。

【13】(1)　1　②　　2　⑥　　3　①　　4　⑤　　(2)　⑥

解説 (1)　固縮型は「鉛の管を屈伸するような抵抗感」，痙直型は「足のふくらはぎの筋肉等に伸張反射が異常に亢進した状態が見られる」，失調型は「平衡機能と調整機能の障害」，アテトーゼ型は「不随運動を主な特徴とするサブタイプと筋緊張変動を主な特徴とするサブタイプの二つがある」が特徴といえる。なお，③ベッカー型と④肢帯型は筋ジストロフィー，⑦積極奇異型はアスペルガー症候群の型である。
(2)　食形態や嚥下については言語聴覚士の専門である。ガムラビングとは，指を口に入れて行う歯ぐきのストレッチのことである。

【14】(1)　①，②，③　　(2)　1　⑤　　2　⑦　　3　①　　4　③　5　⑥

解説 (1)　④　入院中の場合，病院内にある特別支援学級に通うことがある。各教科の他，健康の回復・改善等を図るための自立活動の指導も行われている。　(2)　なお，⑧川崎病は，乳幼児期に好発する小児の代表的な後天性心疾患で，発熱や目の充血，唇の発赤，発疹などの症状が現れる。冠動脈瘤と合併すると長期的な内服薬の使用や，運動制限などが必要となる場合もある。

【15】(1) ① ウ　② ク　③ シ　④ キ　⑤ カ
⑥ オ　(2) A イ　B エ　C ア

解説 (1)　眼に関する問いで最も難しいのは膜の位置についてであろう。前房を覆っているのは角膜であり，眼球内の最も内側に位置しているのが像を映す網膜，最も外側に位置するのは脈絡膜である。

(2)　Aの網膜色素変性症は発症してから視力が落ちていく，進行性の疾患という特徴を持つ。Bの網膜芽細胞腫は網膜にできる悪性の腫瘍であり，腫瘍に光が反射することで瞳孔が白く光る。Cの緑内障は進行が急速で，永続的な視覚障害を起こすことがある。なお，ウの強度近視は先天的な強度屈折異常により，目を近づけても鮮明に見ることができない疾患。オの視神経萎縮は視神経乳頭が蒼白化し，視力の低下や視野欠損がみられる疾患。カの網膜黄斑変性症は，網膜細胞の毛細血管が異常な発達を見せる疾患。キの未熟児網膜症は予定日よりも早く生まれた乳児で網膜の異常な発達が見られる疾患。クの小眼球は，先天的に眼球の小さい疾患。ケの白内障は，水晶体が白濁してしまうことにより視界が濁る症状の疾患である。

特別支援教育マスター

心理・検査法

障害のある子どもに対する指導においては，子どもの実態把握は極めて重要であり，教育現場では各種の検査が行われている。そのため，教員採用試験においても特別支援教育の領域において使用される検査に関する問題は頻出しているので，基本的な検査の名称，検査の内容，検査の手続き，検査結果の処理や解釈の方法，などについては理解を深めておきたい。特別支援教育の概論書の中には，検査に関する章を設けてあるものや，資料として特別支援教育において用いられる諸検査を簡潔にまとめてあるものもみられるので，これらを活用して学習を進めるとよいであろう。しかし，実際に自分で検査用具・用紙などに直接触れ，実施してみることが最も有効な学習方法であることを忘れてはならない。

問題演習

【1】Wechsler式知能検査の種類と対象の組合せについて最も適切なものを，次の①～④のうちから選びなさい。

	【幼児用】		【児童用】		【成人用】
①	WPPSI	—	WISC	—	WAIS
②	WPPSI	—	WAIS	—	WISC
③	WAIS	—	WISC	—	WPPSI
④	WAIS	—	WPPSI	—	WISC

【2】次の各問いに答えよ。

問1　次の文は，知能検査や発達検査を実施する上での工夫について説明したものである。以下の各問いに答えよ。

検査の実施に当たっては，それらの検査の実施に習熟した検査者が担当することが重要である。特に，検査場面での円滑な実施のために，事前に検査者と子供が一緒に遊ぶなどして，【　A　】関係を築いておくことが大切である。 知能検査や発達検査には，①設定された場で検査項目ごとに，検査者が被検査者に反応を求めながら判断する方法，②被検査者の【　B　】観察をする方法，③被検査者をよく知る保護者等に尋ねたり，記録様式を定めて保護者等に記入してもらったりして，検査項目ごとに「できる・できない」を判断する方法がある。その際には，「もう少しで達成しそうである」など記録を残しておくことも大切である。

(1)　【　A　】，【　B　】に当てはまる語を，漢字2字で答えよ。

(2)　下線部の方法を用いる検査の名称を，次の＜選択肢＞から1つ選び，記号で答えよ。

＜選択肢＞

ア　田中ビネー知能検査Ⅴ　　　イ　新版K式発達検査

ウ　ロールシャッハ・テスト　　エ　S－M社会生活能力検査

問2　次の文は，遠城寺式乳幼児分析的発達検査法(九州大学小児科改訂新装版)の特徴について，説明したものである。内容が誤っているものを，次の＜選択肢＞から2つ選び，記号で答えよ。

＜選択肢＞

ア　簡単に短時間で検査でき，検査用具も一切必要ない。

イ　検査表の発達グラフ及び検査問題は左から，移動運動，手の運動，基本的習慣，対人関係，発語，言語理解と並んでいる。

ウ　障害のない子供でも発達の様相がグラフに表され，育て方や環境の診断に役立つことがある。

エ　検査の間隔は，乳児では1か月，以後3か月おきに行うのが適当である。

オ　同一検査用紙に検査結果を何回も記入することができ，前の検査結果と比較して発達の状況を継続的にみていくことができる。

問3　次の表は，A児の田中ビネー知能検査Ⅴの結果である。以下の各問いに答えよ。

<表>

A児	検査年月日	2021年　8月　9日
	生年月日	2016年　5月　6日
	基底年齢	2歳
	精神年齢（MA）	3歳6か月

(1)　A児の生活年齢(CA)を答えよ。

(2)　A児の知能指数(IQ)を，小数第一位を四捨五入して整数で答えよ。

【3】言語発達に障害のある児童・生徒の指導方法に関する記述として適切なものを，次の①～④から1つ選べ。

①　インリアルアプローチは，四つの基本姿勢をもって子どもに接し，自然な遊び場面の中で，自発的な表現を引き出そうとする指導法である。

②　TEACCHプログラムは，言語発達遅滞検査で子供の言語レベルを評価し，発達段階に応じて，言語の形式や意味などの習得に重点をおく指導法である。

③　ポーテージプログラムは，言語発達促進訓練として開発され，音声と同時にサインを提示しながら行う指導法である。

④　S - S法は，言語だけでなく，運動・社会性・認知・生活習慣など子供の全体発達を促す指導法である。

【4】次の文は，視力の測定について述べたものである。空欄に当てはまる語句の組合せとして最も適切なものを，あとの①～④から1つ選べ。

視力測定は，「(　ア　)」を視標とした万国式試視力表を用いて行われる。視力(　イ　)未満の場合は，指の本数が確認できる状態を「指数(弁)」，目の前の手の動きがわかる状態を「手動(弁)」，明暗を識別できる状態を「光覚(弁)」で表す。

① ア ジオプトリー イ 0.01
② ア ランドルト環 イ 0.01
③ ア ランドルト環 イ 0.001
④ ア ジオプトリー イ 0.001

【5】次のグラフは，聴覚障害のある児童のオージオグラムである。これからわかることを述べているものとして適切なものを，下の①～④から1つ選べ。

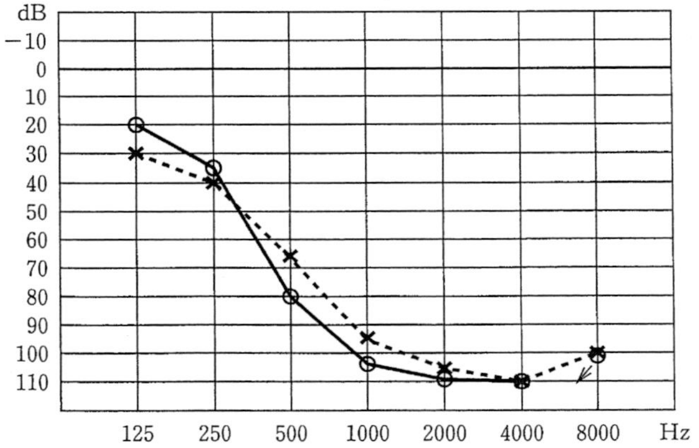

① このような聴力障害を低音障害型という。
② 平均聴力レベルは，右耳90dB，左耳75dBである。
③ 8,000Hzにおける右耳の聴力は，測定不能であった。
④ この聴力障害の状態では，補聴器を装用しなくても，語音情報を得ることができる。

【6】関節可動域測定法について，図に測定上の<u>誤りのあるもの</u>を次のア～エから1つ選び，その理由を書け。

ア　肩関節外転

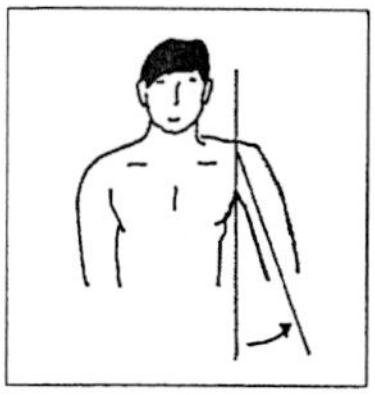

イ　手関節伸展

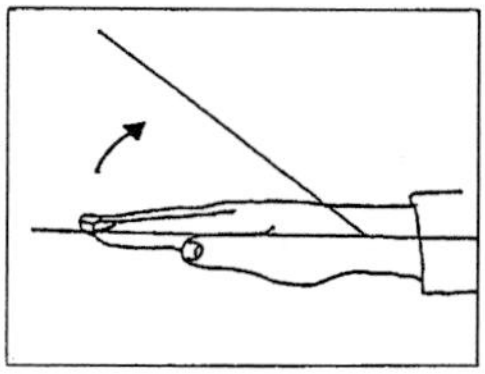

ウ　頚部側屈

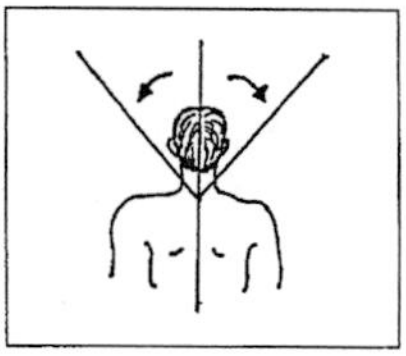

エ　股関節伸展

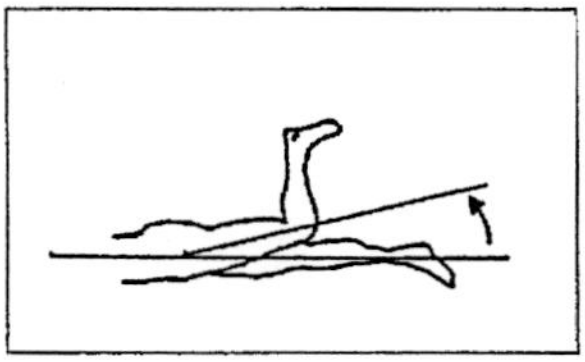

【7】視力検査の方法に関する記述として適切なものを，次の①～④から1つ選べ。

① 遠距離視力検査は，一般的に，5mの距離で，ランドルト環を視標とした万国式試視力表を用いて測定される。

② 遠距離視力検査は，一般的に，ランドルト環の切れ目の方向を変えながら4回提示し，2回正しく判断したとき正解とする。

③ 遠距離視力検査は，一番大きな視標が正解できなかった場合，検査を終了し，「測定不能」とする。

④ 最大視認力検査は，一般的に，30cmの距離で，近距離視力検査表を用いて測定される。

【8】条件詮索反応聴力検査の説明として適切なものを，次の①～④から1つ選べ。

① 純音を受話器によって聞かせ，聞こえる最も小さい音の強さを最小可聴値とよび，その人の聴力を示す。

② 50語ないし20語を録音してある単音節のリストを受話器から聞かせ，音をしだいに強め，いくつ正しく聞き取れたかをパーセントで

示す。

③　音に対する脳の聴覚路から誘発電位を加算することにより得られる反応において，第V波とよばれる波が最も著明で聴力との関連も強いので，聴力の指標とする。

④　音刺激を与え，その後の光刺激と組み合わせて条件形成を行うことにより，音刺激のみで光刺激の与えられる方向に振り向く運動を指標とする。

【9】次の文は，特定の性格検査について説明をしたものである。その性格検査名として，最も適切なものを，次の①～⑤から1つ選べ。

12個の性格因子におけるプロフィールから性格を診断する120項目からなる質問紙法検査。

①　モーズレイ性格検査
②　P-Fスタディ
③　矢田部・ギルフォード(YG)性格検査
④　ロールシャッハ・テスト
⑤　16PF性格検査

【10】知的障害のある児童・生徒の実態を把握するための知能検査に関する記述として適切なものを，次の①～④から1つ選べ。

①　P-Fスタディは，積木を組み合わせて，指示された模様図を構成することによって測定し，結果は速さと正確さで採点する。

②　ロールシャッハ・テストは，言語性の検査と動作性の検査があり，結果はプロフィール法と指数法で表示される。

③　グッドイナフ人物画法は，画用紙と鉛筆だけで実施できる簡便性があり，知能，言語，聴覚に障害のある児童・生徒にも適用でき，結果は合計点から精神年齢を算出する。

④　ウェクスラー法知能検査は，問題が年齢に沿って難易度順に構成されており，結果は精神年齢と知能指数をもって算出する。

【11】田中ビネー式知能検査Vについて，(1)，(2)の問いに答えよ。

(1) 次の文は，「田中ビネー式知能検査V 理論マニュアル」第1章2 (5) 3) IQかDIQかより抜粋したものである。文中の(A)～(D)に入る正しいものを，それぞれ下の1～8から1つずつ選べ。

現在，日本で発行されている知能検査のほとんどが偏差知能指数(DIQ)を採用し，同年齢集団の中での(A)で知的発達を捉えようとしている。また，知能を分析的に(B)傾向にあり，結果もプロフィール等で表示する構成となっている。さらに，1986年に発刊されたスタンフォード・ビネー知能尺度第4版が年齢尺度を廃止し，(C)的な検査となり，ビネー法とかけ離れてきたことは先に述べた。

従来のIQや精神年齢という尺度を持っている検査は「田中ビネー知能検査」の他はごく少数である。

さて，これらの傾向をどのように考えるのか，これからの田中ビネー知能検査法はどうあるべきかの議論を尽くした。その結果，ビネー法が幼い子どもたちの発達を捉える尺度として出発したことを考えると，精神年齢は残したいと考えた。なぜなら，(D)の手がかりになるからである。

1 多重構造　2 評価する　3 発達援助　4 相対評価
5 診断する　6 認知処理過程　7 教育的支援
8 因子構造

(2) 次の文は，「田中ビネー式知能検査V 理論マニュアル」第1章2 (5) 4)成人の知能を分析的に測定より抜粋したものである。文中の(A)～(D)に入る正しいものを，それぞれあとの1～8のうちから1つずつ選べ。

結晶性領域：田中ビネー知能検査Vでは，「抽象語」「概念の共通点」「文の構成」「(A)」「概念の区別」の5下位検査がこの領域に属する。

結晶性知能とは，ホーンとキャッテルの唱えた知能モデル「結晶性知能」と「流動性知能」のうちの1つである。

結晶性知能は経験の積み重ねによって獲得される能力である。人は生きていくうえでさまざまな経験をする。そして経験をとおして学習し，いろいろなことに熟達していく。結晶性知能は一生涯を通じて発達していくと考えられており，いわば“結晶”していく能力なのである。

田中ビネー知能検査においては，従来から結晶性知能にあたる検査問題は潤沢に用意されていた。したがって，小問の内容に多少の変更を加えただけで，新たな問題を創作する必要はなかった。

流動性領域：田中ビネー知能検査Vでは，「積木の立体構成」「(　B　)」の2下位検査がこの領域に属する。

流動性知能は，上記の結晶性知能と対になるものである。

この能力は，主に(　C　)の機能が土台となって決定されるもので，経験の関与はあまりない。物事をいかに速く，より正確に行えるかといった情報処理過程にかかわる能力である。したがって，この能力は生理機能の発達とともに上昇し，それが衰えるにしたがって下降する。一般的には20歳代前半をピークとし，その後は低下するといわれる。

従来の田中ビネー知能検査，特に成人級でこの領域に属する問題はほとんどなかった。そのため，田中ビネー知能検査Vで新たに上記，2問題を作成したのである。(　D　)も流動性知能の特徴的指標であるため，2問題とも時間加算得点が設けられている。

1　神経系　　2　図形の推理　　3　文の理解
4　情報処理　　5　マトリックス　　6　迷路
7　スピード　　8　ことわざの解釈

【12】次の各文は，視機能検査について述べたものである。あとの各問いに答えよ。

○　視力検査は，字ひとつ視力を測定するためのランドルト環[　A　]を使用して，片眼ずつ及び両眼で測定する。遠距離視力([　ア　])，近距離視力([　イ　])，及び[　ウ　]視認力(近距離視力表を用いて，最も見やすい距離で視認できた[　エ　]視標の値で，[　エ　]可読視標ともいう)を測定する。

○　幼児や知的発達に遅れのある児童の視力検査法として，絵視標や森実式[B]を用いる方法，縞視標を用いる検査法として[C]やPL法がある。

○　視野検査は[　オ　]行い，8方向において眼を動かさずに見える範囲を測定する検査で，視野の広さを測る周辺視野検査と視角30度以内の部分での暗点を調べる中心視野検査とがある。

(1)　文中の[A]～[C]に当てはまる適切な語句を答えよ。ただし，[C]はアルファベット3文字とする。

(2)　文中の[　ア　]～[　オ　]に当てはまる適切な語句を次の語群から選び，記号で答えよ。ただし，同じ記号には同じ語句が入るものとする。

《語群》

a　30cm	b　片眼ずつ	c　最小	d　最大	e　5m
f　両眼で	g　3m	h　広角	i　狭小	

【13】純音聴力検査についての記述として適切ではないものを，次の①～④から1つ選べ。

①　最小可聴値検査は，気導聴力と骨導聴力とで行い，両域値の関係から障害が伝音性のものか，感音性のものかを判断する。

②　障害部位を判定するためのリクルートメント現象の検出(内耳性の聴覚障害)検査や，順応現象(後迷路性の聴覚障害)の検出や，補聴器のフィッティングのための聴野(聞こえのダイナミックレンジ)の測定など域値上の検査もある。

③　オージオグラムは縦軸に周波数，横軸に聴力レベルを，それぞれヘルツ(Hz)とデシベル(dB)で表す。

④　125ヘルツから250，500，1000，2000，4000，8000ヘルツの7周波数を調べるものである。

【14】応用行動分析についての記述として適切ではないものを，次の①～④から選べ。

① 問題行動は要求，注目，回避，感覚の4つのうちどれかによって強化されるといわれている。

② 問題行動を，事前の出来事，行動，結果の3つに整理し，そこから問題行動の強化子を探る作業を機能分析あるいはABC分析と言う。

③ プロンプトとは，複雑な行動を1ステップずつ指導することである。

④ 般化とは，ある場面で獲得されたスキルを，それ以外の場面で使えるようにすることをさす。

【15】次の文は，ヴィマー(Wimmer)とパーナー(Perner)の1983年の研究についての説明である。空欄[　ア　]～[　エ　]に当てはまるものの組合せとして最も適切なものを，あとの①～④から1つ選べ。

ヴィマーとパーナーは次の実験方法により幼児期の「[　ア　]」の発達過程を調べる研究を発表した。

「マクシは，お母さんの買い物袋をあける手伝いをし，〈緑〉の戸棚にチョコレートを入れた後，遊び場に出かけた。マクシのいない間に，お母さんは戸棚からチョコレートを取り出し，ケーキを作るために少し使い，その後それを〈緑〉ではなく〈青〉の戸棚にしまった。お母さんは卵を買うために出かけた。しばらくしてマクシは，お腹をすかせて遊び場から戻ってきた」

このようなお話を子供に聞かせた後，「マクシはチョコレートがどこにあると思っているだろうか？」という質問に対して，子供が正しく〈[　イ　]〉の戸棚を選ぶと，マクシの誤った信念(思い込み)を正しく推測することができたということになる。

[　ウ　]歳児以前の子どもたちが「誤った信念」課題に対して正解できず，[　エ　]歳以降になると正解率が高くなるという事実は，その後の追試研究でも一貫してみられている。

① ア 心の理論 イ 緑 ウ 3 エ 4
② ア 心の理論 イ 青 ウ 5 エ 6
③ ア 認知 イ 青 ウ 3 エ 4
④ ア 認知 イ 緑 ウ 5 エ 6

【16】知能検査，発達検査について述べたものとして誤っているものを，次の①～⑤から1つ選べ。

① 田中ビネー知能検査Ⅴの対象年齢は，2歳から成人までである。2歳から13歳までは精神年齢を算出して知能指数を導く形式であり，14歳以上では，「結晶性領域」「流動性領域」「記憶領域」「論理推理領域」の領域別偏差知能指数と総合偏差知能指数を算出する。

② WISC－Ⅳ知能検査の対象年齢は，5歳0か月から16歳11か月までである。15の下位検査(基本検査：10，補助検査：5)で構成されており，10の基本検査を実施することで，5つの合成得点(全検査知能指数，4つの指標得点)を算出する。4つの指標は，「言語理解」「知覚推理」「ワーキングメモリー」「処理速度」である。

③ 遠城寺式乳幼児分析的発達診断検査の対象年齢は，0か月から4歳7か月までである。運動，社会性，言語の3つの分野から質問項目を構成し，「移動運動」「手の運動」「基本的習慣」「対人関係」「発語」「言語理解」の6つの領域によって診断する。

④ DN－CAS認知評価システムの対象年齢は，5歳0か月から17歳11か月までである。「プランニング」「注意」「同時処理」「継次処理」の4つの認知領域からなり，言語的知識や視覚的知識にあまり頼らずに認知活動の状態を評価できるよう工夫されている。

⑤ S－M社会生活能力検査第3版の対象年齢は，0歳1か月から6歳11か月までである。「運動」「操作」「理解言語」「表出言語」「概念」「対子ども社会性」「対成人社会性」「しつけ」「食事」の9つの領域に関して，子供の日頃の行動をよく観察している保護者等が回答して領域別発達年齢と総合発達年齢を算出する。

解答・解説

【1】①

解説 ウェクスラー式知能検査に係る基本的な問題である。幼児用の検査をWPPSI(Wechsler Preschool and Primary Scale of Intelligence)，児童用をWISC(Wechsler Intelligence Scale for Children)，成人用をWAIS(Wechsler Adult Intelligence Scale)という。

【2】問1 (1) A 信頼 B 行動 (2) エ 問2 ア，エ
問3 (1) 5歳3か月 (2) 67

解説 問1 (1) A 検査に当たっては，被検査者が安心して取り組めるように，検査者との信頼関係を築くことが大切である。 B 発達障害の検査では，子供を直接検査するもののほかに，行動観察する検査や，保護者，関係者からの聞き取りによる検査などがある。
(2) ア 「田中ビネー式知能検査」は，個人面接法による知能検査である。 イ 「新版K式発達検査」は，発達の精密な観察を行い，精神発達の全体像を捉えるための検査で，直接検査の代表的なものである。 ウ 「ロールシャッハテスト」は，心理検査の投影法の一つで，図版を用いた人格検査である。 問2 ア 検査項目には検査しやすい問題が選ばれていて，検査が容易であり，特別の器具や技能を必要としない。検査法の本にはカードなどが付いているが，ほかにボール，ハンカチ，クレヨン，鉛筆，はさみなどの用具が必要となる。 エ 検査の間隔は，乳児では4か月，以後は6～8か月おきに行うのが適当であるとされている。 問3 (1) 生活年齢は実年齢であり，検査年月日から生年月日を引いて算出できる。 (2) 知能指数は，(MA)÷(CA)×100で算出する。$3\frac{6}{12}\div5\frac{3}{12}\times100=\frac{200}{3}=66.6\cdots$で，67となる。

【3】①

解説 ②のTEACCHプログラムは自閉症児を対象に行われる訓練のためのプログラムであるの誤りである。 ③と④は前後を入れ替えると正しい文章となる。

【4】②

解説 数値として視力を示すのは0.01までである。

【5】③

解説 ① 低音障害型ではなく，高音障害型である。 ② 平均聴力レベルは右耳100dB，左耳90dBである。 ④ この聴力障害では補聴器を装用しても語音情報を得るのは難しい。

【6】エ 理由：膝は伸展させて計測する。膝が屈曲していると大腿直筋の緊張で運動が制限される。

【7】①

解説 ② 4回提示の場合は，3回以上正しく判断した時を正解とする。 ③ 5mの距離で一番大きな視標が正解できなかった場合には，判読できる位置まで視標に近づくことにより測定を続ける。 ④ 最大視認力検査は，視距離を自由にした状態でどの程度まで小さな視標を識別できるかを測定する。

【8】④

解説 ①は標準聴力検査，②は語音弁別能検査，③は脳波聴力検査(ABR)の説明である。

【9】③

解説 ①のモーズレイ性格検査はアイゼンクの人格理論にしたがった質問紙法による検査である。 ②のP-Fスタディは絵画を用いて欲求不満の程度を測る検査である。 ④のロールシャッハ・テストは10枚のカードに印刷された左右対称のしみへの反応をみることによる投影法の検査である。 ⑤の16PF性格検査は，性格特性を16の因子で分類し，それぞれを測定することで個人の人格をとらえようとする質問紙法による検査である。

【10】③

解説 ①のP-Fスタディとは絵画を用いて，欲求不満の程度を測定する検査である。　②はウェクスラー式知能検査の説明である。　④はビネー式知能検査の説明である。

【11】(1)　A　4　B　5　C　8　D　3
(2)　A　8　B　5　C　1　D　7

解説 (1)　知能検査に関しては田中ビネー式知能検査Ⅴだけでなく，WISC－Ⅳ知能検査やK－ABCⅡ，DN－CAS認知評価システムもあわせて確認しておくこと。田中ビネー知能検査Ⅴの特徴の一つとして，検査対象が2歳から成人と幅広く，問題が年齢尺度によって構成されているため，通常の発達レベルと比較することが容易になっている。精神年齢(MA)と生活年齢(CA)の比較によって，それが知能指数(IQ)として算出されるように作成されている。14歳以上は精神年齢を算出せず，偏差知能指数(DIQ)を算出する。　(2)「結晶性知能」は抽象語，概念の共通点，文の構成，ことわざの解釈，概念の区別の5下位検査で構成されている。新しい場面への適応に必要な能力を指し，具体的には推論する力，思考力，暗記力，計算力などがあげられる。一方，「流動性知能」は，積木の立体構成，マトリックスの2下位検査で構成されている。教育心理で出てくる内容でもあるので，十分に学習しておくこと。

【12】(1)　A　単独視標　B　ドットカード　C　TAC
(2)　ア　e　イ　a　ウ　d　エ　c　オ　b

解説 (1)　A　単独視標を用いる理由として，並列(字づまり)視力表は字ひとつ視力に比べて見えにくい等があげられる。　B　森実式ドットカードとは，うさぎとくまの目の大きさ(ドットの大きさ)によって近距離視力を測定することができる。2歳児からの検査が可能である。C TAC(Teller Acuity Cards)は，区別して認識できる最小の大きさを意味する最小分離閾を測定し，ランドルト環とほぼ同じ能力を測定することができる。PL法(Preferential Looking法)は，検査距離50cmで測定するものであり，3か月児から可能である。 (2) 遠距離視力は5mで測定し，黒板等の見え方を検査することができ，近距離視力では30cmの距離で測定して机上の使用等の見え方を検査することができる。最大視認力とは，最も小さい視物を認知する能力の視標である。近距離視力用ランドルト環単独視標を用いて，本人が最も見やすい距離で検査し，認知できた視標の大きさとその時の視距離をもって，最大視認力という。大きいものから小さいものへと測定していく中で，認知できた最も小さい視標を表すため，最小可読視標ともいう。

【13】 ③

解説 「縦軸に周波数，横軸に聴力レベル」ではなく，「縦軸に聴力レベル(dB)，横軸に周波数(Hz)」が正しい。なお，オージオグラムでは記号を用いて数値を表しており，○は右耳の気導聴力，×は左耳の気導聴力，[は右耳の骨導聴力，]は左耳の骨導聴力を示すこともおさえておこう。

【14】 ③

解説 「複雑な行動を1ステップずつ指導すること」は，シェイピングと呼ばれる。プロンプトとは，ある行動を遂行するときにそれが生起しやすくするための手がかりやヒントを指す。侵襲度が高い順に言語プロンプト，身振りプロンプト，モデルプロンプト，身体プロンプトに分類され，より刺激の強い高侵襲度プロンプトから低侵襲度プロンプトへと移行していくといわれる。応用行動分析は，知的発達障害児をはじめとして，特別支援教育の対象となる児童生徒への指導に広く取り入れられている学問である。基本的な仕組みはおさえておきたい。

【15】①

解説 ヴィマーとパーナーは，心の理論の有無を評価するために誤信念課題を提唱した。誤信念課題とは，他人が自分とは違う誤った信念(誤信念)を持つことを理解できなければ解くことができない課題であり，課題の内容としては問題文中にあるマクシ課題，その他にサリーとアン課題，スマーティ課題があげられる。

【16】⑤

解説 ⑤はKIDS乳幼児発達スケールの説明である。S-M社会生活能力検査とは，乳幼児～中学生を対象としている。身辺自立，移動，作業，コミュニケーション，集団参加，自己統制の6領域からなり，社会生活年齢と社会生活指数を算出するものである。

特別支援教育マスター

指導法（1）

障害のある子供に対する指導についての事項は頻出しているので，しっかりと学習しておきたい。指導法の問題は，①すでに体系化され固有名詞となっている指導法についての知識を問う問題，②障害種別の指導上の配慮事項等についての問題，③個々の事例について指導の在り方を問う問題に大別できる。①については，何よりも自分で体験することが重要であるが，特別支援教育の概論書の中には指導法の概要が記されているものもあるのできちんと目を通しておきたい。②については特別支援学校学習指導要領(解説書を含む)で示されている配慮事項を把握し，それを元に他の参考書に基づいて理解を深めていくと効果的であろう。

問題演習

【1】視覚障害のある幼児・児童・生徒の自立活動の「環境の把握」に関する指導の記述として適切なものを，次の①～④から1つ選べ。

① 視覚障害のある幼児・児童・生徒の言葉の習得では，そのもととなるイメージ等の概念の形成が大切であるので，聴覚のみを活用した指導をする。

② 視覚障害のある幼児・児童・生徒の感覚の補助及び代行手段の活用では，遠用・近用などの各種弱視レンズを用いて対象物を巧みに観察する指導をする。

③ 視覚障害のある幼児・児童・生徒の基本的動作の指導では，姿勢の指導においては，教師が正しい姿勢を示し，模倣して姿勢を保持する技能を習得するように指導する。

④ 障害が重度・重複している幼児・児童・生徒の保有する感覚の活

用では，感覚と運動とが分化した状態にあるので，運動面を中心に機能の状態を把握し，運動感覚を活用して外界を探索できるようにする。

【2】触覚刺激に対して過敏な反応を示す児童・生徒への指導である脱感作に関する記述として適切なものを，次の①～④から1つ選べ。

① 過敏の強い部分である身体の中心部から順に行うようにし，顔や腕に過敏がある場合は，まず，顔や顎，それから，肩，腕，手の甲という順序で進める。

② 複数の箇所に過敏がある場合は，1つの箇所の過敏を除去してから次の部位に進むより，複数の人数で同時に，複数の箇所の過敏を除去する。

③ 嫌がって抵抗する場合には，手を当てたまま児童・生徒の動きについていき，10を数えるくらいは手をはなさないようにすると，触れるときは拒否反応が強くても次第に弱まる。

④ 強い刺激から始めていく方法をとるが，手のひら全体で幅広く押し当てるように触ったりさすったりすることは，かえって弱い刺激となる。

【3】聴覚に障害のある児童・生徒に対して発音・発語指導を進めるに当たり，配慮する事項に関する記述として<u>適切でないもの</u>を，次の①～④から1つ選べ。

① 国語の音声学的知見が必要であるとともに，児童・生徒個々の発音・発語の特徴を的確にとらえ，模倣できるようにする。

② 話し方全体にかかわる配慮によって流暢に話せるようにするとともに，息継ぎの仕方，リズム，イントネーションといった部分ごとに細かく丁寧に指導する。

③ 児童・生徒が，自己の発音等に対する関心を高め，改善を図ろうとする意欲等を向上させる。

④ 聴覚活用とともに，視覚や触覚，振動感覚等，感覚の活用を考慮

するとともに，コンピュータの利用等，各種の教育機器を活用する。

【4】次の表は，特別支援学校に在籍するBさんの個別の指導計画の一部である。これを読んで，あとの問いに答えよ。

学年	小学部第３学年	氏名	B	疾患名	①脳性まひ（アテトーゼ型）

発達及び障害等の状況	
健康・生活	食　事：スプーンを使って食べさせているが、緊張すると顔が左側を向いてしまうため、顔の動きを補助することが必要である。自分の食べたいものを言葉で相手に伝えることができる。食物形態は普通食であるが、大きい食べ物は一口大に刻む必要がある。 排せつ：排せつの意思表示はできるが、トイレでは全面介助が必要である。慣れない場所では緊張のため排せつができないことがあり、校外学習などでは紙オムツを使用している。 健　康：緊張すると汗を多くかき風邪をひきやすくなるため、水分の摂取や着替え等の配慮が必要である。
認知・理解	・小学校第２学年の教科書を使って、各教科の学習ができる。 ・図形を見分けたり、行に沿って文章を読んだりすることが難しい。 ・スポーツや音楽に興味・関心があり、サッカーや歌手などに関する知識が豊富である。
コミュニケーション	理解：日常生活での会話はほぼ理解している。わからない言葉は、具体的な言葉に言い換えると理解できる。 表出：構音障害のため、特にサ行とラ行の発音が不明瞭である。周囲の大人に対して自分からあいさつをしたり、話しかけたりすることができるが、大勢の前では、話ができなくなることがある。
人とのかかわり	・周囲の友だちの様子に興味をもつ。 ・ゲームなど競い合う活動に意欲的に取り組む。
運動・動作	・床上で寝返りはできるが、自力での歩行は困難である。 ・校内では、短い距離であれば車いすを操作して移動できる。 ・上肢を使うと座面がずれて、両足が車いすのフットサポートから外に出てしまうことが多くみられる。 ・教材などを手で触ったり、つかんだりすることはできるが、手から離すことが難しい。

長期目標	○パソコンなどの補助用具を使用して、文章を作成することができるようになる。 ○校外での学習などでは事前に活動内容の計画を立てるとともに、実際の活動場面でも、周囲の人に適切に依頼することなどができるようになる。

	短期目標	指導の手立て
自立活動	②トーキングエイドやパソコン等の支援機器で文字入力ができるようになる。	

(1) 下線部①について，この障害の特徴である不随意運動が読み取れる部分を文中から2つ書け。

(2) [ ] には，下線部②の目標に対する指導の手立てが記入される。Bさんの実態から座位の安定を図ることが考えられるが，具体的な方法とその理由を1つずつ書け。

【5】次の文は，自閉症児の指導方法・教育環境について述べたものである。(　　　)に当てはまる語句として，最も適切なものを，下の①～⑤から1つ選べ。

従来から自閉症教育においては，黒板に1日のスケジュールを書き出したり，学習する場所と食事する場所を分けたり，一人で作業ができるような机の配置や作業の手順を示すなどの工夫をしたりすることは，有効な教育方法として重視されてきた。このような取り組みを「(　　　)」と呼んでいる。

① 情報化　② 明確化　③ 定形化　④ 行動化
⑤ 構造化

【6】車いすを操作するときの配慮事項に関する記述として<u>適切でないもの</u>を，次の①～④から1つ選べ。

① 車いすを使用する前には，座席の固さ，タイヤの空気圧と溝の深さ，車輪のきしみ及び清掃状態など，車いすの整備状態を確認する。

② 児童・生徒を車いすに乗せる場合は，深く座らせることができるように，ブレーキをかけずに動かせる状態にし，下げたフットレストに児童・生徒の足を乗せ，座らせる。

③ 段差を上る場合は，テッピングレバーを踏んで，前輪を浮かせて，段上に前輪をのせ，児童・生徒に振動を与えないように進める。

④ 車いすでの移動中には，フットレストから足が落ちていないか，衣類や手が車輪に巻き込まれていないかなどについて常に注意する。

【7】てんかん発作のある児童生徒について，留意すべき事柄のうち最も適切なものを，次の①～⑤から1つ選べ。

① てんかん発作のある児童生徒は安全のため，水泳の学習は控えることが必要である。

② てんかん発作が半年以上見られない場合は，その時の体調に応じて保護者及び本人が判断して服薬を減量または中止してもよい。

③ てんかん発作が起きたら，安全のためハンカチなど柔らかめのものを口に入れ，舌を噛まないようにする。

④ てんかん発作が起きた時には，安全の確保と同時に，発作の様子を観察して，記録し，家庭や医師に伝える。

⑤ 短時間の欠神(absence)発作については，転倒もせず安全なので特に記録する必要はない。

【8】自閉症の児童・生徒の指導に関する記述として<u>適切でないもの</u>を，次の①～④から1つ選べ。

① 意欲的に活動に取り組めるようにするために，教室には，興味・関心を引くものを多く用意し，児童・生徒が様々な刺激の中から必要な情報を抜き出したり，すぐに遊べたりできるようにすることが大切である。

② 音に対して過敏な傾向を示すことがあるため，大音量では苦痛を感じたり，その場に居られなかったりすることもあり，十分な配慮が必要である。

③ 伝えることを具体的に明確にしていくために，視覚優位性を生かして，言葉による指示と合わせて，身振りや写真カードなどを補助的に使うことが有効である。

④ 表情から相手の意思を読み取れないことがあるため，活動が正しくできたら，微笑みで賞賛するのではなく，「よくできたね。」，「まる(○)」などと言葉で確実にほめることが大切である。

【9】知的障害者である児童生徒に対する教育を行う特別支援学校の指導に関して，次の各問いに答えよ。

1　次の文は，各教科等を合わせた指導の特徴を述べたものである。このことについて，下の(1)，(2)の問いに答えよ。

[　①　]は，児童生徒が生活上の目標を達成したり，課題を解決したりするために，一連の活動を組織的・体系的に経験することによって，自立や社会参加のために必要な事柄を実際的・総合的に学習するものである。

(1)　[　①　]にあてはまる各教科等を合わせた指導の名称を答えよ。

(2)　[　①　]に関する指導計画を作成するにあたって考慮すべき点として正しいものを，次のアからオのうちから2つ選び，記号で答えよ。

ア　実際の生活から発展し，児童生徒の知的障害の状態や生活年齢等及び興味や関心を踏まえたものであり，個人差の大きい集団にも適合するものであること。

イ　毎日反復して行い，望ましい生活習慣の形成を図るものであり，繰り返しながら取り組むことにより習慣化していく指導の段階を経て，発展的な内容を取り扱うようにすること。

ウ　各教科等に係る見方・考え方を生かしたり，働かせたりすることのできる内容を含む活動で組織され，児童生徒がいろいろな単元を通して，多種多様な意義のある経験ができるよう計画されていること。

エ　作業活動を学習活動の中心にしながら，児童生徒の働く意欲を培い，将来の職業生活や社会自立に必要な事柄を総合的に学習するものであること。

オ　児童生徒の日常生活が充実し，高まるように日常生活の諸活動について，知的障害の状態，生活年齢，学習状況や経験等を踏まえながら計画的に指導すること。

2　次の各文は，平成29年4月に公示された特別支援学校小学部・中学部学習指導要領において改訂された教育内容等について述べたものである。次の[　①　]，[　②　]，[　③　]にあてはまる語句を答えよ。

・各段階における育成を目指す資質・能力を明確にするため，段階ごとの[　①　]が新設された。
・小学部，中学部及び高等部の内容のつながりを充実させるために，中学部に新たに段階を設け，[　②　]に設定された。
・小学部において，児童や学校の実態を考慮し，必要に応じて[　③　]を設けることができるようになった。

3　次の文章は，小学部に在籍するBさんの算数科の学習に関する実態の記述である。これを読んで，下の(1)，(2)の問いに答えよ。

　Bさんは，小学部4年生である。数詞とものを対応させて数えることが身に付き，大好きなミニカーを指しながら10まで数えることができる。また，<u>5と8のどちらが大きいかなど数の大小を理解する</u>ことができる。今後，3の分解の学習に取り組む予定である。

(1)　下線部の実態は，特別支援学校小学部・中学部学習指導要領における小学部算数科の内容に照らすと，次のアからエのどの領域にあてはまるか，記号で答えよ。また，小学部1から3段階までのどの段階の内容に含まれるか答えよ。

ア　数量の基礎　　イ　数と計算　　ウ　測定
エ　変化と関係

(2)　Bさんが算数ブロックを用いて3の分解の学習を始めるにあたり，主体的に取り組むためには，どのような教材で，どのような活動を行えるようにするとよいか，Bさんの実態を踏まえ25字以内で具体的に答えよ。

4　次の文章は，高等部に在籍するCさんの作業学習(活動名：野菜の袋詰め)に関する実態の記述である。これを読んで，Cさんが自らの判断で適切に詰められるようにするため，どのような手立てが考えられるか，Cさんの実態を踏まえ15字以内で具体的に答えよ。

Cさんは，高等部1年生で作業学習では農園芸班に所属している。写真で示された作業分担表を見て，その日の自分の仕事内容が分かり，作業に取り組むことができる。収穫した野菜の袋詰め作業では，野菜を入れすぎて袋が破けたり，野菜が傷付いてしまったりすることが多い。

【10】障害のある子供の就学について，次の(1)，(2)の問いに答えなさい。

(1) 「障害のある子供の教育支援の手引」に示された「障害のある子供の教育支援の基本的な考え方」についてまとめたものとして，適当でないものを次の①～④のうちから一つ選びなさい。

① 全ての学びの場において，障害のある子供と障害のない子供が共に学ぶ取組を，年間を通じて計画的に実施することが必要である。

② 教育支援では，支援体制を含む基礎的環境整備，「発達障害者支援法」に基づく合理的配慮の提供，医学等の専門的見地も含めた学校卒業までの子供の育ちの見通し等について，情報提供を行うことが重要である。

③ 学校教育法施行令第22条の3については，これに該当する者が原則として特別支援学校に就学するという「就学基準」としての機能は持たないこととなる一方，我が国において特別支援学校に入学可能な障害の程度を示すものとしての機能は引き続き有している。

④ 合理的配慮は，子供一人一人の障害の状況等を踏まえて教育的ニーズの整理と必要な支援の内容の検討を通して，個々に決定されるものである。

(2) 「障害のある子供の教育支援の手引」に示された「就学後の学びの場の柔軟な見直しとそのプロセス」について述べたものとして，適当なものを次の①～⑤のうちから全て選びなさい。

① 個別の指導計画のP−D−C−Aサイクルの中で蓄積される子供一人一人の学習状況や結果についての検証は，学校と保護者に任されている。

② 障害のある子供一人一人に応じた適切な指導を充実させるためには，各学校や学びの場で編成されている教育課程を踏まえ，個別の指導計画を作成し，各教科等の指導目標，指導内容及び指導方法を明確にして，適切かつきめ細やかに指導することが必要である。

③ 就学時に小学校段階6年間，中学校段階3年間の学校や学びの場が固定される。

④ 教育支援委員会等の役割は，すでに療育手帳を持っている幼児児童生徒が対象であり，早期からの教育相談や就学先決定時までの支援を行う。

⑤ 個別の指導計画は，学習指導要領において，通級による指導，特別支援学級，特別支援学校での作成が義務付けられている。

解答・解説

【1】②

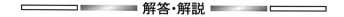

解説 ① 聴覚だけでなく，触覚等のあらゆる感覚を活用する必要があるので誤りである。 ③ 視覚障害児の場合，見て模倣することは困難であるので誤りである。 ④ 感覚と運動は分化していないので，「運動面を中心に」という点が誤りである。

【2】③

解説 ① 過敏の強くない部分から始めるのが正しい。 ② いきなり身体各部位に触れることは避け，全身への接触から徐々に身体の特定の部位に触れていくのが正しい。 ④ 弱い刺激から強い刺激へ段階的に体験させるのが正しい。

【3】②

解説 ②は発音・発語指導ではなく，発話指導における配慮事項である。

【4】(1)　〈解答例〉・スプーンを使って食べさせているが，緊張すると顔が左側を向いてしまうため，顔の動きを補助することが必要である。・上肢を使うと座面がずれて，両足が車いすのフットサポートから外に出てしまう。　(2)　〈解答例〉方法：座位保持装置を使用する。理由：対称的な姿勢をとらせるため。

解説 (1)　運動を企図するときや精神的な緊張があるときに不随意運動が起きやすい。　(2)　アテトーゼ型脳性まひの子どもは抗重力姿勢保持機能の発達の遅れがあり，非対称性緊張性頚反射の影響を受けた左右差のある姿勢をとりやすい。安定した対称的な座位姿勢をとらせることは，機器への文字入力動作を行う上で重要である。

【5】⑤

解説 自閉症児の指導方法において「構造化」は重要なキーワードであるので理解を深めておく必要がある。

【6】②

解説 ②　ブレーキをかけた状態が正しい。

【7】④

解説 ①　水泳は監視下であれば可能である。1対1の対応を原則として，さらにプールサイドから全体を監視する，プールに行ったら発作時のプールへの転落を避けるために患児をプールサイドから離すようにするなどの配慮が必要である。　②　発作が消失している期間が小児で2～3年，成人で5年以上つづき，医師が服薬中止が可能だと判断すれば，3～6カ月かけてゆっくりと薬の量を減らしていく。　③「口にものをくわえさせる」という方法は，口の中を傷つけたり窒息してしまう恐れがある。下あごに手をあてて，上方にしっかり押し上げ気道を確保する必要がある。　⑤　意識消失し，倒れる恐れもあるので誤りである。

【8】①

解説 ①は刺激を統制して注意散漫にならないようにしなければならないので誤り。

【9】1　(1)　生活単元学習　(2)　ア，ウ　2　①　目標　②　2段階　③　外国語活動　3　(1)　イ，2段階　(2)　ミニカーのシールを貼った3個のブロックを分ける。(24字)　4　仕上がりの見本を写真で示す。(14字)

解説 1　(1)　知的障害で各教科等を合わせた指導といえば，「遊びの指導」「日常生活の指導」「生活単元学習」「作業学習」の4つがあるが，設問に示されている内容から生活単元学習と判断できる。4つの指導の内容は確実に覚えておきたい。特に日常生活の指導と生活単元学習は類似点が見受けられるので，混同に注意しながら整理しておきたい。(2)　イ・オは日常生活の指導，エは作業学習に関する考慮事項である。2　平成29年に公示された新学習指導要領では，中学部が高等部と同様の2段階に改訂されたので注意したい。また健常者において外国語に関する学習が小学校第3学年に引き下げられたことを受け，特別支援学校学習指導要領でも小学部から外国語活動を取り扱うことが可能となったこともおさえておきたい。　3　(1)　設問文の記述から，Bさんは10まで数えることができるため，数量の基礎については身に付いていると判断できる。小学部算数科「数と計算」に該当し，段階としては2段階と判断できる。　(2)　主体的に課題に取り組むためには，本人の興味や関心を把握し，それに合わせた教材を用意する必要がある。設問の記述で，ミニカーが大好きということが分かるため，それを生かした内容とすればよい。　4　設問文に「写真で示された作業分担表を見て，その日の自分の作業内容が分かり」とあることから，写真等による視覚的な理解が得意であると判断できる。このことから，仕上がりの見本を写真で示したり，見本となる実物(袋詰めしたもの)を本人の前に常時提示しておいたりするなど，視覚的な手がかりを示すことが効果的だろう。

【10】(1)　②　　(2)　②，⑤

解説 (1)　②では，「発達障害者支援法」ではなく「障害者差別解消法」が正しい。③について，特別支援学校の就学基準は障害の状態に加え，教育的ニーズ，学校や地域の状況，本人及び保護者や専門家の意見等を総合的に勘案して，就学先を個別に判断・決定する仕組みに改められたことに注意したい。　(2)　①「学校と保護者に任されている」ではなく「学校だけに任せるのではなく，市区町村教育委員会を起点に関係者が適時・適切に関与し，必要に応じて都道府県教育委員会や特別支援学校等が市区町村教育委員会の求めに応じて専門的助言等を行うことのできる体制づくりも必要」としている。　③　本資料では「障害の状態等の変化による，特別支援学校から小中学校等，又は小中学校等から特別支援学校への転学については，いずれも，対象となる子供が在籍する校長の思料により，その検討が開始される」としており，固定されるとは限らない。　④　本資料によると，教育支援委員会の役割は「早期からの教育相談・支援や就学先決定時のみならず，その後の一貫した支援についても助言を行う」とされており，療育手帳の有無については示されていない。

特別支援教育マスター

指導法（2）

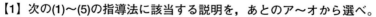

これまで「個別の指導計画」については，自立活動及び重複障害者の指導について作成することとなっていた。しかし，個々の子どもの多様な実態に応じた適切な指導を一層進めるため，すべての子どもに，各教科等における配慮事項なども含めた「個別の指導計画」を作成することが義務づけられた。また，この「個別の指導計画」に基づいて行う日々の授業の実践を的確に評価し，指導の改善に生かすことが明確にされた。

また，学校，医療，福祉，労働等の関係機関が緊密な連携を図り，一人一人のニーズに応じた適切な支援を行うため，すべての子どもに「個別の教育支援計画」を作成することが義務づけられた。

なお，重複障害者等の指導については，学校全体の組織的な対応の下で，複数の教師等の協力により適切な指導を行うことはもとより，必要に応じて，医師，看護師，理学療法士，作業療法士，言語聴覚士，心理学の専門家等の助言や知見などを指導に生かすことが明確にされている。

個々の子どもの「障害による学習上又は生活上の困難」を的確に把握することが，教員の専門性として，今後より一層求められる。

問題演習

【1】次の(1)～(5)の指導法に該当する説明を，あとのア～オから選べ。

(1)　動作法　　(2)　ムーブメント教育　　(3)　TEACCHプログラム

(4)　ソーシャルスキルトレーニング　　(5)　インリアル

ア　人間の身体の動きを生理過程として理解するのではなく主体の働きとして捉え，主体が身体を動かす時の心的過程を援助する一連の理論と技法である。

イ　ノースカロライナ州で発展した，自閉症の人たちのための生活支援制度で，社会の中で有意義に暮らし，できるだけ自立した行動ができるように支援することを目的とした，本人，家族，関係者，自閉症の支援者を目指す専門家を対象としたプログラムである。

ウ　様々な社会的場面において，現在の状況を察知し，予測のもとに，他人に不快感を与えたり迷惑をかけたりせず，自分の感情をコントロールしながら適切な自己表現ができる能力を身に付けることを目的としている。

エ　フロスティッグ及びその協力者が体系付けた教育であり，子どもが自分の体を動かすことで，感覚・運動技能の習得と身体意識の形成を図りながら，心理的諸機能を高め，「健康と幸福感」の達成をねらいとしている。

オ　リタ・ワイズを中心として1974年に開発された子どもとのよりよきコミュニケーションの確立を目指すアプローチであり，特徴としては，関わる側の大人がとるべき基本姿勢(SOUL)やことばかけのモデル(言語心理学的技法)を設けている。

【2】弱視の児童・生徒に対する教材・教具に関する記述として適切なものを，次の①～④から1つ選べ。

①　近用弱視レンズのうち「手持ち型」は，見たいものの上に置いて手で移動させるレンズであり，ピントが固定されているため地図の検索などに適している。

②　近用弱視レンズのうち「眼鏡型」は，レンズを手で持つ必要がないため両手を同時に必要とする作業に適しているが，ピント合わせが難しく慣れるまでに練習を要する。

③　遠用弱視レンズは一般の双眼鏡を使用することが多く，倍率や種類も豊富にあるため入手しやすい。

④　拡大読書器は，ビデオカメラを直接モニターにつないだもので，高倍率の拡大が可能であるが，まぶしさを苦手とする児童・生徒には使用が困難である。

【3】聴覚障害のある場合の聴覚の器官を代行する手段に関する記述として適切でないものを，次の①〜④から1つ選べ。

① 相手が伝えようとしていることを，その表情や口形等をもとにして理解する読話を活用する。

② 相手が伝えようとしていることを，視覚的に読み取る手段として指文字や手話等を活用する。

③ 実験や観察を行うに当たっては，明るさの変化を読み取る手段として，感光器を活用する。

④ 音楽を振動感覚によって味わったり，緊急の情報を光に変え，それを見ることによって意味を理解したりする機器等を活用する。

【4】障害のある幼児児童生徒の教育相談を行うに当たって，担当者として保護者と面接する際に留意すべきことを，簡潔に3つ書け。

【5】次の表は，特別支援学校小学部第3学年Aさんの個別の指導計画の一部である。これを見て，あとの問いに答えよ。

児童名	A	男	小学部3年
障害の状態	知的障害（①ダウン症候群）、心室中核欠損症 ②療育手帳（H15交付）、身体障害者手帳（H14交付）		
諸検査の結果	③田中ビネー知能検査V 生活年齢：8歳4か月、精神年齢：3歳2か月、知能指数：38		

学校での様子

食　　事：食べこぼしはあるが、自分で食べることができる。
排 せ つ：自立しているが、手洗いには言葉がけが必要である。
衣服の着脱：少しの介助でボタンやファスナーをかけることができる。
言　　葉：話し言葉は、一語文が多く、聞き取りにくい発音の言葉がある。小さな声で話すことが多い。
対人関係：友だちに誘われると集団活動に参加し、友だちや教師とのかかわりを楽しむことができるが、疲れやすいため長い時間活動することは難しい。

目標	言　葉：（　　　I　　　） 対人関係：友だちに対して自分からかかわることができる。

(1) 次の文は，下線部①にみられる特徴について書かれたものである。(Ⅱ)，(Ⅲ)に当てはまる語句を書け。

ダウン症候群の原因は，(Ⅱ)の異常であり，分類すると(Ⅲ)，転座型，モザイク型などがある。

(2) 下線部②の判定を行う機関名として正しいものをア～エから1つ選び，記号で答えよ。

ア 児童相談所　イ 教育センター　ウ 保健センター

エ 医療機関

(3) 下線部③のほかに知能を測定する個別式知能検査名を書け。

(4) 個別の指導計画のほかに，長期的な視点で乳幼児期から学校卒業後までの一貫した支援を行うために，学校，保護者，関係機関が連携して策定する計画が必要とされている。その名称を書け。

(5) Aさんの実態を踏まえて，(Ⅰ)に目標を2つ書け。

(6) 近隣の小学校と交流及び共同学習を実施するとき，Aさんの実態からどのような配慮が大切と考えるか。簡潔に2つ書け。

【6】次の表は，肢体不自由特別支援学校小学部1年，Aさんの個別の指導計画から障害の状態や学校での様子などを抜粋したものである。あとの問いに答えよ。

児童名	A	男	小学部1年	平成○年○○月○○日生
障害の状態	脳性まひ（①けい縮（直）型）、知的障害			
諸検査の結果	《TK式田研田中ビネー知能検査》（平成○年○月○日実施） CA：6歳8か月　MA：②○歳○か月　IQ：60			

学校での様子	性格及び行動の特徴	・ 先生や友達と楽しく言葉でコミュニケーションができる。 ・ 課題には進んで取り組むことができる。 ・ 困ったときには助けを待っていることが多い。 ・ かぜのため欠席しがちである。
	身体の動き	・ 右上下肢にまひがある。 ・ 右の脚に体重がかかる際にバランスを崩しやすく、歩行が不安定で

		ある。 ・ はしやスプーンを使う際や描画の際には左手を使用する。 ・ 階段の昇降には、手すりを利用する。

(1) 下線部①について，「けい縮(直)型」は，脳性まひの病型分類の1つである。このほかに，脳性まひの代表的な病型分類について，正しいものをア～オから2つ選べ。

ア デュシェンヌ型　　イ アテトーゼ型　　ウ ジャクソン型
エ 福山型　　オ 失調型

(2) 下線部②について，Aさんの精神年齢を書け。

(3) Aさんが学校生活を安全に過ごすことができるようにするためには，どのような配慮が最も大切と考えるか。簡潔に書け。

(4) Aさんの指導を進めるに当たっては，(i)何について，(ii)どのような機関と(iii)のような連携を図ったらよいと考えるか。簡潔に書け。

【7】ボバース・アプローチに関する記述として適切なものを，次の①～④から1つ選べ。

① 作業療法の一環として行われ，脳の発達の基盤となる，触覚，固有感覚，前庭感覚の統合を重視するものである。

② ある姿勢で，障害児固有の緊張パターンを変換するために，それまで体験しなかった努力の仕方を誘導するものである。

③ 異常な筋の緊張や高まった反射的な異常姿勢などを抑えながら，一方で正常発達の中で獲得されるバランス能力などを引き出し，寝返り，おすわり，歩行などの基本的運動の発達を促すものである。

④ 子供の身体的能力と運動とが，心理的諸能力や情緒と密接不可分な関係にあり，前者を促進させることにより，後者の発達を促すことができるという考えに立つものである。

【8】障害のある児童生徒の学校生活を充実させるためには，児童生徒の実態に即して学習環境を整備することが重要である。学習環境の整備として考えられる内容を簡潔に3つ書け。

【9】知的障害者である児童生徒に対する教育を行う特別支援学校では，各教科等を合わせて指導を行うことができる。そのことについて，次の各問いに答えよ。

(1) 各教科等を合わせた指導について「生活単元学習」以外に3つ書け。

(2) 生活単元学習の説明として適切なものを次のア～オから2つ選び，記号で答えよ。

ア　自立的な生活に必要な事柄を実際的，総合的に学習するため，各教科の内容は含まれない。

イ　児童生徒の学習活動は，生活的な目標や課題に沿って組織されることが大切である。

ウ　身体活動を活発にし，仲間とのかかわりを促し，意欲的な活動をはぐくみ，心身の発達を促していくものである。

エ　児童生徒が生活上の目標を達成したり，課題を解決したりするために，一連の活動を組織的に経験することによって，自立的な生活に必要な事柄を実際的・総合的に学習するものである。

オ　毎日反復して行い，望ましい生活習慣の形成を図るものであり，繰り返しながら発展的に取り扱うようにする学習である。

【10】次の資料は，令和3年6月30日付けで文部科学省が公表した「障害のある子供の教育支援の手引～子供たち一人一人の教育的ニーズを踏まえた学びの充実に向けて～」の参考資料で示されている，障害のある児童生徒の就学先決定について，手続の流れの一部を表そうとしたものである。これについて，以下の(1)～(5)の問いに答えよ。

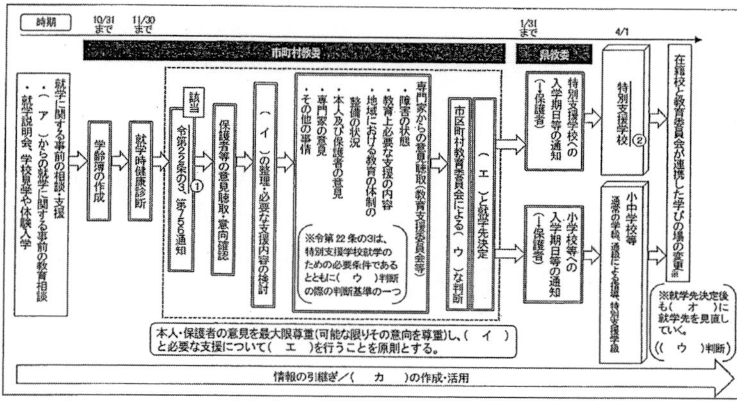

(1)　資料の(　ア　)～(　カ　)にあてはまる最も適切な語句を，次の語群から一つずつ選んで書け。

＜語群＞

ユニバーサルデザイン　　学校評議員　　合理的　　柔軟

個別の教育支援計画　　早期　　キャリアパスポート　　総合的

合意形成　　慎重　　教育的ニーズ

(2)　次の文について，文中の(　キ　)，(　ク　)にあてはまる最も適切な語句を，それぞれ書け。

資料中の傍線部①の学校教育法施行令第22条の3に規定されている病弱の程度は，「一　慢性の呼吸器疾患，腎臓疾患及び神経疾患，悪性新生物その他の疾患の状態が(　キ　)して医療又は(　ク　)を必要とする程度のもの　　二　身体虚弱の状態が(　キ　)して(　ク　)を必要とする程度のもの」とされている。

(3)　資料中の傍線部②について，障害が重度・重複していて通学困難な児童生徒に対し，教員を家庭や児童福祉施設，医療機関等に派遣して行う教育を何というか書け。

(4)　次のa～cについて，就学先決定の手続として正しいものには○，間違っているものには×を書け。

a　就学先については，障害の状態のみに着目して画一的に検討を行うのではなく，学校や地域の状況，本人及び保護者や専門家の意見等を勘案して，個別に決定する仕組みになっている。

b　障害の状態が学校教育法施行令第22条の3に該当すれば，本人と保護者が地元の学校への就学を希望しても，必ず特別支援学校に就学することになる。

c　就学先については，地域における教育体制の整備状況や教育学・医学・心理学等専門的見地からの意見を踏まえ，教育支援委員会が決定する。

(5)　各学校における特別支援教育の推進のため，主に，校内委員会・校内研修の企画・運営，関係諸機関・学校との連絡・調整，保護者の相談窓口等の役割を担うために，校長が指名する教員の名称を書け。

【11】次の表は，特別支援学校小学部第3学年に在籍する児童Aの個別の指導計画の一部を示したものである。あとの問1～問6に答えよ。

作成日（平成29年６月１日）

<table>
<tr><td>児童名</td><td>Ａ（女）</td><td>学部・学年</td><td>小学部第３学年</td><td>生年月日</td><td>平成20年８月５日</td></tr>
<tr><td>障害の状態</td><td colspan="5">知的障害・①肢体不自由（先天性水頭症による痙性麻痺）
鉄欠乏性貧血、内斜視、低形成腎
療育手帳（重度判定）、身体障害者手帳２級（両上下肢機能障害）</td></tr>
<tr><td>諸検査の結果</td><td colspan="5">［　Ｂ　］　身辺自立：３歳３ヵ月、移動：２歳７ヵ月、作業：４歳４ヵ月
②コミュニケーション：３歳４ヵ月、集団参加：４歳４ヵ月、
自己統制：５歳０ヵ月　ＳＡ：３歳８ヵ月　ＳＱ：42</td></tr>
<tr><td>関係機関からの情報、行動の様子など</td><td colspan="5">・てんかん（全身、部分でのけいれん発作）あり。天候の変化、疲労から誘発されることもあるため、健康状態に応じた配慮が必要である。
・月２回、③理学療法士による機能訓練を行っている。</td></tr>
<tr><td>その他</td><td colspan="5">・尖足があり、整形靴を使用している。
・歩行に不安定さがあるため、長い距離や屋外を移動する際には、十分に時間を確保するとともに、転倒の未然防止に留意する。</td></tr>
</table>

項目	児童の様子
健康の保持	・学年進行に伴い、体力が向上し、発作の回数も減少傾向にある。
心理的安定	・苦手な活動について、不安が強く見られる。 ・特に苦手な活動の際には、言葉掛けや身振りに加え、教師が手を添えて活動を支援する等の配慮が必要である。
身体の動き	・尖足があり、斜面や段差のある場所では、バランスをとることが苦手であるが、体力が向上したことで、歩くことができる距離は伸びてきている。
コミュニケーション	・三語文程度の言葉で自分の気持ちや要求を伝えることができる。簡単な指示は理解できるが、意味を取り違える場面もしばしば見られる。

指導の形態	指導目標	指導の手立て
④日常生活の指導	・身の回りの事項について、⑤一人でできることを増やす。	・必要に応じて教師が言葉を掛けたり、援助したりする。 ・できたことは賞賛し、意欲を高める。
⑥自立活動	・バランスを意識して、スロープを歩くことができる。	・校舎のスロープで練習し、慣れてきたら距離を伸ばす。

問1　①について，(1)，(2)に答えよ。

(1)　次の文は，下線部①の障害の程度を示した学校教育法施行令の一部である。空欄C，Dに当てはまるものの組合せをあとのア～オから1つ選び，記号で答えよ。

> 第2章　視覚障害者等の障害の程度
> 第22条の3
> ・・・(略)・・・
> 肢体不自由者
> 一　肢体不自由の状態が補装具の使用によっても歩行，筆記等日常生活における[　C　]が不可能又は困難な程度のもの
> 二　肢体不自由の状態が前号に掲げる程度に達しないもののうち，常時の[　D　]を必要とする程度のもの

ア　C－自発的な動作　　D－医療的ケア
イ　C－自発的な動作　　D－医学的観察指導
ウ　C－基本的な動作　　D－医療的ケア
エ　C－基本的な動作　　D－医学的観察指導
オ　C－自発的な動作　　D－教育的配慮

(2)　次の文は，特別支援学校小学部・中学部学習指導要領(平成29年3月告示)第2章第1節第1款の一部である。空欄E，Fに当てはまるものの組合せを下のア～オから1つ選び，記号で答えよ。

> 3　肢体不自由者である児童に対する教育を行う特別支援学校
> (1)　体験的な活動を通して言語概念等の形成を的確に図り，児童の[　E　]や[　F　]に応じた思考力，判断力，表現力等の育成に努めること。
> ・・・(略)・・・

ア　E－発達の程度　　F－発達の段階
イ　E－発達の程度　　F－日常会話の状況
ウ　E－障害の状態　　F－発達の段階
エ　E－障害の状態　　F－日常会話の状況
オ　E－発達の程度　　F－語いの獲得状況

問2　空欄Bに当てはまる検査を次のア～オから1つ選び，記号で答えよ。

ア　日本版WISC－Ⅳ知能検査　　イ　日本版KABC－Ⅱ
ウ　田中ビネー知能検査Ⅴ　　エ　S－M社会生活能力検査第3版
オ　DN－CAS認知評価システム

問3　下線部②の状態にある児童Aについての言葉による表出を伸ばすための指導の手立てとして，適切なものの組合せをあとのア～オから1つ選び，記号で答えよ。

①　教師は児童の言った言葉の意味を広げて代弁するなどして，話し言葉のモデルを示す。

② 相手に応じて，話す事柄を順序立てて，丁寧な言葉と普通の言葉との違いに気付いて話すことができるようにする。

③ 誤った発音をした場合は，教師が正しい発音を聞かせ，何度も言い直しをさせて正しい発音の定着を図る。

④ 教師は絵を提示し，児童が絵の名称を答える場面を設定する。

⑤ 児童の考えが明確になるように，事柄の順序に従って簡単な構成を考えながら書くことができるようにする。

ア ①② イ ①④ ウ ②③ エ ③⑤ オ ④⑤

問4 下線部③を説明したものを次のア～オから1つ選び，記号で答えよ。

ア 身体に障害のある者に対し，医師の指示のもとに，主としてその基本的動作能力の回復を図るため，治療体操その他の運動を行なわせ，及び電気刺激等の物理的手段を加える専門職である。

イ 身体又は精神に障害のある者に対し，医師の指示のもとに，主としてその応用的動作能力又は社会的適応能力の回復を図るため，手芸，工作その他の訓練を行う専門職である。

ウ 音声機能，言語機能又は聴覚に障害のある者についてその機能の維持向上を図るため，言語訓練その他の訓練，これに必要な検査及び助言，指導等を行う専門職である。

エ 両眼視機能に障害のある者に対し，医師の指示のもとに，その両眼視機能の回復のための矯正訓練及びこれに必要な検査を行う専門職である。

オ 専門的知識及び技術をもって，精神上の障害があることにより日常生活を営むのに支障がある者に対し，心身の状況に応じた訓練を行う専門職である。

問5 次の表は，児童Aの下線部④にかかわる登校場面の実態を整理した実態把握表である。あとの(1)，(2)に答えよ。

No.	活動内容	実態等
1	外靴を脱ぐ。	・体を屈めて、靴のマジックテープを外すことができる。 ・尖足があるため、立った状態で手をかかとに当てることが難しい。 ・椅子に座ることで、かかとに手を当て脱ぐことができるが、特に苦手な活動であり、教師の促しが必要である。
2	外靴を靴箱に入れる。	・靴箱に本人の顔写真を貼り、場所が分かるように配慮することで、一人で外靴を靴箱に入れることができる。
3	上靴を履く。	・玄関の椅子に座り、上靴を履く。 ・靴のマジックテープを留め忘れてしまうことがある。 ・手を添えて促すと、靴のマジックテープを留めることができる。 ・上靴がインソールに合わせて正しく履くことができているか、最後に教師の確認が必要である。
4	廊下を移動し、教室へ向かう。	・廊下を移動する際に、途中で立ち止まって遊ぶなど、時間がかかってしまう場面も見られる。 ・行動が止まってしまっても、教師が手を取り、言葉を掛けながら教室へ行くことを促すと、再び教室に向かって歩き出すことができる。
5	荷物をロッカーに整理する。	・整理の途中で教室にあるおもちゃで遊びだしてしまう場面がある。 ・教師が言葉を掛けたり、手を取ったりして、荷物をロッカーに整理することを促しても、荷物をそのままにすることが多い。

(1) 登校場面の実態把握表のNo.1に示す活動内容「外靴を脱ぐ」の指導上の配慮事項として，最も適切なものを次のア～オから1つ選び，記号で答えよ。

ア　活動を促すための言葉を掛け，手順を細かく伝える。

イ　正しいやり方を見せ，行動を模倣するよう促す。

ウ　椅子に座ることを促した後，靴のかかとを指さして待つ。

エ　言葉掛けとともに，児童Aのかかとに手を添えるなど，身体的援助を与える。

オ　児童Aの手を取って，一連の行動全てにわたり援助を与える。

(2) 下線部⑤について，登校場面における児童Aの指導目標として，最も適切なものを次のア～オから1つ選び，記号で答えよ。

ア　立った状態で，一人で外靴を脱げるようにする。

イ　一人で脱いだ外靴を靴箱に入れられるようにする。

ウ　立った状態で，一人で上靴を履けるようにする。

エ　一人で玄関から教室まで移動できるようにする。

オ　一人で荷物をロッカーに整理できるようにする。

問6　下線部⑥について，(1)，(2)に答えよ。

(1)　下線部⑥の区分「身体の動き」の項目に示されているものを次のア～オから1つ選び，記号で答えよ。

ア　身体の移動能力に関すること。

イ　健康状態の維持・改善に関すること。

ウ　姿勢と運動・動作の基本の習得及び改善に関すること。

エ　作業の巧緻性及び遂行能力の向上に関すること。

オ　身体各部の状態の理解と養護に関すること。

(2)　下線部⑥の指導においてスロープを上がる際，児童Aへの配慮事項として適切なものの組合せを下のア～オから1つ選び，記号で答えよ。

①　児童がバランスを崩した際に体を支えられるよう，児童の側で指導する。

②　児童の体力が向上するよう，毎日指導する。

③　児童が重心移動を意識できるよう，裸足で歩く。

④　児童の不安を軽減できるよう，児童の手を添えて誘導する。

⑤　児童が見通しをもって活動できるよう，スロープの上から教師が言葉掛けを行う。

ア　①③　　イ　①④　　ウ　②③　　エ　②⑤　　オ　④⑤

【12】肢体不自由者である児童生徒に対する教育について，次の各問いに答えよ。

(1)　次の各文は，「特別支援学校小学部・中学部学習指導要領」(平成29年4月)第2章　各教科　第1節　小学部に示されている，指導計画の作成と各学年にわたる内容の取扱いにおける配慮事項について述べたものである。肢体不自由者である児童に対する教育を行う特別支援学校における配慮事項として述べられているものを，次のア～カからすべて選び，記号で答えよ。

ア　体験的な活動を通して言語概念等の形成を的確に図り，児童の障害の状態や発達の段階に応じた思考力，判断力，表現力等の育成に努めること。

イ　児童の言語概念や読み書きの力などに応じて，指導内容を適切に精選し，基礎的・基本的な事項に重点を置くなど指導を工夫すること。

ウ　児童の学習時の姿勢や認知の特性等に応じて，指導方法を工夫すること。

エ　児童の身体の動きや意思の表出の状態等に応じて，適切な補助具や補助的手段を工夫するとともに，コンピュータ等の情報機器などを有効に活用し，指導の効果を高めるようにすること。

オ　健康状態の維持や管理，改善に関する内容の指導に当たっては，自己理解を深めながら学びに向かう力を高めるために，自立活動における指導との密接な関連を保ち，学習効果を一層高めるようにすること。

カ　児童が場の状況や活動の過程等を的確に把握できるよう配慮することで，空間や時間の概念を養い，見通しをもって意欲的な学習活動を展開できるようにすること。

(2)　特別支援学校への就学の対象となる障害の程度について定めている法令名及び，そのことを規定している条文の番号を答えよ。

(3)　次の各文は(2)の法令で定めている特別支援学校への就学の対象となる肢体不自由者の障害の程度を示したものである。空欄(　①　)～(　⑤　)に当てはまる最も適当な語句をそれぞれ答えよ。ただし，(　①　)・(　②　)，(　③　)・(　④　)は順不同とする。

・肢体不自由の状態が補装具の使用によっても(　①　)，(　②　)等日常生活おける基本的な動作が(　③　)又は(　④　)な程度のもの。 ・肢体不自由の状態が前号に掲げる程度に達しないもののうち，常時の(　⑤　)観察指導を必要とする程度のもの。

(4)　肢体不自由者である児童生徒が主に使用する補装具の種目を2つ

答えよ。

解答・解説

【1】(1)　ア　　(2)　エ　　(3)　イ　　(4)　ウ　　(5)　オ

【2】②

解説 ①は，「手持ち型」は誤りであり，「卓上型」が適切である。③は，双眼鏡は誤りであり，単眼鏡が適切である。　④は，画面のコントラストや明るさを変える機能，あるいは白黒反転が可能であり，まぶしさにも対応できる。

【3】③

解説 ③は視覚障害についての記述である。

【4】〈解答例〉①　保護者の思いを受け止め，協力・信頼関係を築けるようにする。　②　相談者との共感的なやりとりの中で主訴や相談内容を明確にして，適切な支援につながる助言を行う。　③　障害に関わる教育的判断，進路や就学に関わる相談など重要な事項についての不用意な発言をしない。

【5】(1)　Ⅱ：染色体　　Ⅲ：標準型　　(2)　ア　　(3)　ウェクスラー式知能検査　　(4)　個別の教育支援計画　　(5)　〈解答例〉①　二語文で話すことができる　②　発音よく話すことができる
(6)　〈解答例〉①　一語文など，分かりやすい言葉で指示を出す
②　休憩時間を入れるなど，長時間活動を続けないようにする

解説 (1)　ダウン症候群は，21番目の染色体を3本持つこと(トリソミー症)によって発症する。　(2)　18歳未満は児童相談所が判定を行う。(3)　その他，K-ABCなども正解である。　(5)　その他，実態を踏まえて「聞こえるような声で話すことができる」などでもよい。

【6】(1)　イ，オ　(2)　4歳0カ月　(3)　歩行の際の転倒に備えて，ひざサポーターやヘッドギアの着用を促す　(4)　(i)　歩行の安定　(ii)　医療(リハビリ関係)機関　(iii)　歩行時にバランスをとるための訓練の方法について助言を受ける

解説 (1)　アとエは進行性筋ジストロフィー，ウはてんかんである。(2)　MA÷CA(80カ月)×100＝IQ(60)から，MAを求める。

【7】③

解説 ①はエアーズの感覚統合訓練である。　②は静的弛緩誘導法である。④は動作法である。

【8】座席配置，プリントなどの教材，絵カードなどの視覚的手がかり

解説 その他，周囲の状況，学習用具，板書や掲示物，教師の指示なども正解である。

【9】(1)　日常生活の指導，遊びの指導，作業学習　(2)　イ，エ

解説 (1)　特別支援学校学習指導要領解説各教科編(小学部・中学部)(平成30年3月)によると，いわゆる「合科的指導」とは「各教科，道徳科，特別活動，自立活動及び小学部においては外国語活動の一部又は全部を合わせて指導を行うこと」と定義されている。実施に際しては，カリキュラム・マネジメントの視点に基づいていわゆる「PDCAサイクル」を用いて行うこととしている。　(2)　アは「各教科の内容は含まれない」という点が誤り，ウは「遊びの指導」，オは「日常生活の指導」についての説明である。

【10】(1)　ア　早期　イ　教育的ニーズ　ウ　総合的　エ　合意形成　オ　柔軟　カ　個別の教育支援計画　(2)　キ　継続　ク　生活規制　(3)　訪問教育　(4)　a　○　b　×　c　×　(5)　特別支援教育コーディネーター

解説 (1)　ア「早期」から相談・支援を行うことは自立と社会参加に大

きな効果があり，家族に対する支援にもなるとされている。
イ「教育的ニーズ」の把握は特別支援教育の根幹である。　ウ　就学先の決定については，障害の状態のみに着目して画一的に検討を行うことなく，「総合的」な判断が求められている。　エ　本人及び保護者の意見を最大限尊重しつつ，教育的ニーズと必要な支援の内容について本人及び保護者や学校等に対して十分な説明を行い，「合意形成」を図ることは，就学先の決定の重要なプロセスである。　オ　就学先や学びの場は変更可能であり，多様で「柔軟」な学びの場を整備していくことで教育的ニーズに応える指導を提供できるとされる。
カ「個別の教育支援計画」とは，継続的な教育的支援を行うためのツールである。　(2)　キ　極めて短い期間だけ医療等が必要な程度のもの(風邪等)については，「継続」して医療が必要なものではない。
ク「生活規則」とは，安全及び生活面への配慮から必要度が高く，日常生活に著しい制限を受ける生活上の規則のこと。たとえば，色素性乾皮症の子どもが，紫外線に当たらないように留意しながら自宅で療養することなどである。　(3)「訪問教育」には，教員を家庭へ派遣する「家庭訪問」と，児童福祉施設や医療機関等へ派遣する「施設等訪問」がある。　(4)　a　適切である。　b「本人と保護者が地元の学校への就学を希望しても，必ず特別支援学校に就学することになる」が誤りである。就学先は，本人及び保護者の意見を尊重しつつ十分な説明と合意形成を図って決定するとされている。　c「教育支援委員会が決定する」ではなく，「市区町村教育委員会が決定する」である。
(5)　特別支援教育コーディネーターは，校長が指名し，校務分掌に位置づけられる役割である。

【11】問1　(1)　エ　(2)　ウ　問2　エ　問3　イ　問4　ア　問5　(1)　エ　(2)　エ　問6　(1)　ア　(2)　イ

解説 問1　(1)　学習指導要領や学校教育法施行令の表記に関する出題であり，日頃からこれらに触れているかが問われる問題である。特に学校教育法施行令第22条の3の表は，特別支援教育の対象となる障害の種類と程度を記載しており，特に重要な部分であるため，何度も目を通す必要がある。なお，選択肢Dのうち「医療的ケア」は，学校現場を中心として使用されてきた用語であり，学習指導要領中には存在しない。　問2 「身辺自立」「移動」「作業」といった領域が記述されていることから，「S—M社会生活能力検査第3版」が正答である。これは，養育者や教師など，対象児の普段の様子を良く知っている人物が，合計129の質問に回答し，その結果を以て対象児の社会成熟度(Social-Maturity)を測定する検査である。その他の選択肢の検査はすべて知能や認知を測定する検査であり，行動面の発達を評価するものではない。　問3　3歳4カ月レベルの言語発達は,「ご飯　食べる」などの2語文や「ママ　トイレ　行く」などの3語文を話せるようになるほか,「これなに？」という物の名前を尋ねる質問を養育者に対して多くするなど，多くの語彙を獲得していく途上の時期であると言える。そのため，児童の言葉を別の表現に言い換える，身近な事物の名前を児童と共に言うなど，児童の語彙力を高めるような指導が求められる。話す順序を考えたり，相手に応じて話し方を変化させたりすることはこの段階では困難である。　問4　理学療法士(Physical Therapist: PT)に関する記述はアである。イは作業療法士(Occupational Therapist: OT)，ウは言語聴覚士(Speech-Language-Hearing Therapist: ST)，エは視能訓練士(Orthoptist: ORT)，オは精神保健福祉士(Psychiatric Social Worker: PSW)に関する説明である。　問5　(1)　実態等に「椅子に座ることで，かかとに手を当て脱ぐことができるが，特に苦手な活動であり，教師の促しが必要である。」とあることから，教師がそばに付いて言語による励ましや身体的な援助を行い，苦手な活動を乗り越えられるように支援する必要があると考えられる。言語のみの援助では物足りず，また，一連の動作すべてを援助することはやりすぎである。　(2)　アは，本人の身体的特徴(尖足)であることから難しい。イはすでにできていることであり，指導の必要がない。ウはアと同様の理由から難しい。オは教師の促しがあってもできないことから，指導目標としては不適である。　問6　(1)　イとオは「健康の保持」の項目として示されているものである。ウとエは旧学習指導要領の「養護・訓練」中の項目であり，現行の学習指導要領には存在しない。　(2)　個別の指導計画から，バランスを保つことを苦手としていることがわかる。そのため教員は，児童がスロープを上がる際にそばに付き，バランスを崩した時にはすぐに支えられるように備えておくことが求められると言える。

【12】(1)　ア・ウ・エ　　(2)　法令名…学校教育法施行令　第22条の3　(3)　①　歩行　　②　筆記　　③　不可能　　④　困難　　⑤　医学的　　(4)　座位保持装置，車いす，歩行器，補聴器　から2つ

解説 (1)　イは「児童の言語概念や読み書きの力などに応じて」が誤り。肢体不自由は運動および姿勢保持の障害であり，言語概念は特に障害とされていない。オは，病弱者(身体虚弱者を含む)の配慮事項であり，カは視覚障害者の配慮事項である。　(2)　視覚障害の場合は，両眼の視力が矯正してもなお0.3未満であること，聴覚障害の場合は，補聴器等の機器を使用しても最低聴力レベルが60dB以上であること等，特別支援学校5領域の就学基準が記されている。学校教育法施行令第22条の3は，必ず覚えたい条文である。　(3)　学校教育法施行令第22条の3については，その各項目の用語も，基本的かつ出題頻度が高いので，暗記しておきたい。また，「補装具」や「日常生活における基本的な動作」「不可能」「常時の医学的観察指導」など，ここに出てくる用語については，教育支援資料第3編でその解釈が示されていることから，それと照らし合わせてその意味について把握しておくことも重要である。　(4)　答えに示したもの以外にも，歩行補助杖や眼鏡などがある。

●書籍内容の訂正等について

弊社では教員採用試験対策シリーズ（参考書，過去問，全国まるごと過去問題集），公務員試験対策シリーズ，公立幼稚園・保育士試験対策シリーズ，会社別就職試験対策シリーズについて，正誤表をホームページ（https://www.kyodo-s.jp）に掲載いたします。内容に訂正等，疑問点がございましたら，まずホームページをご確認ください。もし，正誤表に掲載されていない訂正等，疑問点がございましたら，下記項目をご記入の上，以下の送付先までお送りいただくようお願いいたします。

① **書籍名，都道府県（学校）名，年度**
（例：教員採用試験過去問シリーズ　小学校教諭 過去問　2025 年度版）
② **ページ数**（書籍に記載されているページ数をご記入ください。）
③ **訂正等，疑問点**（内容は具体的にご記入ください。）
（例：問題文では“ア～オの中から選べ”とあるが，選択肢はエまでしかない）

〔ご注意〕
○ 電話での質問や相談等につきましては，受付けておりません。ご注意ください。
○ 正誤表の更新は適宜行います。
○ いただいた疑問点につきましては，当社編集制作部で検討の上，正誤表への反映を決定させていただきます（個別回答は，原則行いませんのであしからずご了承ください）。

●情報提供のお願い

協同教育研究会では，これから教員採用試験を受験される方々に，より正確な問題を，より多くご提供できるよう情報の収集を行っております。つきましては，教員採用試験に関する次の項目の情報を，以下の送付先までお送りいただけますと幸いでございます。お送りいただきました方には謝礼を差し上げます。
（情報量があまりに少ない場合は，謝礼をご用意できかねる場合があります）。
◆あなたの受験された面接試験，論作文試験の実施方法や質問内容
◆教員採用試験の受験体験記

送付先
○電子メール：edit@kyodo-s.jp
○FAX：03-3233-1233（協同出版株式会社　編集制作部 行）
○郵送：〒101-0054　東京都千代田区神田錦町2-5
協同出版株式会社　編集制作部 行
○HP：https://kyodo-s.jp/provision（右記のQRコードからもアクセスできます）

※謝礼をお送りする関係から，いずれの方法でお送りいただく際にも，「お名前」「ご住所」は，必ず明記いただきますよう，よろしくお願い申し上げます。

教員採用試験「過去問」シリーズ

埼玉県・さいたま市の
特別支援学校教諭 過去問

編　集	© 協同教育研究会
発　行	令和6年1月25日
発行者	小貫　輝雄
発行所	協同出版株式会社
	〒101-0054　東京都千代田区神田錦町2－5
	電話　03－3295－1341
	振替　東京00190－4－94061
印刷所	協同出版・POD工場

落丁・乱丁はお取り替えいたします。
